바둑 新 사전 시리즈

모든 행마법의 기본을 체계적으로 마스터할 수 있는 행마사전!

행마 新 사전

05

KB144644

서능욱 九단 해설

BM (주)도서출판 성안당

■ 머 리 말

행마란 돌의 상호관계에 있어서 가장 효율을 극대화시킬 수 있는 착점을 말한다. 돌들의 효율을 극대화시키려면 돌과 돌 사이가 유기적인 연결의 상태를 가져야 한다. 근본적으로 가장 유기적인 성격을 지닌, 지금까지 무수한 실전을 통해 검증된 행마의 형태를 정리해 보면, 쌍점·마늘모·한칸·날일자 등 기본행마 네가지와 눈목자·두칸·세칸·계자(桂字)·밭전자·대비(大飛) 등 응용행마로 구분할 수 있다. 바둑에서는 돌과 돌 사이가 3칸을 벗어나면 연결의 상태를 유지할 수가 없기 때문에 이 경우는 그냥 전개(展開)라고 보아도 무방할 것이다. 이런 행마들을 실전에서 적절하게 구사했을 때 좋은 행마가 되는 것이고, 같은 행마라도 주어진 상황에 적절치 못한 경우라면 소위 나쁜 행마가 되는 것이다.

시중에는 행마에 대한 바둑책이 많이 나와 있지만 대부분이 체계없이 초,중반 전술을 집중적으로 다루고 있어, 행마법의 기본 체계가 없는 저급자들이 이해하기에는 어려운 부분이 많을 것이다. 따라서 모든 바둑전술의 근본이 되는 기본행마법을 깨우치는 것이야말로 좀더 발전적인 학습으로 나아갈 수 있는 토대가 될 것이다.

이 책은 이와같은 현실을 감안하여 정석, 포석, 수상전, 사활, 맥, 끝내기 등에서 활용되는 기본행마법을 완전 마스터할 수 있도록 모든 행마법을 197형의 실전형으로 총정리하였다. 깊이있는 설명이 다소 생략된 부분도 있으나 그것은 그것대로 정석책이나 사활책 등에 나와 있으므로 어디까지나 이 책의 완성도를 높이는데 최선을 다했음을 밝혀 둔다.

무엇보다 이 책의 특징이라면 첫째, 여기에 실린 모든 행마 유형들의 스토리가 꼬리에 꼬리를 무는 방식으로 체계화되어 있다는 점과 둘째, 최신자료를 바탕으로 최신바둑이론이 꾸준히 반영되었다는 점일 것이다.

따라서 저급자는 물론 고급자도 기력을 충실히 다지려고 한다면 이 책을 보아 학습효과가 극대화되리라 확신한다. 아무쪼록 이 책이 서가(書架)의 양서로서 독자들의 기력향상에 보탬이 되었으면 한다.

1998년 12월   서 능 욱

행마신사전 차례

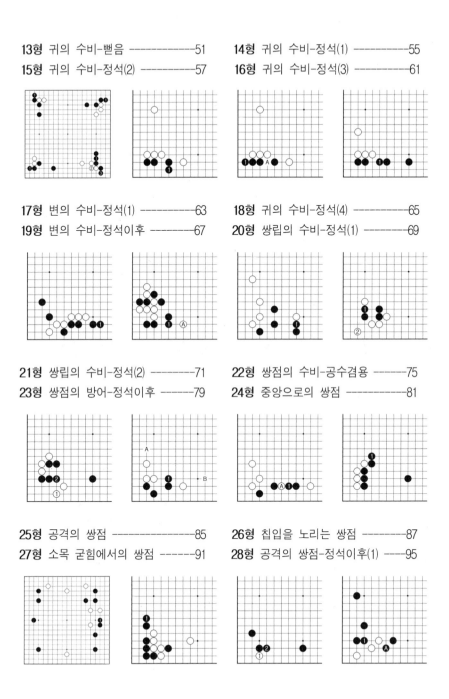

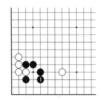

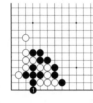
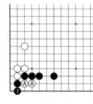
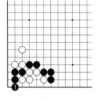

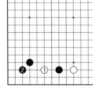

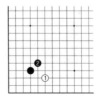

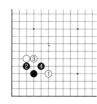
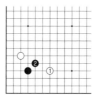

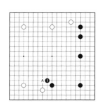
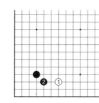
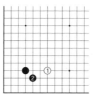

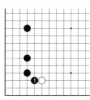
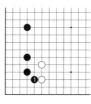

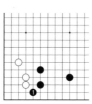

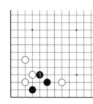

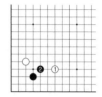

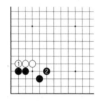
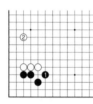

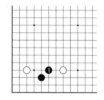

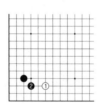

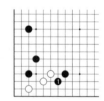

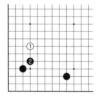

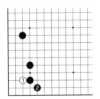
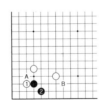
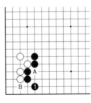

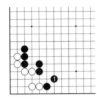

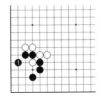
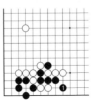

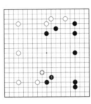

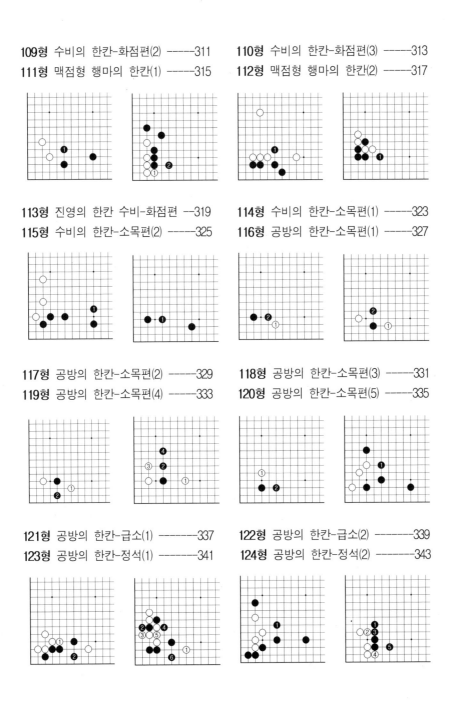

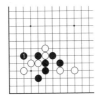 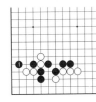 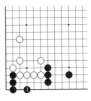 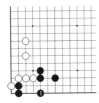

 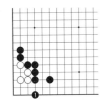 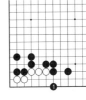 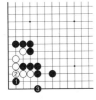

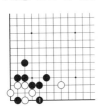 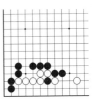

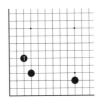 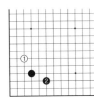 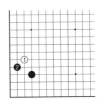

159형 공방의 날일자-화점편(3) ---425
161형 수비의 날일자-소목편 ----429

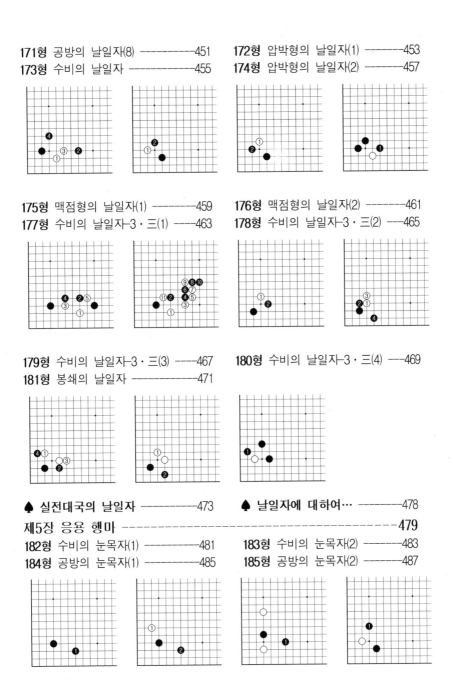

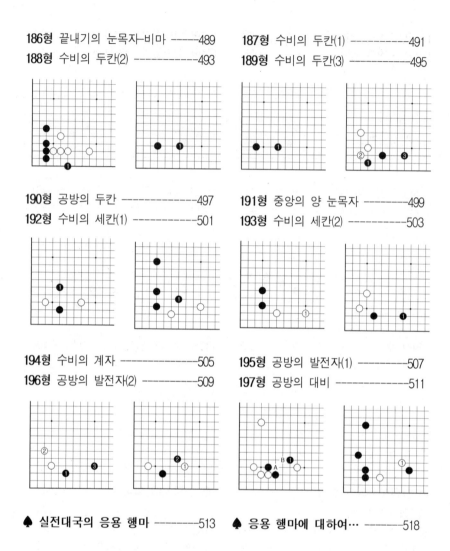

제 1 장
쌍점 행마

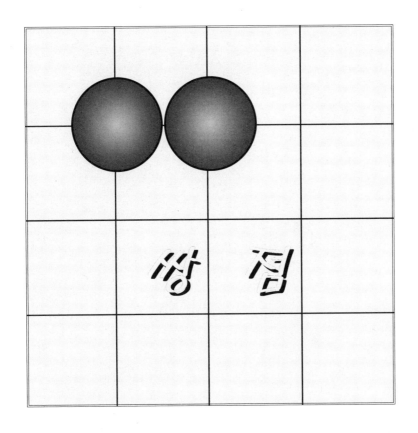

귀의 수비-쌍점(1)

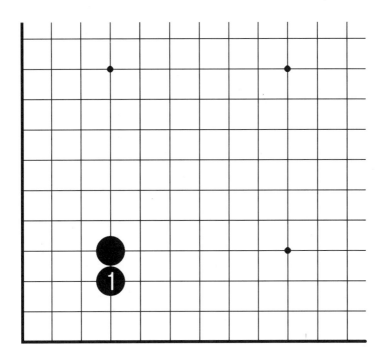

흑1의 쌍점은 가장 강한 귀의 수비 수단이
다. 이 수는 주변에 흑이 포진되어 있을 경
우 사용하면 좋다. 그러나 튼튼한 만큼 속도
감이 부족하여 능률이 떨어질 수 있으므로
주의할 필요가 있다.

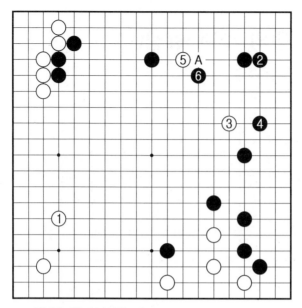

1도 제4기 일본 명인전 리그

흑 다카가와(高川格) 백 린하이펑(林海峰)

1도(실전)

백1의 지킴이 불가 피할 때 흑도 2의 쌍점으로 지켜 대항할 수 있다. 백도 흑진이 완성되는 것을 방치할 수 없으므로 백3으로 삭감을 시작해야 하는데, 백5에 대한 흑6의 갈라침이 통렬했다. 백5로는 A쯤이 무난했을 것이다.

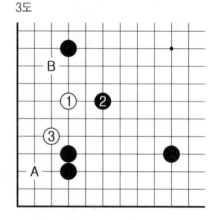

2도(백의 침투수단)

이 형태의 상투적인 침투장소는 백1이다. 이 곳과 관련된 행마의 수단도 A, B, C의 곳이 된다.

3도(침투수단의 예)

백1의 침투에 대해 흑2의 모자로 공격하면 백3으로 두어 A와 B를 맞보아 안정할 수 있다.

귀의 수비-쌍점(2)

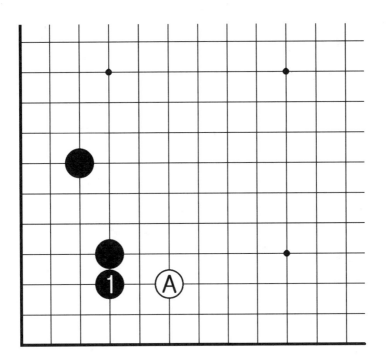

백A에 대한 흑1의 쌍점은 가장 보편적인 귀의 수비 수단이다. 그러나 이 수의 타당성은 주변 백의 강약에 따라 가치가 달라진다. 이 수의 전제조건을 살펴보기로 한다.

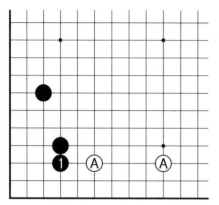

1도

1도(일반적인 수비1)

백A의 돌들이 배치된 상황은 강하긴 하지만 흑이 1로 수비한다면 침입의 여지가 남는다. 이렇게 상대에게 수단의 여지를 주지 않고 튼튼히 수비하는 것이 좋다.

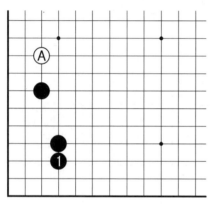

2도

2도(일반적인 수비2)

백A쪽에 돌이 다가와 있을 때도 흑1의 지킴이 보편적이다.

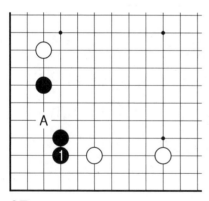

3도

3도(약점)

이런 모양에서 흑의 유일한 약점은 A의 자리다. 주변의 백이 강하다면 백은 무조건 이 곳을 공략할 것이다. 이 곳을 수비하는 방법은 몇 가지 있지만, 5도의 흑A의 수비가 가장 보편적이다.

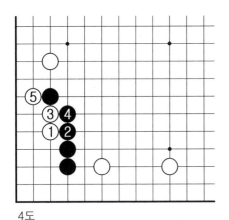

4도

4도(수단의 여지)

이 장면에서 백1의 침입에는 백5까지 넘겨주는 수밖에 없다. 흑이 싸울 수 없는 것은 아니지만, 주변의 백이 강하여 좋은 결과를 기대할 수 없기 때문이다. 이 변화는 접바둑 정석책에 실려 있으므로 생략한다.

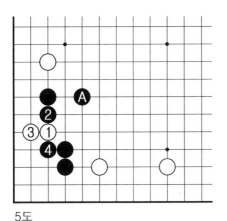

5도

5도(수단의 여지 분쇄)

따라서 흑도 A의 수비가 거의 절대가 되는데 이후 이 곳을 노리는 것은 백도 무리다. 백1로 침입해도 이번에는 흑2가 A의 배경을 활용한 절대의 한수로 작용하여 흑4까지 더 이상의 수단은 존재하지 않는다.

6도(둘 수 있다)

주변의 백이 강하다면 모양은 이상한 듯 하지만 흑1의 수비를 권하고 싶다. 꼭 이렇게 두어야 하는 것은 아니고 나중에 다른 행마에서도 몇 가지의 수비방법을 설명하겠지만, 초심자들은 이런 수비가 가장 합리적이라는 뜻이다.

6도

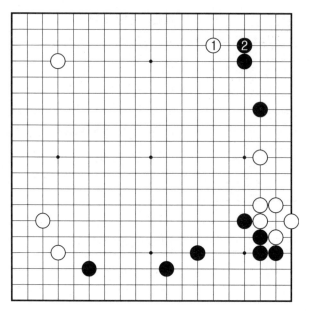

7도

7도(실전형1)

 현대에 자주 만들어졌던 초반전의 흐름이다. 우하귀의 접전에서 선수를 잡은 백이 당연히 추궁할 곳은 우상귀의 흑이다. 백1에 대해 흑이 응수할 수 있는 방법은 오직 하나, 흑2의 수비 뿐이라고 보아도 좋다.

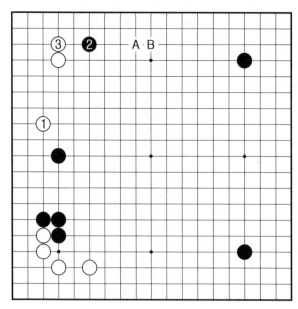

8도

8도(실전형2)

 이 형태도 자주 등장했던 초반 흐름이다. 백1로 전개했을 때 흑2로 걸친다면 이번에는 백도 3으로 두는 쌍점의 수비가 절대의 한수가 될 것이다. 이후 흑은 A나 B로 전개하는 정도의 진행이 예상된다.

귀의 수비-쌍점(3)

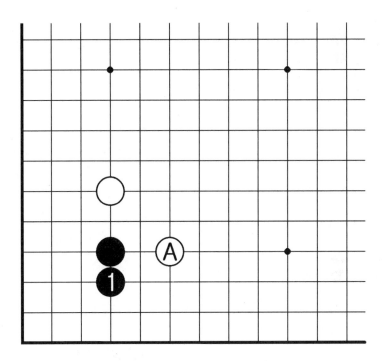

　백A의 양걸침에 대한 흑1의 쌍점도 이 경우 가장 보편적인 귀의 수비 수단이다. 그러나 이러한 수의 타당성을 모른다면 쌍점 행마의 기본기를 다시 점검해 볼 필요가 있다.

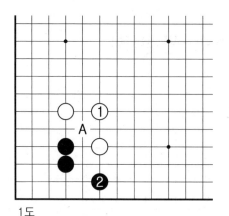

1도

1도(백1은 절대의 한수)

기본형 흑1의 의미는 귀를 뺏기지 않겠다는 의미가 가장 크다. 그냥 **본도** 흑A로 진출하면 3·三이 노출되는 것이다. **기본형**에 이어 백1로 봉쇄하는 수도 절대가 된다. 만약 백이 봉쇄를 게을리한다면―

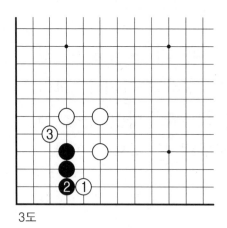

2도

2도(분리 공격)

흑이 근거를 가진 후 1로 분리 공격하면 백도 어느 한쪽의 심한 공격을 견딜 수 없게 된다. 초반에 이런 상황이 만들어지면 일류의 바둑은 그 길로 승패가 갈린다고 볼 수도 있다. 수비가 철저한 곳은 이렇게 강한 전투를 주도할 수 있다.

3도

3도(흑도 손뺄 수 없다)

이번에는 흑도 **1도**의 흑2를 손뺄 수 없다. 만약 손뺀다면 **본도** 백1·3의 선수를 당하여 완전봉쇄를 당하게 된다. 흑은 귀에서 쌈지를 뜨고 살 수밖에 없어, 이 정도면 순식간에 초반의 우열이 가려진다고 보아도 좋을 것이다.

귀의 수비-쌍점(4)

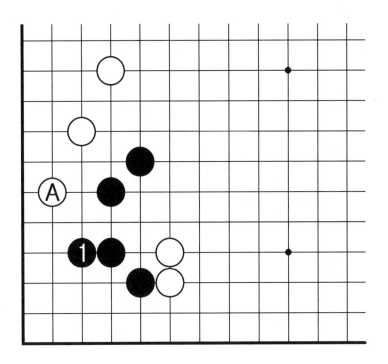

  백A의 달림에 대한 흑1의 쌍점도 이 경우 가장 보편적인 귀의 수비 수단이다. 그러나 이 수의 의미와 잔존수단(殘存手段)을 모른 다면 접바둑에서 쌍점의 기본 행마도 모른다 고 볼 수 있다.

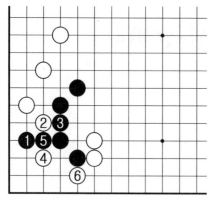

1도(흑1은 속수)

1도

흑1의 한칸 뛰는 수는 귀를 뺏기지 않겠다는 의미였겠지만 3·三이 노출되어 있다. 백2로 먼저 응수를 묻는다면 흑은 답하기가 곤란하다. 흑3으로 중앙을 막으면 당장 백4·6으로 귀가 파손된다.

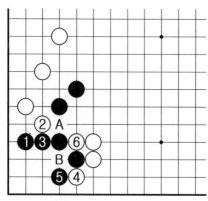

2도(2개의 약점)

2도

흑이 1로 둔 의지를 살려 3으로 귀를 막는다면 백은 4·6쪽을 공략한다. 이렇게 되면 A, B의 두 곳이 걸리게 된다.

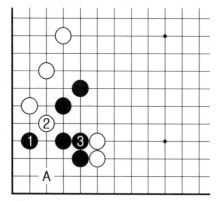

3도(욕심)

3도

만약 흑이 1,2도의 약점을 동시에 커버하려 3으로 둔다면 이 형태는 자체로 A의 치중수를 남겨두는 꼴이므로 결코 좋을 리 없다.

귀의 수비-쌍점(5)

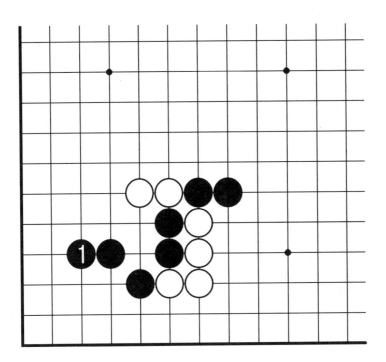

  흑백 상호 절단된 상태에서 흑1의 쌍점은
이 경우 절대에 가까운 귀의 수비 수단이다.
이 수가 절대인 이유는 다른 변화로 대처할
수 없기 때문이다.

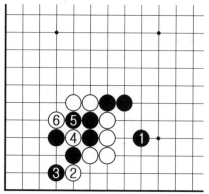

1도

1도(흑1은 욕심)

흑1로 선공하고 싶겠지만 욕심이다. 자기 약점을 돌아보지 않은 것이다. 3·三뿐 아니라 다른 약점도 노출되어 있다. 백2로 먼저 하나 젖힌 다음 4·6으로 먹여쳐 조이기 시작하는 것이 좋은 수순이다. 다음—

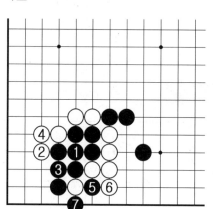

2도

2도(응형)

전도에 이어 흑7까지는 외길이다. 수순중 백4로 침착히 잇는 수가 긴요하다. 이후—

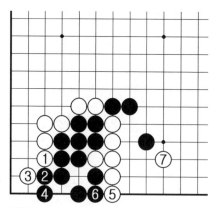

3도

3도(흑 망함)

백1~7까지의 결과는 흑이 쌈지 뜨고 살아 망한 결과다. 이 곳의 변화는 복잡하지만 설사 백을 잡는다 해도 귀를 뺏기고 후환이 남는다면 결코 흑이 좋을 리 없다.

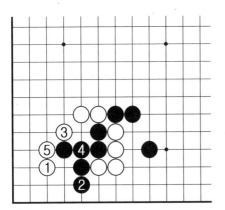

4도

4도(흑 손해)

백은 직접 1로 침입할 수도 있다. 흑2로 차단하면 백5까지의 결과가 되는데, 흑이 백4점을 잡아 좋은 듯 하지만 아직도 갇힌 백은 뒷맛이 남아 활용의 여지가 있다. 또 백이 선수이므로 이 결과는 백이 다소 좋다.

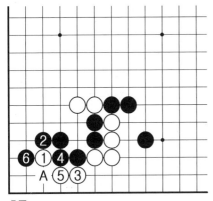

5도

5도(혼자 생각)

흑이 귀를 버티는 것도 쉽지 않다. 흑2로 막으면 백5까지 된 다음 흑A가 성립하지 않는다. 따라서 흑6으로 백A를 강요하겠지만 백은 A로 잇지 않는다.

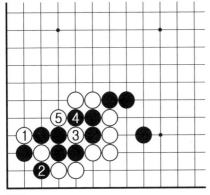

6도

6도(절묘한 수순)

백1로 끊는 수가 준엄하다. 흑2로 잡는다면 백3·5로 회돌이하여 흑 전멸이다.

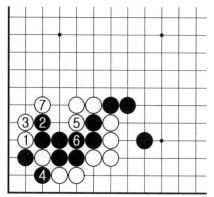

7도

7도(굴복도 어렵다)

백1때 흑2의 굴복에도 백은 3으로 계속 추궁한다. 여기서 흑4로 저항하면 또 백5·7까지 죽음이 있다.

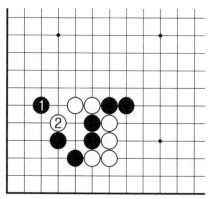

8도

8도(관통)

흑1은 행마의 기본도 모르는 수다. 백2로 관통을 당하든지 흑2점의 요석이 잡히든지 하나를 선택해야 하므로 있을 수 없는 행마다.

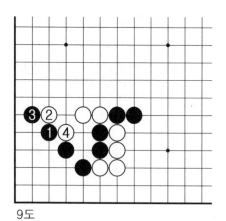

9도

6도(같은 급소)

흑1로 늦추어도 백2·4로 급소의 추궁은 여전하다. 흑이 이 급소를 쌍립(백4의 자리)으로 보강할 수도 있지만, 이 경우는 귀의 3·三도 동시에 보강해야 하므로 **기본형**의 쌍점이 절대가 되는 것이다.

6형 귀의 수비-쌍점(6)

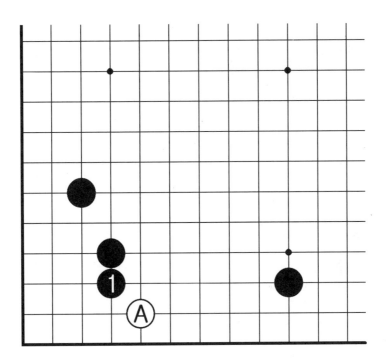

　백A의 상용적인 저공 침투에 흑1의 쌍점은 이 경우 가장 강력한 귀의 수비 수단이다. 이 수가 강력한 이유는 백에게 많은 변화의 여지를 주지 않기 때문이다.

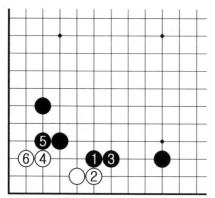

1도

1도(둘 수도 있다)

흑1의 수는 백6까지 귀를 완벽하게 내어주기 때문에 거의 사용하지 않지만 선수를 잡아 세력을 확장할 때는 유력할 수도 있다.

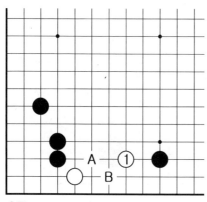

2도

2도(일반형)

기본형에 대한 백1은 기본적인 행마다. 다음 흑은 A, B등의 급소를 노리는 진행이 일반적이다.

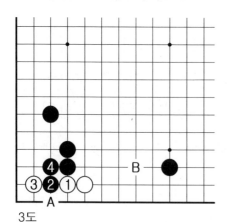

3도

3도(흑4는 절대)

백1·3의 껴붙임에는 흑4가 절대다. 흑이 A로 욕심내는 것은 뒷맛이 고약하기 때문이다. 뒷맛에 대해서는 다음 형에서 설명하겠다. 이후로도 백B 등의 전개는 비슷하다.

귀의 수비-쌍점(7)

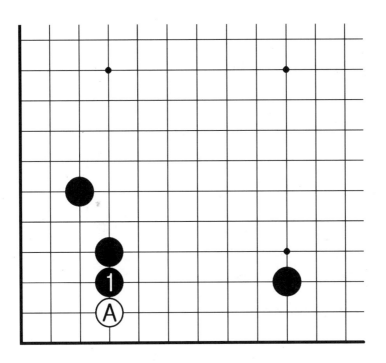

　백A의 상용적인 저공 침투에도 흑1의 쌍점
은　가장 강력한 귀의 수비 수단이다. 이 수
도 역시 백에게 많은 변화의 여지를 주지 않
기 때문이다.

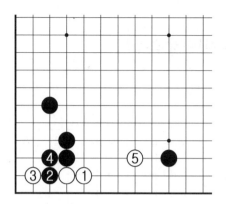

1도

1도(흑4 정수)

백1~5의 진행이 보편적이다. 수순중 흑4의 수가 귀의 약점을 노출시키지 않는 정수라는 것은 앞서 말했을 것이다. 그 이유는—

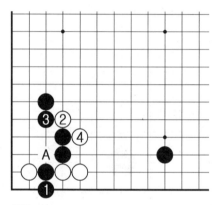

2도

2도(예리한 노림)

흑1로 빠지면 백2·4가 예리한 노림이 된다. 다음 흑은 A의 약점 때문에 이 백을 추궁하기가 용이치 않다.

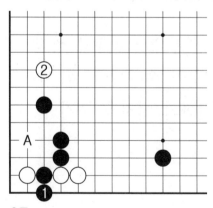

3도

3도(또 하나의 약점)

흑1때 백2의 다가섬도 흑으로서는 기분나쁘다. A의 약점이 남아 있기 때문이다. 이렇게 여러 개의 노림수를 남기는 것은 후환이 있어 좋지 않다.

8형 귀의 수비-쌍점(8)

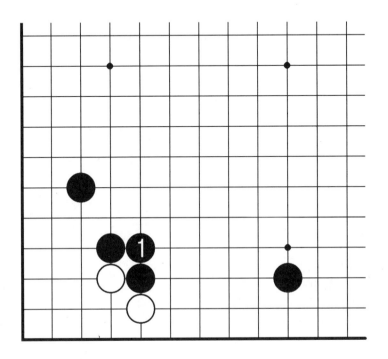

이 형태에서 흑1로 잇는 수는 가장 강력하고 보편적인 수비다. 상용적인 수비지만 흑1은 두개의 쌍점과 마늘모가 결합된 일명 찬삼각 이라는 강력한 행마인 것이다. 이 수도 역시 백에게 많은 변화의 여지를 주지 않는다.

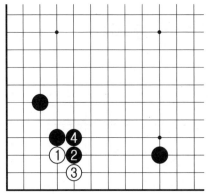

1도

1도(흑4 정수)

이 진행이 **기본형**의 수순이다. 흑4의 수가 귀 부근의 약점을 노출시키지 않는 유일한 정수라는 것을 잊지 말아야 한다. 그 이유는—

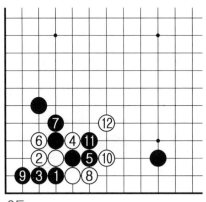

2도

2도(사석작전)

흑1에 대한 백의 수순은 사석작전이다. 이하 백12까지 진행된 다음 흑은 자신의 약점 때문에 이 백을 추궁하기는 불가능하다.

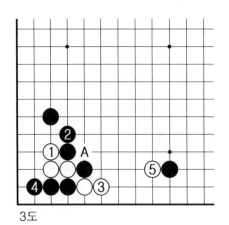

3도

3도(또 하나의 수단)

백은 먼저 A로 끊지 않고 1로 그냥 둘 수도 있을 것이다. 백5의 붙임이 흑으로서는 기분나쁘다. A의 약점이 남아 있기 때문이다. 이렇게 여러 변화의 여지를 주는 것은 좋지 않다.

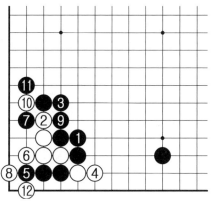

4도

4도(복잡한 변화들)

전도 흑2로는 본도 흑1로 잇는 진행도 있을 것이다. 백10의 끊는 맥점으로 이 흑은 수상전에서 진다. 이 외에도 변화는 더 있으나 귀를 꼭 지켜야 할 상황이 아니라면 **기본형**의 흑1 외에는 백에게 변화의 여지가 많다.

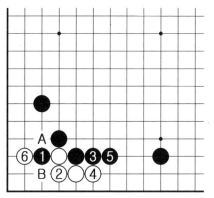

5도

5도(예리한 노림)

흑1·3·5에 대한 백6은 맥점이다. 다음 흑은 A나 B를 선택해야 하는데, 백은 귀를 살거나 귀를 내주고 바꿔치기를 하거나 불만이 있을 리 없다.

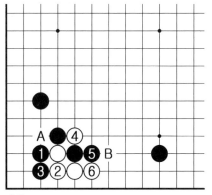

6도

6도(흑 무리)

흑1·3으로 백을 공격할 수 있을 것 같지만 백은 4로 끊는 수법이 있다. 흑으로서는 5로 나가고 싶지만 무리다. 백6에 B로 나가는 것은 A를 끊겨 귀가 죽게된다. 이제 와서 백에게 B의 단수를 당하는 것은 견딜 수 없는 노릇이다.

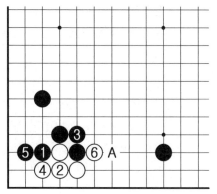

7도

7도(둘 수 있다)

이 진행도 보편적이다. 다만 흑3의 곳을 뺏기지 않았기 때문에 가능한 진행일 뿐이다. 이 곳이 귀의 약점을 노출시키지 않는 장소이기 때문인 것이다. 백은 6으로 A에 둘 수도 있다.

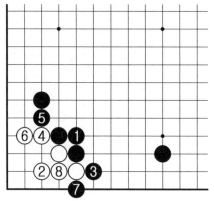

8도

8도(상형)

기본형 이후 흑1~백8의 진행이 보편적이다. 다만 주의할 점은 귀의 백이 완생이 아니라는 것이다. 사활책에서는 모두 다루는 형태이므로 설명은 생략하겠지만 한수 늘어진 패가 남아 있다.

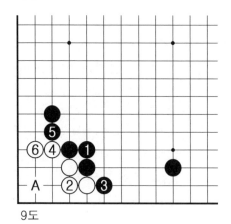

9도

9도(또 하나의 상형)

흑1때 백2로 꽉 잇고 6까지의 진행도 마찬가지다. 역시 귀에는 A의 치중으로 한수 늘어진 패가 남아 있다.

9형 귀의 수비-쌍점(9)

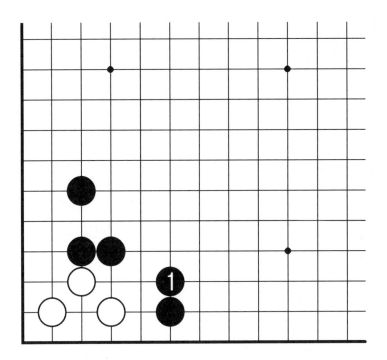

이 형태에서 흑1의 쌍점으로 봉쇄하는 것도 상용적이지만 강력한 수비다. 이 수는 아예 백에게 어떠한 변화의 여지도 주지 않는다.

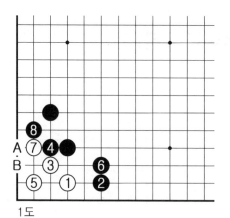

1도

1도(흑4 정수)

이 진행이 **기본형**의 실전 수순이다. 백은 7로 호구쳐 귀에 패 맛을 남기고 전환하는 것이 보통이다. 흑A에는 백B로 버틸 수 있다. 흑6의 수가 귀 부근의 약점을 노출시키지 않는 유일한 정수라는 것을 잊지 말자.

2도(탈출)

흑1에 대한 백의 대응수는 2의 탈출 뿐이다. A쯤에 흑의 배치가 없다면 이 진행은 귀를 차지한 상태에서 탈출했기 때문에 흑의 명백한 손해다.

2도

3도(맛이 있다)

흑은 1로 지킬 수도 있다. 그러나 이 경우는 A나 B로 활용당하는 뒷맛이 남아 흑으로서는 기분나쁘다. 또 이 백이 패 없이도 살아 있다는 것을 알고 있는지? 실전 기초 사활책에 거의 실려 있으므로 그 수순은 생략하겠다.

3도

변의 수비-쌍점(1)

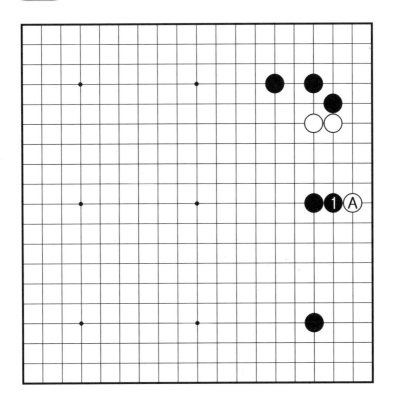

  백A의 달림에 흑1의 쌍점으로 압박하는 것
은 상용적이면서 가장 강력한 공격이다. 이
수는 백에게 2가지의 변화만 허용한다.

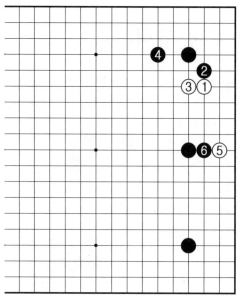

1도

1도(진행 과정)

이 진행은 대개의 경우 접 바둑에서 많이 발생하는 형태다. 백1에 흑2의 마늘모 붙임은 공격을 전제로 백을 무겁게 하려는 행마이며, 백3이 필연일 때 흑4로 집을 지으며 공격하는 것이 흐름이다. 이때 백이 5로 가볍게 저공으로 달린다면 흑6은 오직 이 한수라고 할 수 있다.

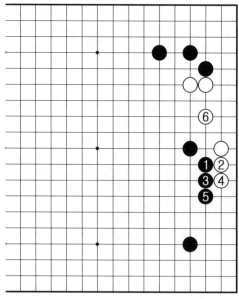

2도

2도(백의 의도)

백은 흑1로 받기를 바라고 있는 것이다. 백2·4로 긴 다음 6까지, 이 결과라면 백은 완생이며 의도대로 진행되었으므로 회심의 미소를 짓게 될 것이다.

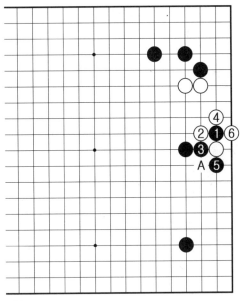

3도

3도(속수1)

흑1로 붙이는 변화에 대해서 알아본다. 이 진행은 대개의 경우 접바둑에서 흑이 이처럼 백을 안정시켜 주기 쉬운데, 백6같은 빵때림은 허락하지 말아야 한다. 백은 완생이며 흑에게는 A의 약점이 아직도 남았다.

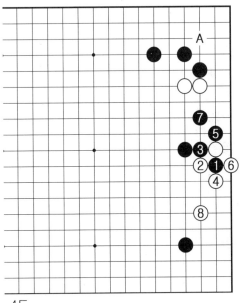

4도

4도(속수2)

흑1로 붙이는 것도 대동소이하다. 여기서도 백6으로 빵때림할 수 있다. 다음 흑이 7에 지키면 백도 8까지 가볍게 전환할 수 있다. 우상귀는 아직 A의 뒷맛이 남아 있다.

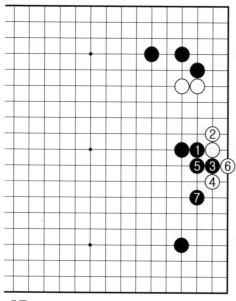

5도

5도(정수)

흑1의 압박을 알게 되었다면 접바둑에서 상수의 의도를 거스를 수 있다. 백2·4로 껴붙이면 흑5의 이음같은 수비에 유의하는 것도 잊지 말아야 한다. 이렇게 백을 무겁고 납작하게 만들어 추궁하는 것이 주도권을 뺏기지 않는 방법이다.

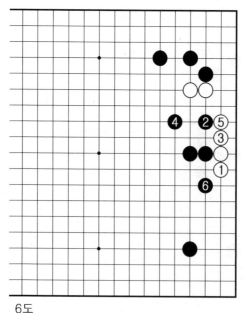

6도

6도(흑 두터움)

백1의 반발에는 침착하게 흑2·4로 넘겨 준 다음 6까지 진행하여 백은 아직 미생이며 흑의 중앙쪽은 점점 두터워진다. 이 그림은 흑의 의도대로 되고 있는 것이다.

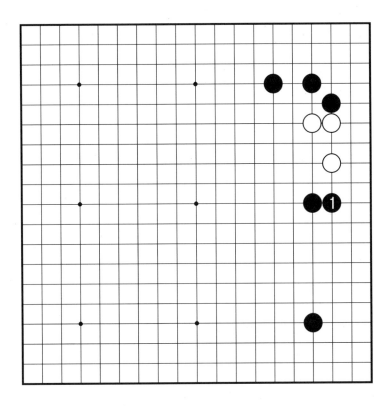

이 형태에서 흑1의 쌍점으로 수비하는 것은
공격이기도 하다. 이 수는 백에게 한가지의
선택만 허용한다.

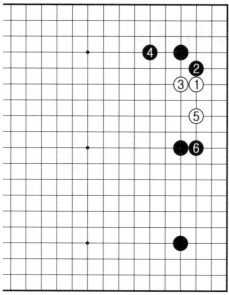

1도

1도(진행 과정)

이 진행도 접바둑에서 많이 발생하는 형태다. 백1에 흑2의 마늘모붙임은 공격을 전제로 백을 무겁게 하려는 행마다. 백3이 필연일 때 흑4로 집을 지으며 공격하는 것이 흐름이다. 이때 백이 5로 근거를 확보한다면 흑6은 가장 보편적인 수비다. 이 외에도 3가지 정도의 선택이 있지만 그 부분은 다른 행마편에 설명하겠다.

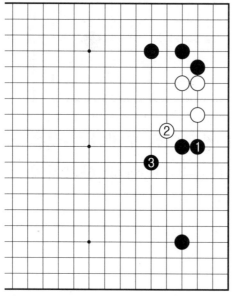

2도

2도(백의 선택)

흑1에 대해 백은 2의 선택 외에는 달리 둘 수 없다. 이때 흑3으로 추격하며 우하 방면을 확장시켜 가는 것이 요령이다.

변의 수비-쌍점(3)

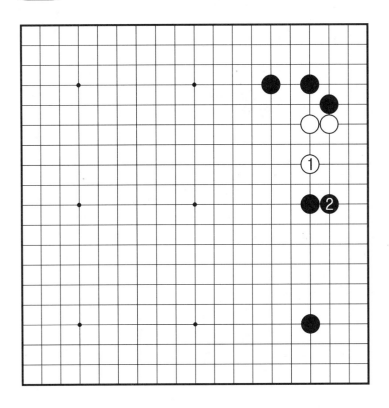

　백1의 근거확보에 대에서도 흑2의 쌍점으로 수비하는 것은 공격을 겸하는 행마다. 이 수는 백에게 2가지의 선택만 허용한다.

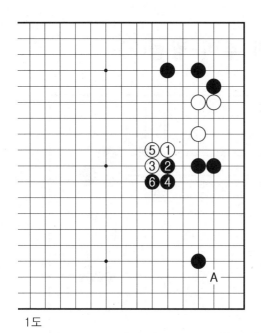

1도

1도(흑6 정수)

백1로 우하의 확장을 견제하는 행마가 있겠지만 흑6까지 흑진이 굳어지는 것은 마찬가지다. 이제는 A의 3·三 침입이 시급해지고 있다. 흑6의 꼬부림같은 수에 유의하는 것도 잊지 말아야 한다. 이렇게 두터운 곳을 놓치지 말아야 주도권을 뺏기지 않는다.

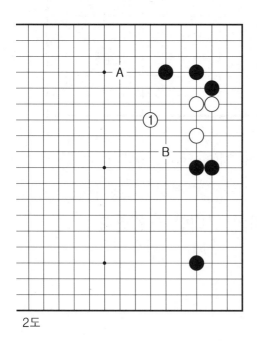

2도

2도(백의 선택)

백1로 가볍고 침착하게 뛰어 두는 것이 보편적이다. 이후 흑은 A의 지킴이나 B의 추격 정도의 진행을 선택할 수 있다.

귀의 수비-뻗음

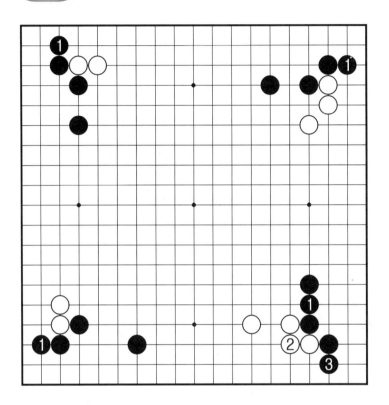

흑1(우하귀는 흑3)로 뻗어 쌍점으로 수비
하는 것은 기초적인 수비라 할 수 있다. 이
수는 크기도 하거니와 어떤 경우에는 근거에
해당되기도 한다.

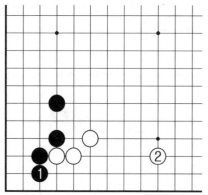

1도

1도(정석)

흑1, 백2까지가 상용 정석이라 할 수 있다. 여기서 흑1의 뻗음은 대단히 중요한 수비의 행마다. 그 가치는—

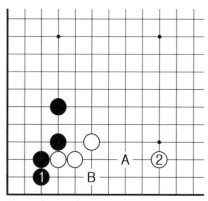

2도

2도(노림)

흑B가 언제든지 듣고 있으므로 흑A의 침입이 노림으로 남아 있을 뿐 아니라, 더 중요한 것은—

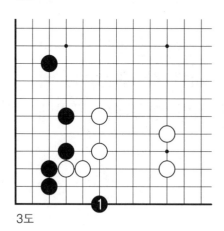

3도

3도(비마끝내기)

백진이 집으로 굳어지게 되면 흑1로 달리는 이른바 비마끝내기가 남게 되므로 중요한 것이다. 참고로 비마끝내기는 선수 7~9집의 큰 끝내기로, 중반에 결정짓는 경우가 거의 대부분이다.

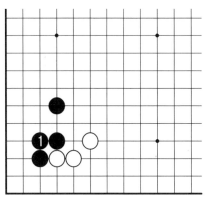

4도

4도(경우에 따라)

흑1로 잇는 수는 경우에 따라 둘 수는 있다. 예를 들어 흑이 아주 약할 때나 상대가 복잡한 싸움을 걸어올 때 한해서이다. 그러나 초반에 이렇게 잇는 수는 생각지 않아도 좋을 것이다.

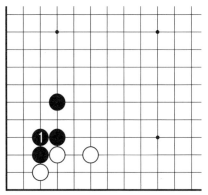

5도

5도(이런 경우)

이렇게 백이 변화할 때는 흑1로 꽉 이어 둘 수도 있다는 뜻이다.

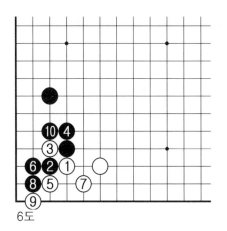

6도

6도(정형)

백이 1·3으로 맞끊어 복잡한 변화를 요구할 때도 흑4처럼 뻗는 수가 가장 무난하다. 흑10까지의 진행은 정석책에 실려 있는 대표적인 접바둑 정석 진행이다.

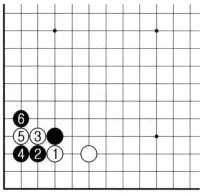

7도

7도(흑4 정수, 흑6 맥)

이 모양에서 백이 1·3으로 끊었을 때 어느 쪽을 뻗는 것이 옳은지 혼란스럽다면 상대가 없는 쪽이라고 생각하면 거의 맞다. 따라서 흑4가 정수다. 백5로 억지를 쓰는 것은 흑6의 배붙임의 맥이 준비되어 있다.

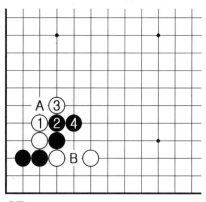

8도

8도(빈삼각의 맥)

백이 1로 뻗어도 흑2, 백3 다음 흑4의 빈삼각이 기다리고 있어 걱정없다. 흑A와 B가 맞보기라 백이 곤란하다.

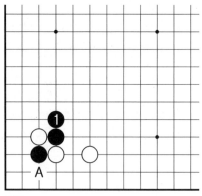

9도

9도(복잡할 수 있다)

흑1로 뻗는 수도 있으나 복잡한 변화가 기다리고 있다. 이 부분은 정석책을 보는 것이 나을 것이다. 또 흑A로 뻗는 것은 역시 좋지 않으므로 항상 상대가 가장 약한 쪽을 뻗는다는 원리를 지키면 무난하다.

귀의 수비-정석(1)

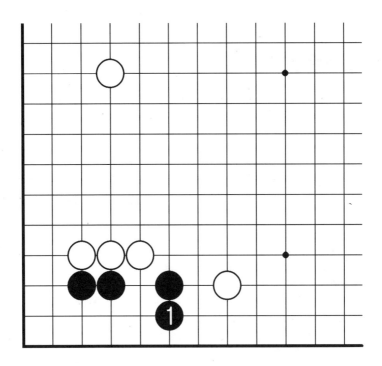

흑1의 쌍점으로 수비하는 것은 화점정석의 기초적인 수비라 할 수 있다. 이러한 수비는 끊기는 단점을 효과적으로 방비하는 행마로 정석 외에도 흔히 사용된다.

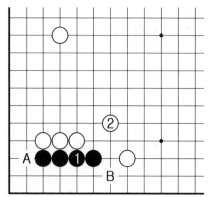

1도

1도(흑 손해)

흑1의 연결은 정수가 아니다. 백2로 포위하고 나면 백에게는 A, B가 언제든지 선수로 보장 된다.

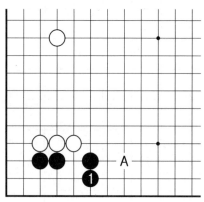

2도

2도(착각)

백이 A에 없을 때 흑1의 쌍점 은 틀린 행마다. 자기가 강한 곳에서 이런 수비를 하는 것은 비능률적인 것이다. 이 때는―

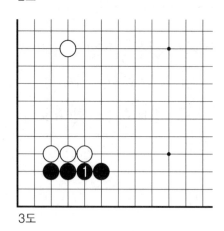

3도

3도(강하게 둔다)

흑1로 꽉 막아 두는 것이 좋 다. 이 진행도 정석책에 나와 있는 것이다.

귀의 수비-정석(2)

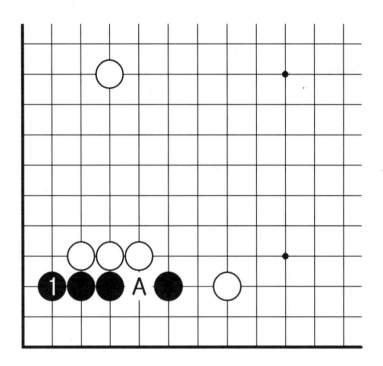

흑1로 뻗어 쌍점으로 수비하는 것도 화점정석의 기초적인 수비다. 이러한 수비도 A로 끊기는 단점을 효과적으로 방비하는 행마라 할 수 있다.

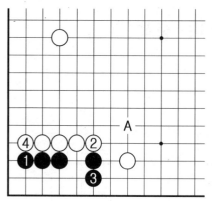

1도

1도(흑3 정수)

흑1 이후의 정석 진행이다. 백2때 다시 흑3의 수가 정수가 된다. 백4로는 A로 둘 수도 있다. 또 백2로는─

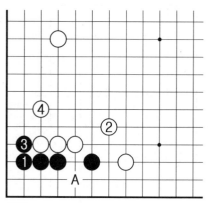

2도

2도(경우에 따라)

백은 2로 두어 흑의 쌍점을 유도할 수 있다. 이때 쌍점으로 응수하는 것은 중복 수비가 되므로 흑도 3의 꼬부림만 교환하고 다른 곳으로 전환하는 것이 정석 진행이다. 이후 백은 A의 침입을 노릴 수 있다.

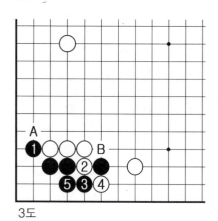

3도

3도(흑 무리)

흑1로 젖히는 수는 자신의 단점을 간과한 것이다. A로 받아준다면 득이지만, 백은 곧바로 2·4로 흑의 단점을 추궁하여 흑5까지 흑의 손해다. 백은 A로 막든 B로 잡든 선택이 자유롭다.

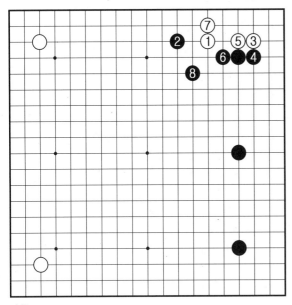

4도

4도(실전형1)

 이 진행은 조치훈
과 다케미야의 대
국에서 자주 만들
어졌던 초반전의
흐름이다. 우상귀
의 정석에서 백은 7
의 쌍점으로 흑8과
교환한 뒤 가볍게
선수를 잡고 있다.

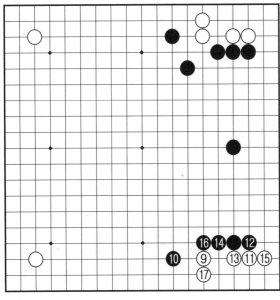

5도

5도(실전 계속)

 이번에는 백9로
걸쳐 흑10의 협공
때 15쪽을 뻗어두
고 있다. 흑16으로
봉쇄했을 때도 백17
의 쌍점 수비가 행
마법이다.

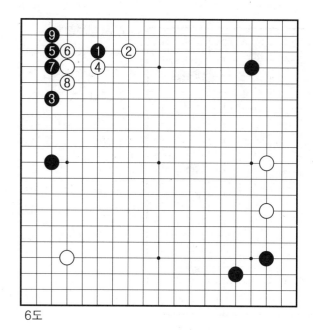

6도

6도(실전형2)

현대에 자주 만들어졌던 초반전의 흐름이다. 좌상귀의 정석에서 백이 6쪽을 막는다면 흑9의 뻗어두기까지가 부분 진행의 끝이다.

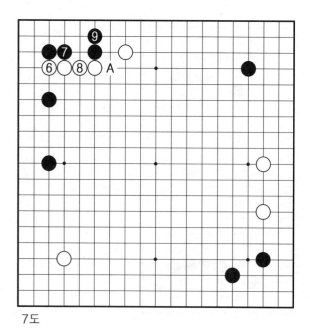

7도

7도(백 방향착오)

전도와 달리 백6으로 막는 것은 방향착오. 흑9의 쌍점으로 수비하면 A의 단점이 남아 백이 후수가 되므로 불만이다.

귀의 수비-정석(3)

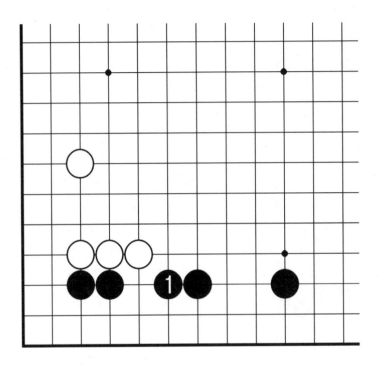

　흑1의 쌍점으로 수비하는 것도 화점정석의
기초적인 수비다. 이러한 수비는 거의 절대
적인 행마법이라 할 수 있다.

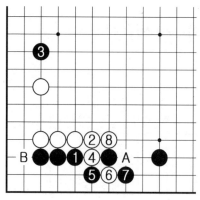

1도

1도(흑1 속수)

흑1에는 백2가 급소다. 흑은 3
으로 공격하고 싶겠지만 백4부
터 8까지의 수순으로 활용당하
면 백이 두터워져 오히려 공격
대상이 된다. 백은 흑의 응수
에 따라 A나 B를 계속 활용할
수 있다.

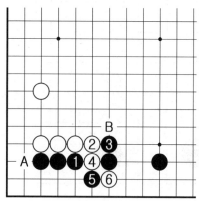

2도

2도(마찬가지)

흑1, 백2때 흑이 3으로 밀어
올려도 백4·6의 끊는 약점은
보완되지 않는다. 역시 흑의
응수에 따라 A나 B를 활용할
수 있어 흑의 불만이다.

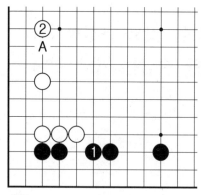

3도

3도(백도 지킨다)

흑1로 수비한다면 백도 2로
지켜야 한다. 이제는 흑A의 다
가섬이 강력해지기 때문이다.

변의 수비-정석(1)

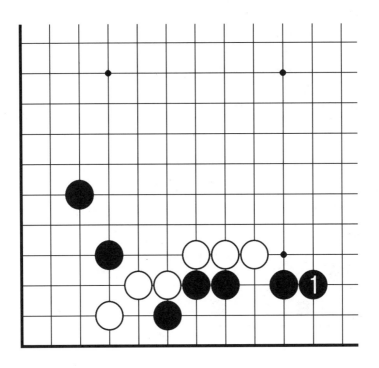

흑1의 쌍점으로 수비하는 것도 화점정석의
기초적인 수비다. 또 이 수비는 16형과 같은
행마법이라 할 수 있다.

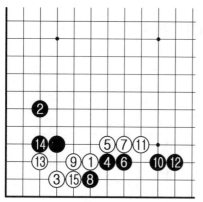

1도

1도(진행도)

백1~15까지의 수순이 **기본형**의 정석 진행이다.

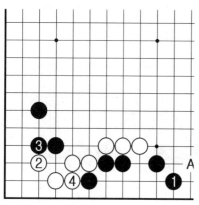

2도

2도(흑 약간 불만)

흑1로도 보강할 수는 있지만 백이 A로 공격하는 맛이 있어 쌍점보다 약간 불만이다.

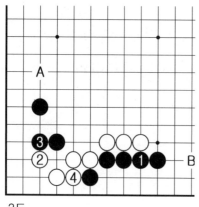

3도

3도(흑 무지)

흑1로 보강하는 것은 행마의 기초가 부족한 소치다. 백은 4까지 안정한 다음 A와 B를 동시에 노릴 수 있게 된다.

귀의 수비-정석(4)

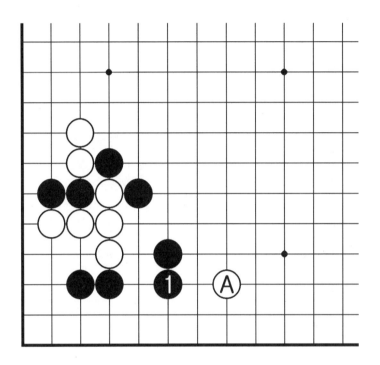

백A의 다가섬에 대해 흑1의 쌍점으로 수비
하는 것도 화점정석의 기초적인 행마다. 수
비의 방법중 이 수는 가장 견고한 행마법이
라 할 수 있다.

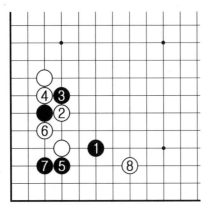

1도

1도(진행도)

이 그림이 **기본형**의 정석 진행이다. 흑1의 역협공에서 출발하여 백이 8로 다가섰을 때—

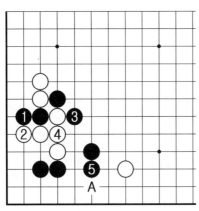

2도

2도(흑의 수순)

흑1·3의 활용을 거친 후 5로 수비하는 것이 수순이다. 물론 흑은 A로 보강할 수도 있지만, 그 수에 대해서는 한칸의 행마에서 설명하겠다.

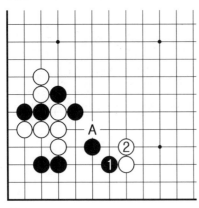

3도

3도(흑 악수)

선수를 잡기 위해 흑1로 보강하는 것은 행마의 기초가 부족하다. 백은 2로 튼튼해졌고 아직도 백A로 차단되는 수가 남아 있다.

변의 수비-정석 이후

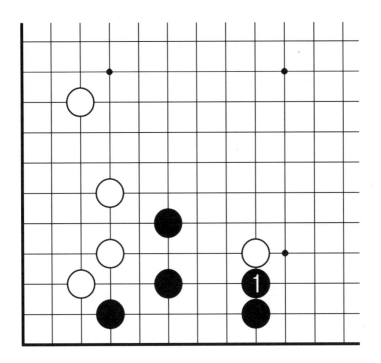

　흑1의 쌍점은 화점정석 이후의 기초적인 수비다. 이 수는 가장 견고한 수비의 행마법이라 할 수 있다.

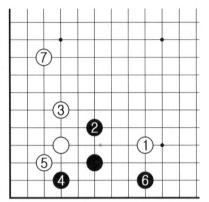

1도

1도(진행도)

이 그림이 **기본형**의 정석 진행이다. 백1~7까지 진행된 후, 이 곳에는 잔존수단이 있다. 흑이 태만하면—

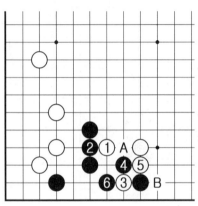

2도

2도(백의 활용수단)

백1부터 흑6까지의 수순을 거친 후 백은 A나 B의 활용을 보는 것이 보통이지만, 백에게는 조금 더 실전적인 노림이 있다.

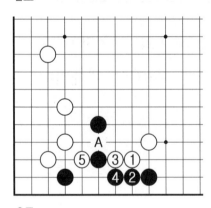

3도

3도(백의 잔존수단)

백은 1·3의 수순을 거쳐 5로 직접 차단을 노리거나 A로 끼워 차단하는 과격한 노림수가 남아 있다. 그렇다고 흑이 후퇴하는 것은 백에게 직접적인 득을 주게 된다.

쌍립의 수비-정석(1)

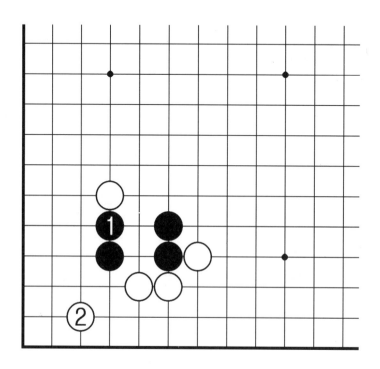

흑1의 쌍립은 화점정석의 기초적인 수비다. 이 수는 두개의 쌍점으로 연결된 가장 견고한 수비의 행마법이라 할 수 있다.

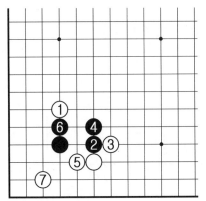

1도

1도(진행도)

이 그림이 **기본형**의 진행이다. 백1~7까지 진행되는 것이 보편적인 정석의 흐름이다.

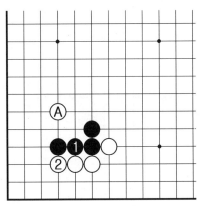

2도

2도(흑 우형)

흑1의 수비는 행마가 아니다. 백에게 2로 근거를 뺏겨 흑 전체가 공격받게 된다. 백A에게도 영향력이 없는 상태다.

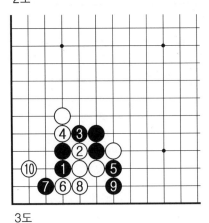

3도

3도(흑 무리)

흑1로 막는 것은 백2·4로 절단되어 무리다. 백6으로 먼저 젖히는 수순을 거쳐 백10의 치중까지 귀의 흑은 전멸이다.

21형 쌍립의 수비-정석(2)

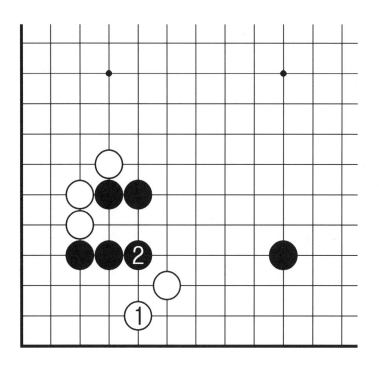

　백1에 대해 흑2의 쌍립도 화점정석의 기초적인 수비다. 접바둑에서 흔히 쓰여지는 가장 견고한 수비의 행마법이다.

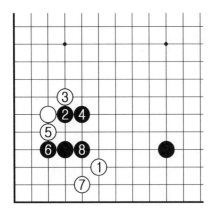

1도

1도(진행도)

이 그림이 **기본형**의 정석 진행이다. 백7은 귀의 근거와 절단의 약점을 동시에 노리는 수다. 이에 대해 흑8의 쌍립으로 수비하는 것이 기초 수비의 행마법이다.

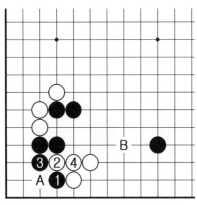

2도

2도(백의 주문1)

흑1의 수비는 백의 주문이다. 백2·4의 수순을 거친 후, 백은 A로 잡는 수와 B로 근거를 확보할 수 있어 더 이상 공격당하지 않는다. 그러나 흑은 아직도 공격당할 여지가 있다.

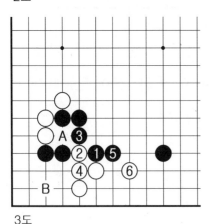

3도

3도(백의 주문2)

흑1의 수비는 최악이다. 백2로 끼워 백6까지 필연의 진행인데, 흑은 아직 A의 약점이 남아 있는 반면 백은 B의 근거가 보장되어 있어 그 자체로 안전하다.

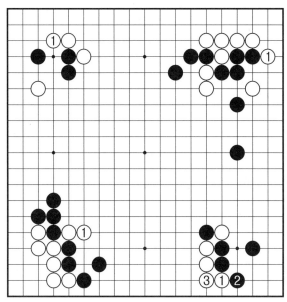

4도

4도(예제)

다음과 같은 4장면에서도 쌍립으로 수비하는 행마법은 거의 정형화되어 있다.

기초적인 행마법이지만 절대라고 생각하는 것이 좋을 것이다.

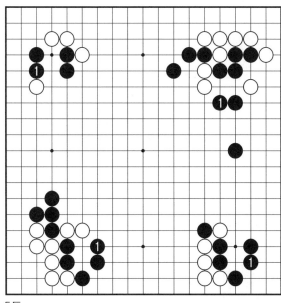

5도

5도(예제 해설)

위 4장면에서도 이렇게 흑1의 쌍립으로 수비하는 것이 정형화된 행마법이다.

기초적인 행마법이지만 절대라고 생각하기 바란다.

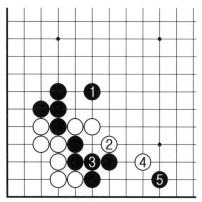

6도

6도(백2 급소, 흑5 이맥)

이런 모양에서 흑이 1로 백2점을 공격하면 백2·4의 좋은 수순으로 갇혀 주변의 변화가 없는 한 죽음이 있다. 흑5의 맥이 있는 것 같지만—

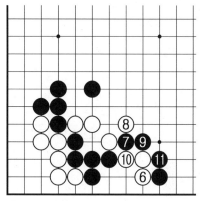

7도

7도(흑의 주문)

백이 6으로 막아만 준다면 흑7의 젖힘이 성립하여 흑11까지 이번에는 백이 거꾸로 죽는다.

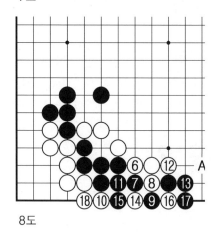

8도

8도(백의 정수순)

백은 6 이하로 조여들어가 백18까지 진행된 다음 흑이 16의 자리를 이어도 백A의 장문으로 흑은 탈출이 불가능하다.

쌍점의 수비-공수겸용

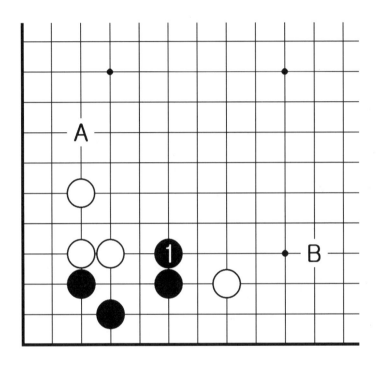

  흑1의 쌍점은 화점정석 이후의 기초적인 공수겸용의 수비다. 이 수는 자체로 완생한 흑이 봉쇄을 피한 후 장차 A와 B의 공격을 노리는 견고한 수비의 행마법이라 할 수 있다.

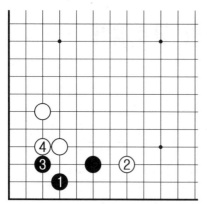

1도

1도(진행도)

이 그림이 **기본형**의 정석 진행이다. 흑3에 대해 백4로 귀를 막은 다음 이곳에는 백의 봉쇄 수단이 있다. 흑이 봉쇄를 피하려 한다면 **기본형**의 쌍점이 정수가 된다.

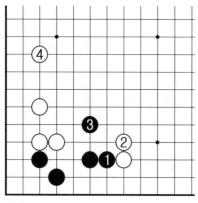

2도

2도(흑 속수)

흑1로 백을 강화시켜 주는 것은 속수다. 백4로 지킨 후 흑은 우측의 백을 공격할 수 없다. 이미 강화되었기 때문이다.

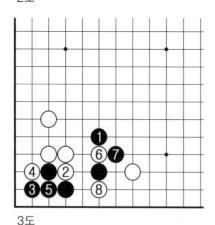

3도

3도(백의 노림수)

흑1의 한칸도 이 경우 약점이 있어 선택할 수 없다. 백2부터 흑5까지 진행된 후, 백6의 끼움수와 백8의 붙이는 수순이 통렬하여 절단되고 만다.

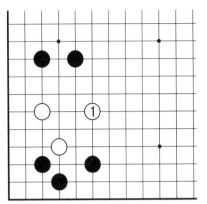

4도

4도(유사형)

이 그림은 유사한 형태의 초반 진행이다. 백1로 가볍게 중앙으로 진출한 것은 유사시 자체 모양을 탄력있게 정돈하는 후속수단을 보고 있는 수다.

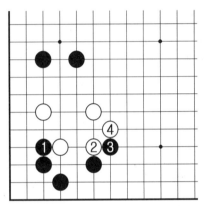

5도

5도(백 탄력적인 수습)

흑1로 백의 근거를 빼앗았다고 생각하는 것은 오산이다. 백2·4로 탄력을 가지게 되면 흑은 이 백을 공격하기가 쉽지 않다. 이미 안형이 풍부해졌기 때문이다.

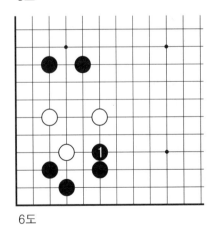

6도

6도(흑의 정공법)

이 모양에서는 흑1의 쌍점이 공격의 급소다. 이 수로 백은 탄력을 갖기 어렵게 되어 계속 공격 대상이다.

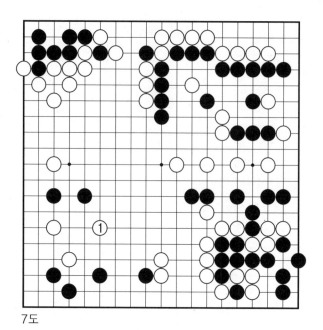

7도

7도(실전)

백1로 달아난 실전 기보다. 여기서 흑의 다음 수는 어디였을까?

제29기 명인전
 도전3국
흑 이창호(명인)
백 조훈현

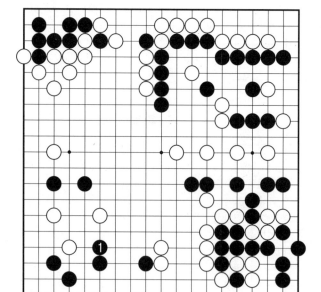

8도

8도(실전 계속)

이 장면에서 흑의 선택은 역시 1의 쌍점이었다. 이 수로 흑은 우변의 백 일단과 상호 연관시켜 이 백을 공격하면서 자연스럽게 좌변 흑2점을 수습하게 된다.

23형 쌍점의 방어-정석 이후

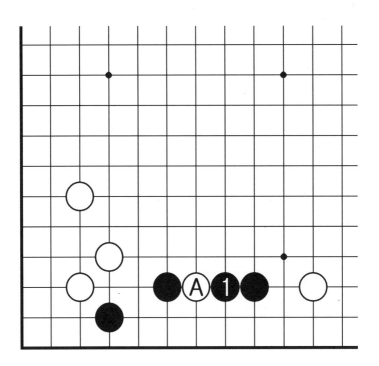

백A의 응수타진에 대해 흑1의 쌍점으로 응수하는 것도 화점정석 이후의 기초 방어 행마다. 이 수는 분란을 일으키려는 백의 의도를 방어하는 기초 행마라 할 수 있다.

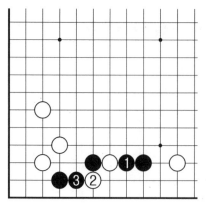

1도

1도(백 의도 무산)

흑1 다음 백2에 대해 흑3으로 응수하는 수순까지가 이 진행의 끝이다. 이후는 어떤 변화가 일어나도 흑은 안전하다. (**기본형**의 백A로는 **본도** 백2부터 두어도 진행은 동일하다)

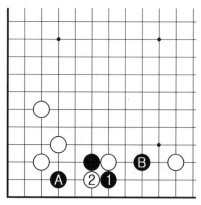

2도

2도(백의 의도)

흑1로 아래에서 젖혀 받는 것은 백의 의도에 걸린 수다. 백2로 맞끊는 순간 흑A나 B중 어느 한쪽이 분리되고 만다.

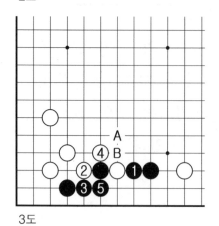

3도

3도(백의 수단)

흑1의 쌍점에 대해 백은 2·4의 수단을 만드는 수순이 있다. 이후 백A나 B가 선수로 듣는다는 보장이 있으므로 흑도 귀에서 본 득만큼 조심할 필요가 있다.

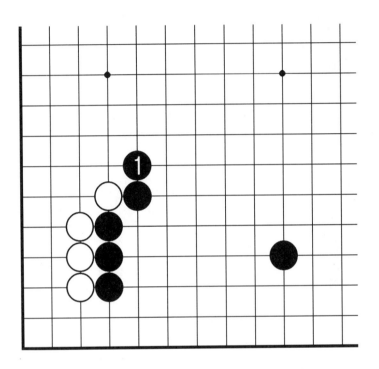

흑1의 쌍점으로 가만히 뻗어두는 것은 중앙 쪽의 힘을 비축하는 기초 행마다. 이 수는 상대의 모양을 결정시켜 주지 않는 전략적인 행마라고 할 수 있다.

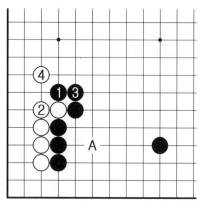

1도

1도(흑 책략 부족)

이 그림은 하급자가 흔히 택하기 쉬운 진행이다. 흑1·3으로 백의 모양을 결정시켜 주고 나면 백은 4로 변을 뛴 후 A의 침입을 노리게 된다.

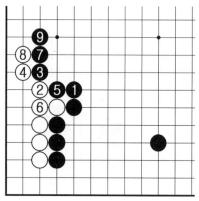

2도

2도(흑 대만족)

흑1때 백2로 지키면 흑은 3 이하로 압박하여 9까지, 이 진행은 흑의 대만족이다.

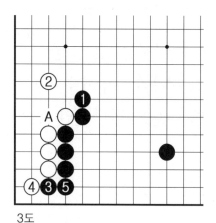

3도

3도(흑의 노림수)

백2의 지킴에는 흑3·5로 젖혀 잇는 수가 좋다. 크기도 하지만 백이 손을 빼면 흑A로 끊어 잡는 두터운 선수의 후속수단이 남아 있다.

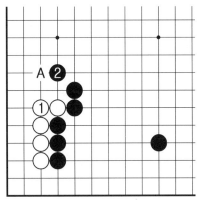

4도

4도(백 비능률)

단순히 백1로 잇는 것은 비능률적이다. 흑2로 유연하게 봉쇄되어 발전력을 잃는 것이다. 흑도 A로 봉쇄하는 것은 다소의 약점이 남는다.

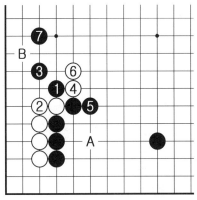

5도

5도(전투의 조건)

흑1·3으로 전투를 유도하는 것은 조심해야 한다. 흑7까지 되고 난 후 절단된 흑의 모양에 A, B등의 급소가 남아 대모양을 형성하는 데는 무리가 따를지도 모른다.

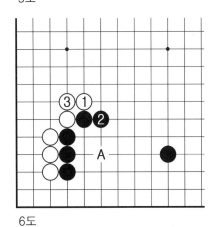

6도

6도(손빼기는 불가)

이 형태에서 흑이 손을 빼는 것은 있을 수 없다. 바로 백1의 석점머리가 급소가 되므로 백의 변쪽 영향력이 극대화되면서 흑 진영내에 A의 약점이 부각되어 이 곳을 손빼는 순간 형세가 뒤바뀔 수 있다.

7도(예제)

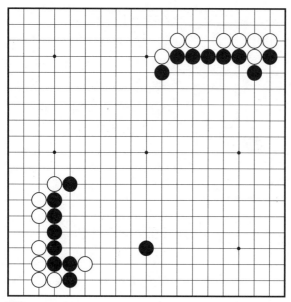

7도

 다음과 같은 두 장면에서도 쌍점으로 뻗어 힘을 비축하는 행마가 책략이 있다. 기초 행마법이지만 중요한 것이다.

8도(예제 해설)

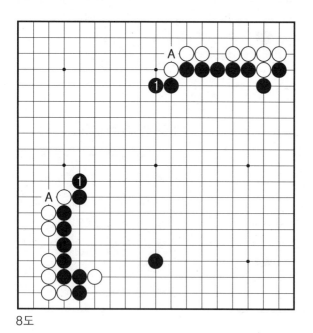

8도

 이 장면에서도 이렇게 흑1의 쌍점으로 힘을 비축하는 것이 정형화된 전략행마법이다. A의 곳을 결정시켜 주지 않는 것이 요령이다. 기초 행마법이지만 중요하므로 잊지 않도록 하는 것이 좋다.

공격의 쌍점

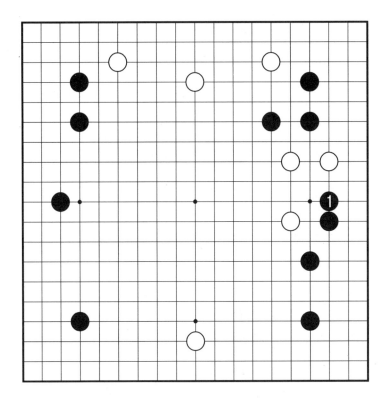

4점 접바둑의 초반 진행이다. 흑1의 쌍점은 이 경우 백모양의 급소에 해당하며 공격을 전제로 한 침착한 행마다. 이 수는 공격형 기초 행마법이다.

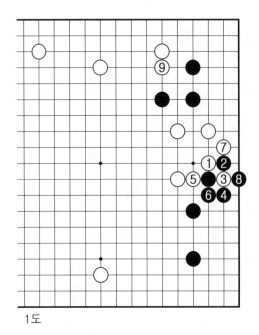

1도

1도(백의 역공)

흑이 이곳을 게을리하여 손을 빼면 백은 1 이하 7까지의 수순으로 모양을 정비하게 된다. 이어서 백9의 쌍점으로 흑을 역공할 수 있다. 바로 백1의 곳이 쌍방의 급소였던 것이다.

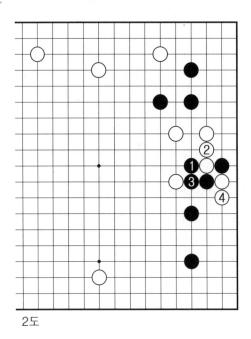

2도

2도(흑 손실)

그렇다고 흑1로 반발하는 것은 백에게 4까지 변을 내어주게 되어 손실이 너무 크다. 아직도 우상귀의 흑3점은 공격 대상이다.

26형 침입을 노리는 쌍점

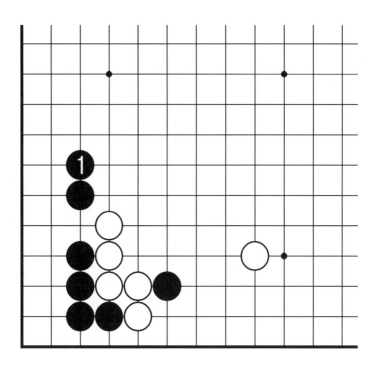

　현대 화점정석의 대표적인 형태인데, 정석 이후 흑1의 쌍점으로 두는 것은 여러 잔존수 단을 없애면서 우변 백진의 침입등을 엿보는 침착한 행마다. 이 수도 수비와 침입 겸용의 기초 행마법이다.

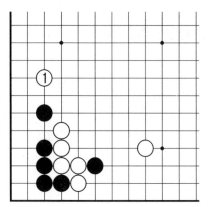

1도

1도(절호의 접근)

변의 가치가 커진 현대의 바둑에서는 백1의 다가섬이 매우 큰 수로 평가되고 있다. 이 수가 오면 흑의 변쪽 발전성은 거의 제한된다고 볼 수 있다.

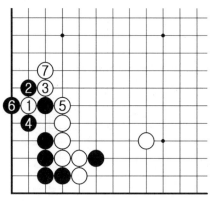

2도

2도(잔존수단)

백1의 붙임수와 같은 잔존수단도 흑으로서는 성가신 수단이다. 백7까지의 수순으로 흑이 압박당할 수도 있는 것이다.

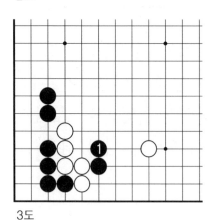

3도

3도(흑의 노림수)

기본형 이후 백이 손을 빼면 흑1로 뻗어 백을 크게 공격하는 후속수단이 있으며, 우변의 백 진영이 넓게 포진되어 있을 때는 강력한 침입을 노릴 수도 있다. 이 경우 백도 흑1의 곳을 당해서는 견딜 수 없으므로 반드시 지켜야 한다.

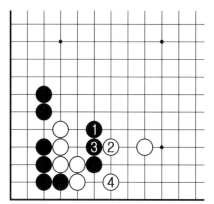

4도(노림수 불발)

흑도 1로 뛰어 백을 공격하려는 것은 착각이다. 백에게는 2·4로 넘어가는 수단이 있어 더 이상의 공격이 불가능하다.

4도

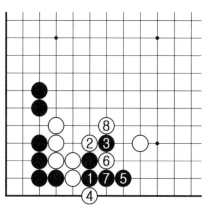

5도(백 탄력의 수습)

흑1로 공격하는 수단도 무겁다. 백에게 2의 자리를 허용하면 탄력적인 모양을 주기 쉬워 공격이 어려워진다.

5도

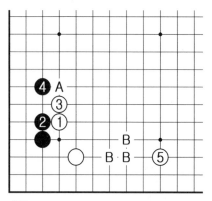

6도(소목에서의 동일형)

소목, 외목정석의 기본적인 진행인데, 정석 이후 흑A로 밀어 올리는 수를 제외한다면 어떻게 수비하는 것이 좋을까? 곧바로 B등에 침입하는 것은 백A로 미는 수가 항상 선수이므로 위험할 수 있다.

6도

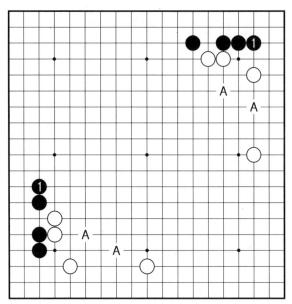

7도

7도(쌍점 수비)

정석 이후 흑1의 쌍점으로 수비하는 것이 **기본형**과 일맥상통한 행마라고 할 수 있다. 이 수도 변의 수비와 A등의 침입을 동시에 노리는 기초 행마법이다.

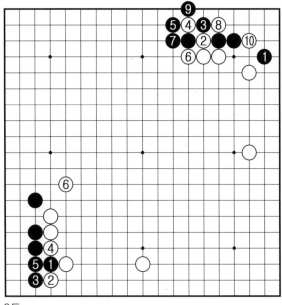

8도

8도(속수)

우상귀의 흑1과 같은 수비는 대표적인 속수다. 백2 이하 10의 붙이는 맥으로 엄청난 손실을 입는다. 좌하귀의 흑1은 백 2·4의 활용으로 백에게 6의 곳을 선점당하여 침투의 약점을 노릴 수 없게 되므로 다소 불만이다.

27형 소목굳힘에서의 쌍점

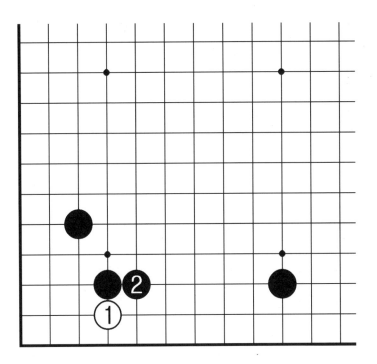

　소목의 날일자굳힘이 있는 흑 진영에 백1로
응수타진하는 수법은 상용수단이다. 이때 흑2
의 쌍점으로 수비하는 것이 보편적 행마다. 이
수는 백에게 수단의 빌미를 주지 않으려는 기
초 행마법 중 하나다.

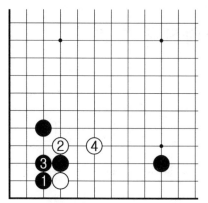

1도

1도(백 경쾌)

이 그림은 하급자가 흔히 택하기 쉬운 진행이다. 흑1로 귀를 막는 것은 백2·4의 수습이 경쾌하여 불만이다. 이 백은 가벼워 공격이 용이하지 않다.

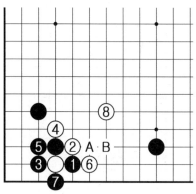

2도

2도(백 대만족)

흑1쪽의 젖힘도 백2로 맞끊어 분란의 소지가 있다. 백8까지의 진행은 백이 흑 진영을 거의 파괴하여 백의 대만족이다. 이 백은 탄력이 있어 공격 대상이 아니다. 흑A로 끊는 것은 백B로 되단수하여 언제든지 환영이다.

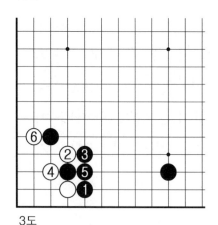

3도

3도(백의 자유)

백은 2도의 백2로 이 진행처럼 수습할 수도 있다. 백2의 껴붙임수는 1도의 붙임수와 같은 맥락의 응수타진이다.

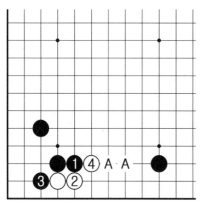

4도

4도(보통의 진행)

이 그림이 **기본형** 이후의 일반적인 진행이다. 백4 이후 흑은 A쯤의 공격을 노리는 진행이 된다.

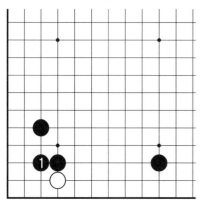

5도

5도(흑 견고)

흑은 1쪽으로 지킬 수도 있다. 소극적인 듯 하지만 이 점도 공격을 전제로 한 수비의 행마라 할 수 있다.

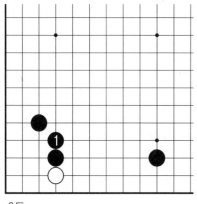

6도

6도(흑의 별책)

1,3도에서 백이 붙여 수습하던 곳을 흑1로 지키는 것이 의외로 강력할 때가 있다. 이 수는 화점의 마늘모굳힘에서 상대가 저공으로 침입해 왔을 때 치받는 수와 똑같은 수법이라고 할 수 있다.

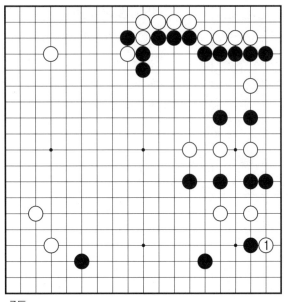

7도

7도(실전)
 백1로 붙인 실전
이다. 여기서 흑
의 다음 수는 어
디였을까?

제29기 명인전
   도전3국
 흑 이창호(명인)
 백 조훈현

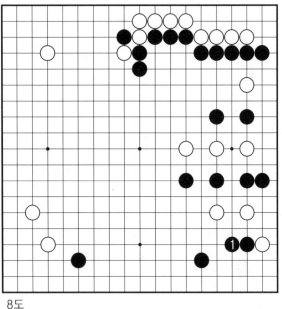

8도

8도(실전 계속)
 이 장면에서 흑
의 선택은 1의 쌍
점이었다. 이 수
는 우하변의 백이
탄력적인 수습을
못하게 하는 강수
였다. 이 백을 수
습하려면 우상변
의 백이 위험해질
가능성이 있어 흑
호조의 국면이다.

공격의 쌍점-정석 이후(1)

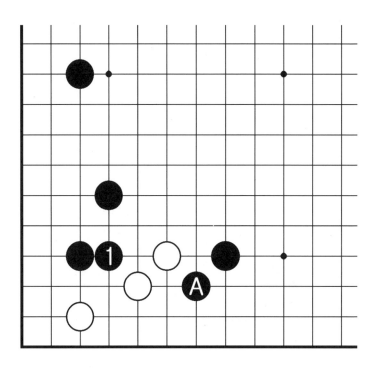

소목정석 중 하나의 진행이다. 흑A로 근거를 위협할 때 백이 손을 빼면 흑1의 쌍점으로 공격하는 것이 강력한 공격형 행마다. 이 수는 백에게 수습의 빌미를 주지 않으려는 기초 행마법 중 하나다.

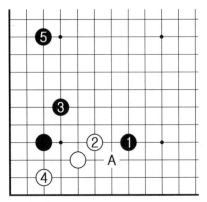

1도

1도(정석 진행)

흑1~5까지는 소목에서의 정석 진행이다. 이후 흑이 A로 다가섰을 때 백이 손뺀 상황이 **기본형**이었다.

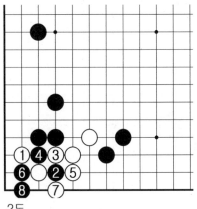

2도

2도(흑 만족)

백1로 뒤늦게 근거를 잡으려 하면 흑은 2로 건너붙인 다음 8까지의 수순으로 큰 득을 볼 수 있다. 만약에 백3으로 백5의 곳에 두어 넘는다면 백 전체가 미생이므로 흑은 언제든지 환영이다.

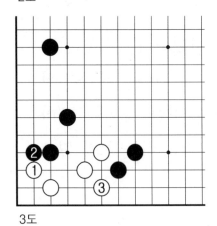

3도

3도(백 절대 수비)

원래 백은 **기본형** 흑1이 오기 전에 1·3의 수순으로 수비해 두는 것이 절대였던 것이다.

96

공격의 쌍점-정석 이후(2)

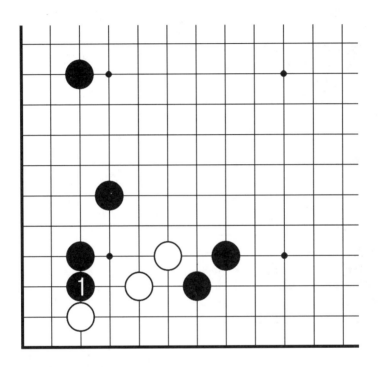

28형의 쌍점으로는 흑1의 쌍점으로 공격하는 것도 강력한 공격형 행마다. 이 수도 백에게 수습의 빌미를 주지 않으려는 기초행마법 중 하나다.

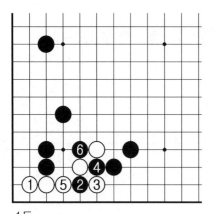

1도

1도(흑 대만족)

 백1로 뻗는다면 흑6까지의 진행은 필연이다. 흑2의 붙임이 통렬하여 중앙의 백1점이 차단되므로 흑의 대만족이다. 만약 흑2의 붙임에 백5로 받는다면 흑3으로 늘어 백 전체가 공격 대상이 된다.

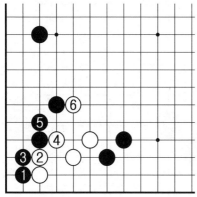

2도

2도(백 수습)

 흑1로 근거를 뺏는 것은 조급한 수단으로 백6까지 수습되어 득이 없다.

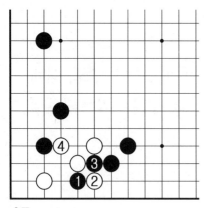

3도

3도(흑 무리)

 곧바로 흑1에 붙이는 수단은 성급한 수다. 백에게는 4로 붙이는 수습의 맥이 준비되어 있어 흑의 무리다.

능률적 수비-정석(1)

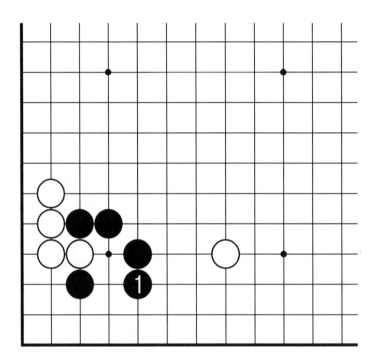

　소목정석의　진행에서　흑1의　쌍점으로　응수
하는　것은　능률적인　수비의　행마법이다.　이
수는　백에게　공격당할　것을　예방하는　기초
행마법　중　하나다.

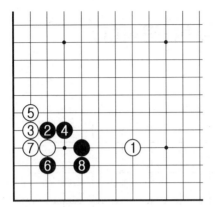

1도

1도(정석 진행)

이 진행이 **기본형**의 정석 수순이며, 백7때 흑8의 쌍점 수비가 정수다.

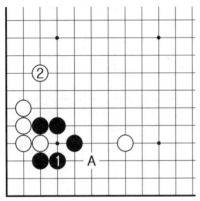

2도

2도(흑 대만족)

흑1로 느는 것은 백2로 지킨 후 아직도 백A로 공격하는 수가 남아 흑의 불만이다.

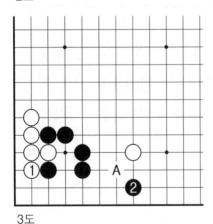

3도

3도(흑의 노림수)

기본형의 흑1에 대해 백1로 추궁하면 흑은 2로 달려 근거를 확보할 수 있고, 백A로 공격하면 흑1로 귀에서 근거를 마련할 수 있다.

능률적 수비-정석(2)

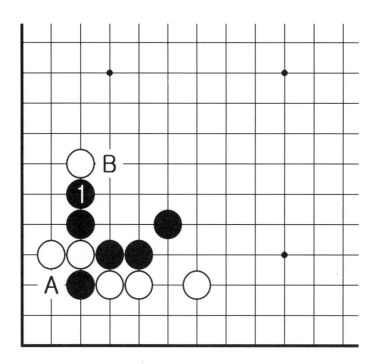

소목정석의 진행중 흑1의 쌍점으로 치받는
것도 능률적인 수비의 행마다. 이 수도 백에게
A나 B의 양자택일을 강요하는 기초 행마법 중
하나다.

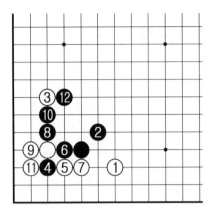

1도

1도(정석 진행)

이 수순이 **기본형**의 정석 진행이다. 수순중 흑10으로—

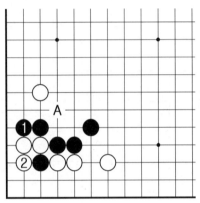

2도

2도(흑 속수)

이렇게 흑1로 단순히 막는 것은 속수의 표본이다. 백2로 받은 후 백이 A등을 노리며 공격하게 되면 흑 전체의 안위가 불안해진다.

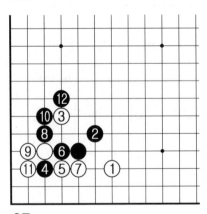

3도

3도(비슷한 정석)

이 정석의 진행에서도 마찬가지로 흑10의 수가 성립한다.

32형 능률적 수비-정석 이후

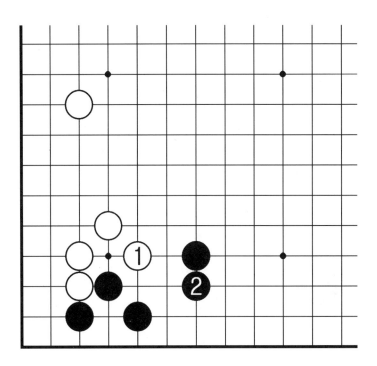

소목정석 이후 백1의 응수타진에 대해 흑2의 쌍점으로 수비하는 것도 능률적인 행마다. 이 수도 가능한 한 오른쪽에 더 영향력을 가지려는 기초 수비 수법이다.

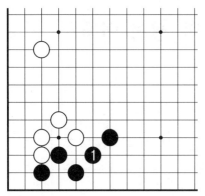

1도(흑 느슨)

이렇게 흑1처럼 두는 것은 싱겁다. 백에게 순식간에 활용당한 모습이다.

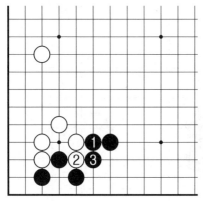

2도(흑 우형)

흑1로 치받는 것은 비능률의 극치다. 흑3까지의 모양은 불필요한 돌 투성이가 되었다.

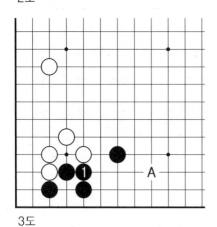

3도(마찬가지)

흑1로 지키는 것도 대동소이하다. 자체로 활용당한 꼴이며 아직도 백에게 A의 곳을 추궁당할 여지가 남아 있다.

33형 쌍점을 이용한 맥-정석 과정

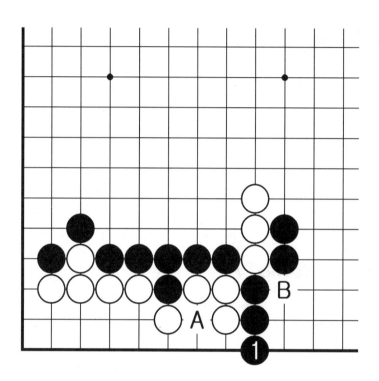

이 형태도 정석의 과정이다. 흑1의 쌍점은
A의 축축수를 노려 B의 단점을 선수로 보강
하는 능률적인 맥의 행마다. 이러한 맥의 활
용도 기초행마법 중 하나에 해당한다.

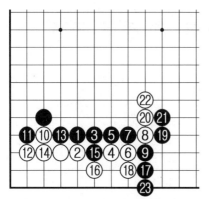

1도

1도(정석 진행)

흑1~23까지의 진행이 **기본형**의 정석 수순이다.

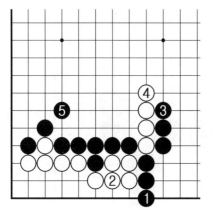

2도

2도(흑 만족)

흑1~5의 수순이 **기본형**의 계속된 진행이 될 것이다. 이 결과는 흑이 양쪽을 두어 만족이다. 흑1의 맥이 효과적이었기 때문이다.

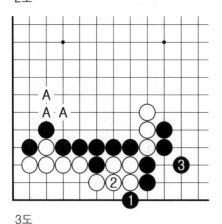

3도

3도(흑 작전차질)

흑1로 무심히 단수하는 것은 속수다. 백2로 받은 후 흑3으로 가일수할 필요가 생겼기 때문이다. 이렇게 되자 백은 A쪽으로 역공할 기회가 생겼다.

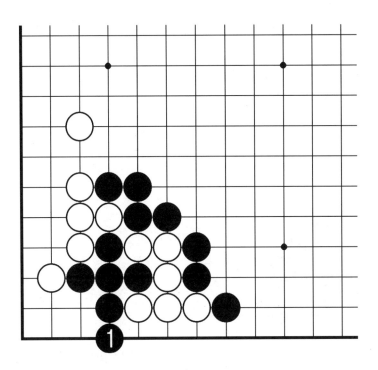

대사정석의 속임수 부분에서 나타나는 형태
다. 여기서 흑은 1의 쌍점으로 두는 수가 귀
의 특성을 이용한 절대의 맥이 된다. 이 수도
기초 행마법을 이용한 쌍점의 맥중 하나다.

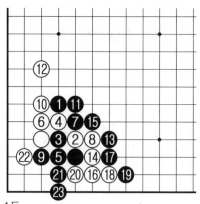

1도

1도(대사 속임수)

흑1~백12의 정석 수순을 거친 후 흑13의 붙임부터가 대사 속임수의 시초가 된다. 백14 이하의 과정이 속임수에 걸리는 수순이었다.

2도

2도(흑 승)

백1로 패를 만들려는 수순에 대해 흑2만 교환하고 흑4로 잡아 이 수상전은 흑승이다.

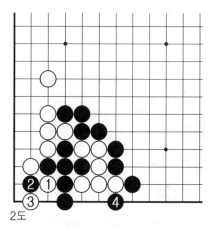

3도

3도(흑 망함)

기본형의 흑1처럼 두지 않고 **본도** 흑1로 젖히는 것은 흑의 착각이다. 백10까지 귀에서 패가 나면 백A로 끊는 패감이 많아 이 진행은 흑이 견딜 수 없다.

35형 쌍점을 이용한 맥-수상전(2)

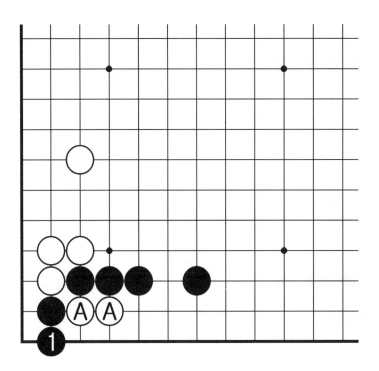

백A의 2점을 잡는 수는 흑1의 쌍점뿐이다.
이 수도 귀의 자충을 이용한 수상전의 맥으로
기초 행마법을 이용한 수상전의 맥중 하나다.

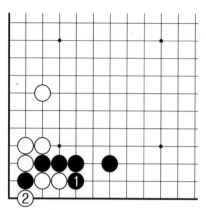

1도(흑 죽음)

흑1로 단순히 두면 백2의 단수로 간단히 죽고 만다.

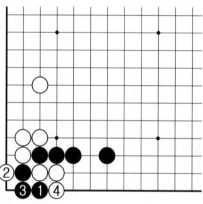

2도(흑 죽음)

흑1도 백2·4로 마찬가지의 죽음이다.

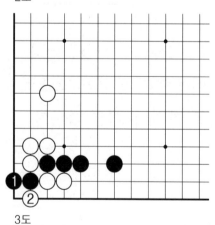

3도(흑 죽음)

흑1쪽의 뻗음도 방향착오다. 백2로 **1도**와 마찬가지의 죽음이다.

4도(동일형1)

흑1의 쌍점으로 뻗는 맥만이 유일하게 수상전을 이기는 길 이다. 이 수로—

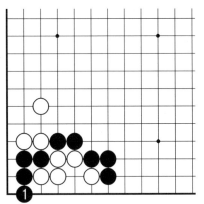

4도

5도(흑 실패)

흑1로 젖히면 최하 후수 빅 내지 패를 피할 수 없다.

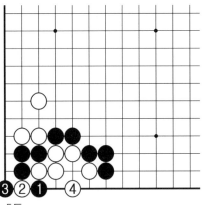

5도

6도(동일형2)

흑1의 뻗음도 동일형이다. 이 수가 아니면 패도 없이 오 히려 흑이 무조건 죽고 만다.

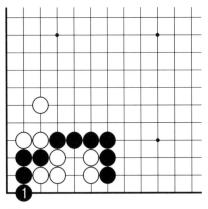

6도

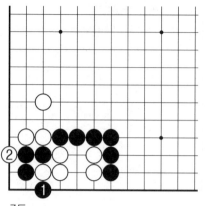

7도

7도(흑 죽음)

흑1로 젖히는 것은 조급함이 앞선 것이다. 백2의 젖힘을 당하여 무조건 죽음이다.

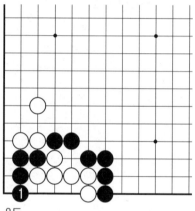

8도

8도(동일형3)

이 형태에서도 흑1이 맥이다. 동일한 맥인 것이다.

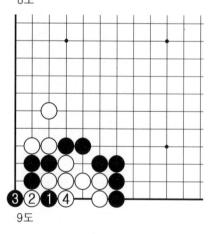

9도

9도(패)

이 경우도 흑1로 젖히는 것은 백2의 먹여침을 당해 패를 피할 수 없다.

36형 쌍점을 이용한 사활

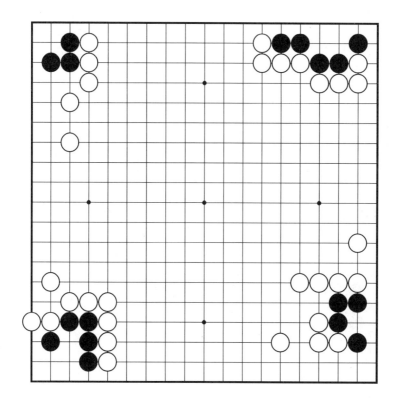

　행마는 사활에서도 십분 이용된다. 위 4가
지의 삶은 어떻게 되는 것일까? 여기서도
기초 행마를 이용한 쌍점의 수비만이 유일한
삶의 길이다.

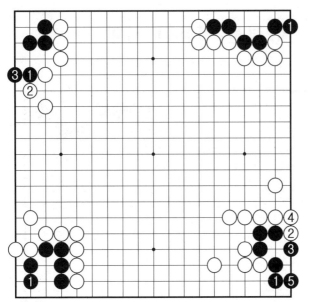

정해도

정해도

흑1이 아니면 완생할 수 없다. 사활에서 기초 행마를 이용한 쌍점의 수비는 이 외에도 많이 있다.

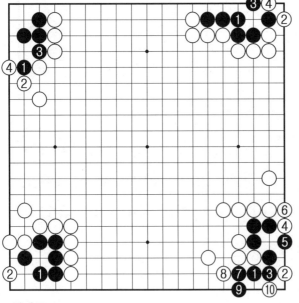

실패도

실패도

이 그림처럼 두어서는 완생할 수 없다. 행마가 충실하면 사활에서도 급소나 맥의 형태에 밝아지므로 불필요한 수읽기를 하는 번거로움이 한층 줄어들 것이다

114

실전대국의 쌍점

1. 이창호 對 조훈현

2. 슈사쿠 對 이토 쇼지로

3. 가토 마사오 對 후지사와 슈코

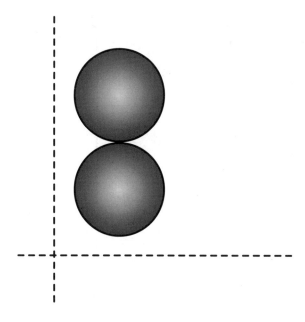

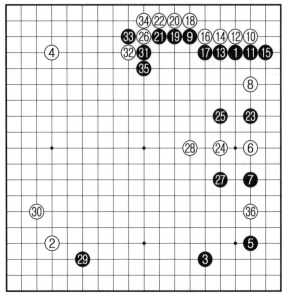

1보

실전1(1보)

흑1~35까지의 포석을 거친 후 백36으로 침입한 실전이다. 여기서 흑의 다음 수는 어디였을까?

이 바둑은 22형과 27형의 실전도에서 보인 바 있다.

제29기 명인전
도전3국
흑 이창호(명인)
백 조훈현

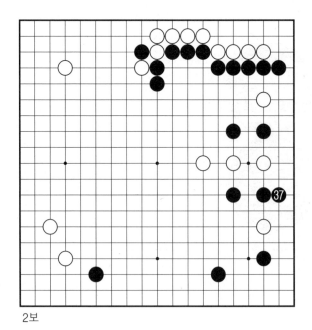

2보

실전1(2보)

이 장면에서 흑의 선택은 흑37의 쌍점이었다. 이 수는 우변의 백들을 분리하여 공격하려는 강수였다.

116

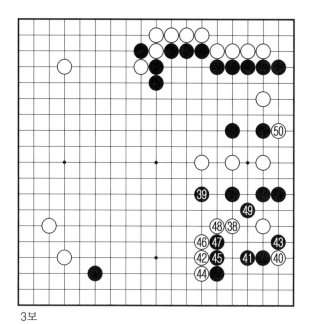

3보

실전1(3보)

백40으로 붙였을 때 흑41로 둔 수는 **27형**의 실전도에서 보인 바 있다. 흑은 상하의 백을 49까지 분리하여 맹공한다. 이때 수습을 위해 백 50으로 붙인 장면이다. 여기서 흑의 다음 수는 어디였을까?

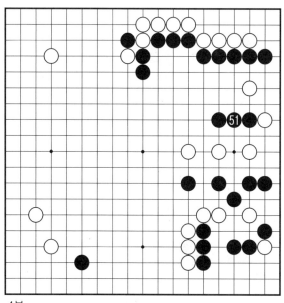

4보

실전1(4보)

이 장면에서 흑의 선택은 51의 쌍점이었다. 이 수는 백에게 수습의 여지를 주지 않는 강수였다. 이제 이 백을 수습하려면 하변의 백이 위험해질 가능성이 있다.

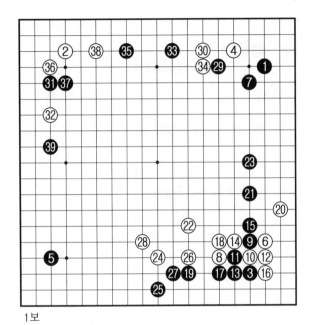

1보

실전2(1보)

 이 바둑은 슈사쿠(秀策)의 16세 때 실전보다. 상대는 당시 6단이던 이토 쇼지로(伊藤松次郞), 훗날 이토 쇼와(伊藤松和)라 불렸던 기사다.

 슈사쿠가 흑39로 협공한 장면에서 백의 다음 수는 어디였을까?

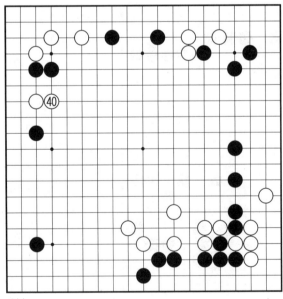

2보

실전2(2보)

 이 장면에서 쇼지로의 선택은 백40의 쌍점이었다. 이 수는 귀와 변을 분리하여 공격하려는 것이다. 여기서 흑은 일단 좌상의 흑을 수습해야 하는데 그 진행을 살펴보기로 하자.

118

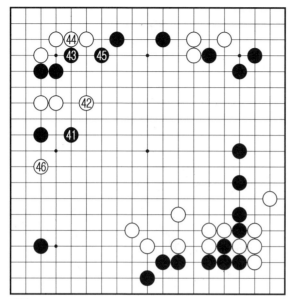

3보

실전2(3보)

우선 흑41로 뛰어 백의 응수를 본 후 흑43·45로 연결한 것이 능률적인 수비였다.

이 장면에서 백이 또 다른 전단을 모색하고자 백46으로 협공했을 때 슈사쿠의 행마는 어떤 것이었을까?

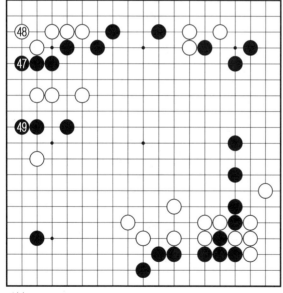

4보

실전2(4보)

이 장면에서 슈사쿠는 흑47로 백48을 강요하고 흑49의 쌍점으로 대응했다. 이 수는 상하의 백을 분리하여 공격하는 강수였다.

이후 흑은 이 백을 공격하여 잡고 압승한다.

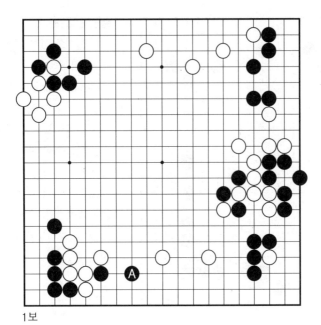

1보

 흑A로 침입한 실전대국이다. 여기서 백의 다음 수는 어디였을까?

제2기 일본기성전 도전7국
흑 가토 마사오
 （加藤正夫）
백 후지사와 슈코
 （藤澤秀行）

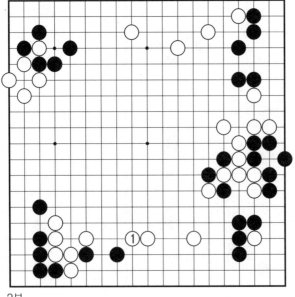

2보

실전3(2보)

 이 장면에서 백의 선택은 1의 쌍점이었다. 이 수는 하변의 흑에 대한 탄력적인 수습을 방해하려는 강수였다. 이 때 흑이 백1에 대해 어떤 전략으로 대항했는지가 이 바둑의 초점이었다

120

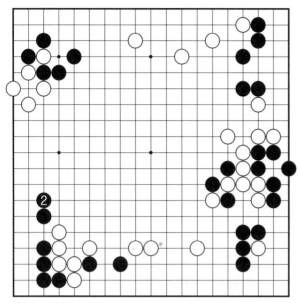

3보

실전3(3보)

흑의 선택은 침착하게 흑2의 쌍점으로 백의 응수를 묻는 것이었다. 이 수는 **26형**의 침투를 전제로 한 수비에 해당하는 쌍점 행마다.

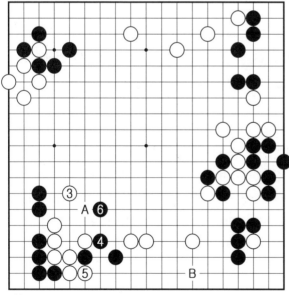

4보

실전3(4보)

여기서 백이 A로 좁게 지킨다면 흑은 B로 달려집으로 확연히 우세하다는 형세판단을 했던 것이다. 백도 이를 간파하여 백3으로 크게 확장하고 흑은 하변의 돌을 4·6으로 움직여 형세를 앞질렀다.

♠ 쌍점에 대하여…

쌍점은 행마의 기본이며 가장 완벽한 것이다.

쌍립이나 늘고, 뻗고, 꼬부리는 등 이어 두는 수법이
모두 쌍점의 행마에 해당된다.

일반적으로 쌍점이 행마에 속하지 않는다고 착각하는
경우가 많지만, 이는 크게 잘못된 생각이다. 행마의
본질이 돌의 연결에 있기 때문에 쌍점은 그 자체가
가장 기본적인 행마다.

격언 중에 '붙이면 젖히고, 끊으면 뻗어라'라는 말이
있는데 여기서 '뻗는다'라는 말이 바로 접근전에서
가장 강력한 행마가 된다는 뜻이다.

또한 자기가 우세한 장소에서는 상대의 붙임수에
대해 젖히지 않고 가만히 뻗는 경우가 실전에서 훨씬
더 많은 이유도 이 수가 상대의 수단여지를 분쇄하는
가장 강력한 수가 될 때가 많기 때문이다.

실전에서 쌍점으로 상대를 공격하는 묘미를 느끼기
시작했다면 행마의 본질을 절반은 터득하고 있는
것이다.

제 2 장
마늘모 행마

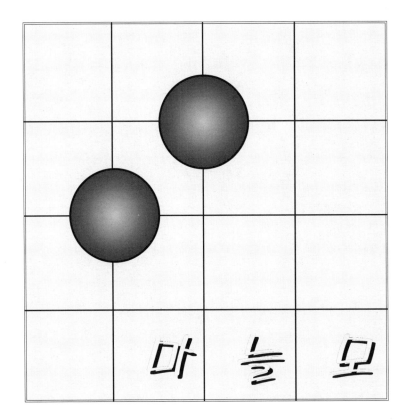

37형 수비의 마늘모-화점편(1)

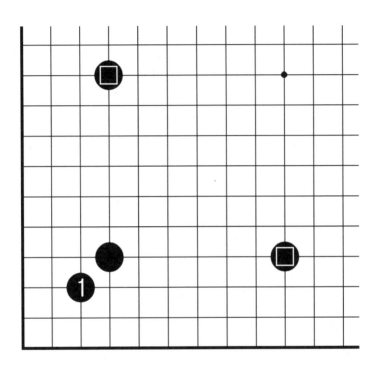

　흑1의 마늘모굳힘은 흑◙의 위치에 돌이 배치되어 있을 때 흑진을 견고히 하는 수비의 행마다. 쌍점의 수비와 취지가 같다.

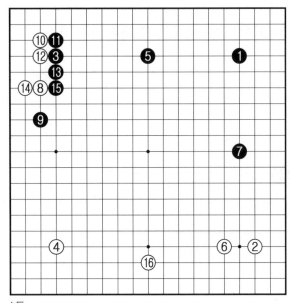

1도

1도(실전)

흑1~백16까지 진행된 실전이다. 여기서 흑의 다음 수는 어디였을까?

**중·일 결전 3번기
제2국(1984년)**
흑 녜웨이핑
　(聶衛平)
백 조치훈

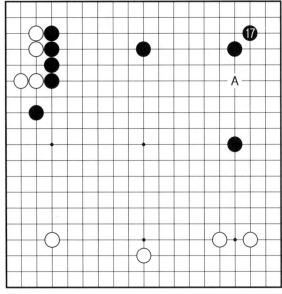

2도

2도(실전 계속)

이 장면에서 흑의 선택은 17의 마늘모 수비였다. 국후 검토에 의하면 이 수로는 흑 A로 수비하는 것이 전국의 균형점이었다고 하는데, 어쨌든 이 마늘모 행마는 견고한 수비임에 틀림없다.

38형 수비의 마늘모-화점편(2)

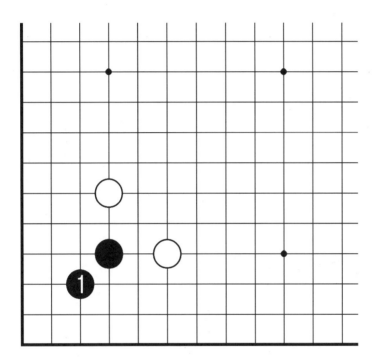

흑1의 마늘모는 봉쇄를 감수하더라도 귀의 집을 백에게 주지 않겠다는 뜻이다. 3형의 쌍점과 취지가 같다.

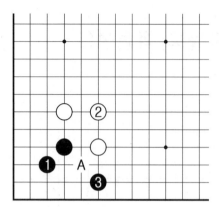

1도

1도(정석)

흑1에는 백도 2의 봉쇄가 절대다. 흑3으로 달리는 방향은 주변 배치가 백이 유리한 쪽이어야 한다는 것만 기억하면 될 것이다. 다만 쌍점편 **3형**에 비해 백A의 단점이 있다는 것이 흠이다. 이것이 싫다면—

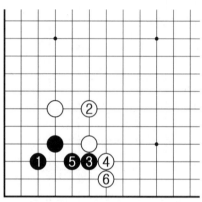

2도

2도(편법)

흑은 약간 옹졸하지만 이 수순으로 두어 선수를 잡을 수도 있다. 봉쇄를 각오한 이상 약간의 궁색함은 피할 수 없다.

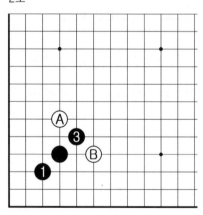

3도   백② 손뺌

3도(절대의 곳)

흑1때 백이 2를 손뺀다면 흑은 만사를 제쳐놓고 흑3으로 백A, B를 분리하고 볼 일이다. 초반에 이런 곳을 분리당하는 것이 패배의 지름길이라는 것은 **3형**에서도 언급한 바 있다.

39형 수비의 마늘모-화점편(3)

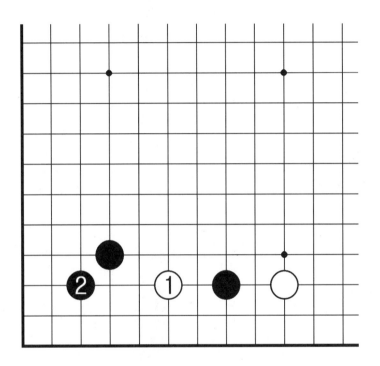

백1의 침입에 대해 흑2로 늦춰 받는 수도 현대의 수법중 하나다. 몇 개의 실전유형 중 하나를 보기로 하자.

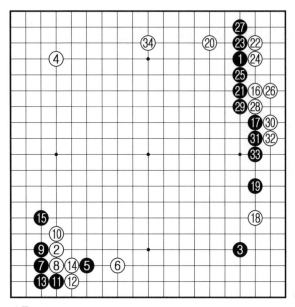

1도

1도(실전)

흑1~백34까지 진행된 실전이다. 여기서 흑의 다음 수는 어디였을까?

제18기 국기전
  도전1국
흑 이창호(국기)
백 유창혁

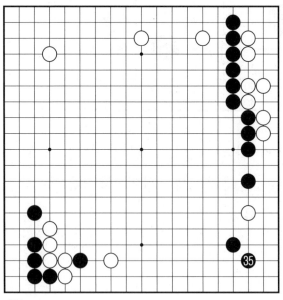

2도

2도(실전 계속)

이 장면에서 흑의 선택은 35의 마늘모였다. 이 수로 흑은 우하의 백 한 점을 간접적으로 제압하는 동시에 우하귀도 자연스럽게 수비하고 있다. 우상에서 우변에 이르는 흑세력이 있기 때문에 가능한 것이다.

40형 수비의 마늘모-화점편(4)

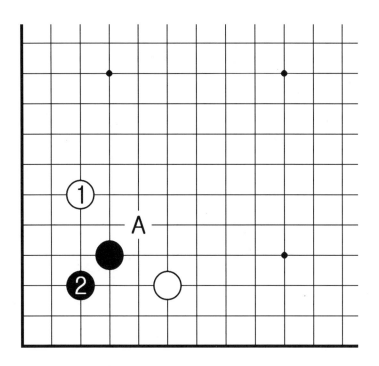

    백1의 양걸침에 대해 백A의 봉쇄를 당하는 것은 견딜 수 없는 일이다. 흑2의 마늘모 행마는 백A의 곳을 봉쇄당하더라도 싸울 수 있는 경우만 선택할 수 있다.

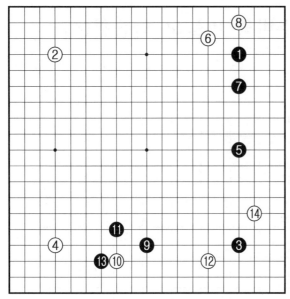

1도

1도(실전)

백12·14로 양걸 침한 실전이다. 여기서 흑의 다음 수는 어디였을까?

제3회 삼성화재배
본선 32강전
흑 목진석
백 창하오(常昊)

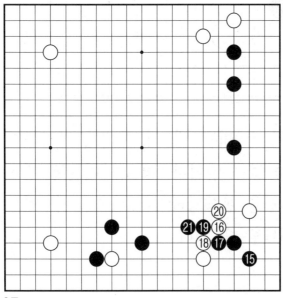

2도

2도(실전 계속)

이 장면에서 흑의 선택은 15의 마늘모였다. 주변의 흑이 강하므로 전투를 유도할 수 있기 때문이다. 백16으로 봉쇄해도 흑21까지 흑은 백을 양분하여 초반부터 격렬한 전투의 양상이다.

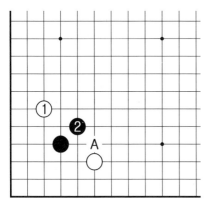

3도

3도(흑 정수)

원래 백1로 양걸쳤을 때는 흑
2나 흑A로 봉쇄는 피하고 보는
것이 정수다. 3수에 의한 봉쇄
는 피하는 것이 기리(棋理)다.

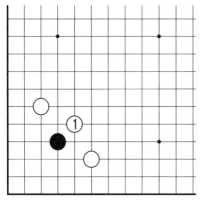

4도

4도(사활이 문제)

이 형태에서는 백1의 봉쇄를
당한다면 사활이 문제가 된다.
실전용 기초사활이므로 잠깐
언급하겠다. 예전에는 이 곳의
사활 공방이 5도의 과정을 거
쳐 6도로 흑이 사는 것이었다.

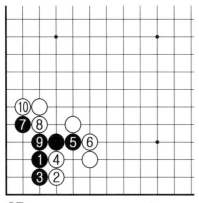

5도

5도(사활 진행)

흑1의 마늘모로부터 백10까지
진행된 후 지금이 중요하다.
이 장면에서—

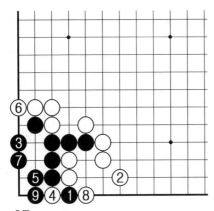

6도

6도(흑 바른 수순)

흑1로 젖히는 수순이 절대라는 것이다. 백2로 받아야 할 때 흑3으로 호구치면 사는 길이 열린다. 백4의 먹여침에 흑5로 늦추어 사는 것이 이 사활의 열쇠다. 백6때 흑7도 절대수로 쌍방 필연의 수순이다. 만약 흑이—

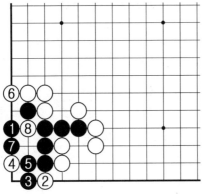

7도

7도(흑 죽음)

젖힘을 선행하지 않고 곧바로 흑1로 호구치는 것은 백2·4의 젖힘과 치중의 수순으로 8까지 죽음이 있다. 흑이 6의 곳에 먼저 젖혀 끈질기게 버틴다 해도 패 이상은 없다.

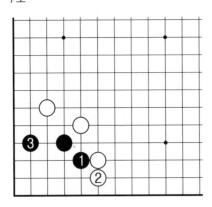

8도

8도(현대형 삶)

현대의 사활은 흑1·3으로 사는 방법이 손실이 적다고 결론짓고 있다. 이 변화는 정석책에 자세히 나와 있으므로 생략하기로 한다.

수비의 마늘모-화점편(5)

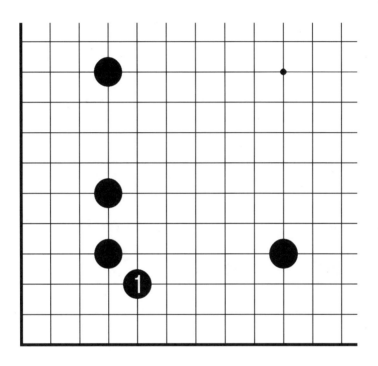

흑1로 진영을 완성하는 수비의 행마다. 쌍점에 비해 귀가 다소 허술하지만 변 쪽에는 영향력이 더 많은 수다.

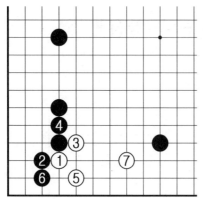

1도

1도(상용의 붙임)

흑이 **기본형**의 마늘모굳힘을 생략하면 백1로 붙이는 수가 상용수법이다. 흑2로 귀를 지키면 백은 7까지 자리를 잡을 수 있다.

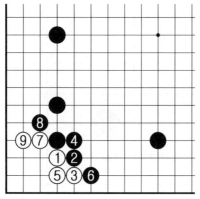

2도

2도(정형)

백1로 붙였을 때 흑2로 바깥을 막으면 백9까지의 진행이 정형화되어 있다. 귀에는 흑이 치중하면 한수 늘어진 패가 남아 있다.

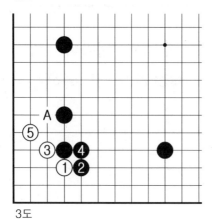

3도

3도(백의 별책)

백1, 흑2때 백은 3으로 젖힐 수도 있다. 흑4의 이음에는 백5나 백A의 붙임이 정형화된 수법이다.

수비의 마늘모-화점편(6)

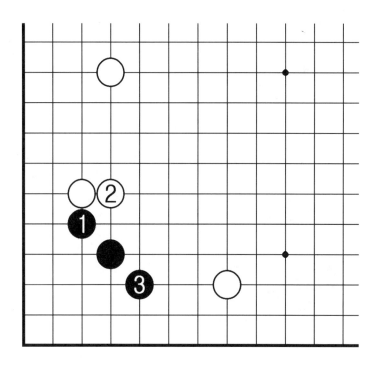

흑1·3의 마늘모는 이처럼 주변의 백이 강할 때 사용한다. 옹졸한 듯 하지만 이렇게 두지 않고 넓게 지키는 것은 근거를 뺏겨 위험할 수 있기 때문이다.

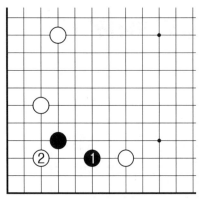

1도

1도(흑 근거 박탈)

흑1로 지키는 것은 이 경우 위험할 수 있다. 백2의 침입으로 근거를 잃으면 흑 전체가 부담이 될 것이다.

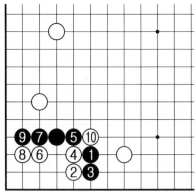

2도

2도(흑 수습불능)

흑1때 백은 2로 침입할 수도 있다. 이후 흑9로 백의 삶을 강요하는 것은 백10으로 끊겨 수습불능이 된다.

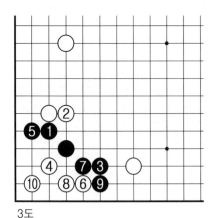

3도

3도(흑 근거 박탈)

흑1·3으로 지키는 것도 넓다. 백4의 침입으로 10까지 살고나면 이 흑은 근거를 잃게 되어 전체가 공격대상이 된다.

43형 중앙으로의 마늘모-화점편(1)

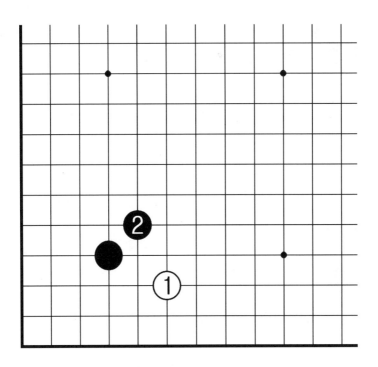

백1에 대해 흑2로 중앙을 향해 마늘모로 응수하는 수법은 세력이나 전투형 기풍의 기사들이 간혹 사용했으나 현대에는 우주류 다케미야(武宮正樹) 9단에 의해 수법이 재구성되어 널리 유행되고 있다.

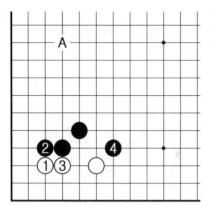

1도

1도(일반적인 진행)

백1에 대해 흑2로 막는 것이 예전의 수법이었다. 이어 흑4로 씌워가는 것인데 꼭 알아두어야 할 것은 반드시 A의 곳에 흑이 있어야 한다는 것이다.

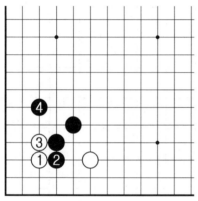

2도

2도(다케미야의 연구)

백1때 흑2쪽을 막고 백3으로 밀 때 흑4로 늦추어 막는 것이 다케미야의 연구였다. 이 수가 없었다면 흑2로 막는 수도 없었을 것이다.

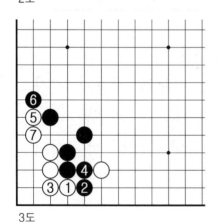

3도

3도(정형)

2도의 진행에 이어 **본도** 백1~7까지 양쪽을 모두 봉쇄할 수 있게 되는 것이 흑의 장점이다. 이곳의 자세한 변화는 다케미야의 기보나 현대 정석책을 읽어보면 될 것이다.

44형 중앙으로의 마늘모-화점편(2)

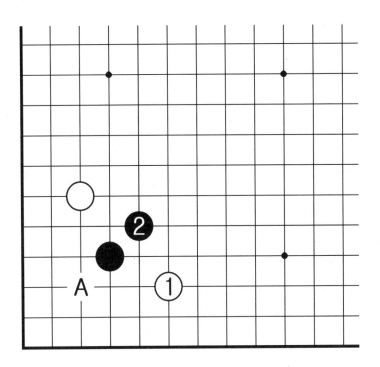

백1의 양걸침에 대해 흑2로 중앙쪽을 탈출
하는 것은 스피드를 중요시하는 현대적인 발
상의 행마다. 백에게 A로 귀를 내어 주더라
도 중앙을 중시하겠다는 뜻이다.

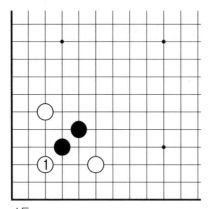

1도

1도(백1 절대)

백1의 3·三침입은 절대의 한 수다. 이곳을 게을리하면 반대로 흑이 이곳을 차지하여 백이 분리된다. 백1에 이어 흑은 손빼고 다른 곳으로 전환할 수 있는 장점이 있다. 이런 점이 현대바둑의 스피드라고 할 수 있다.

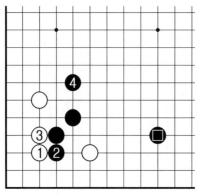

2도

2도(일반 진행)

기본형의 마늘모행마는 일반적으로 초반의 경우 흑●가 있을 때 사용하는데, 흑2쪽을 막고 흑4로 계속 진출하는 것이 무난하다.

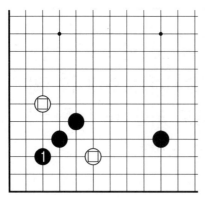

3도

3도(백 수습불능)

백이 3·三의 침입을 생략하면 흑은 즉시 1로 뿌리를 내리는 것이 중요하다. 이 곳은 백◎들의 근거에 해당하는 쟁탈의 요처로서 **본도**처럼 흑이 선점하면 백은 양분되어 어느 한 쪽을 포기해야 한다.

중앙으로의 마늘모-화점편(3)

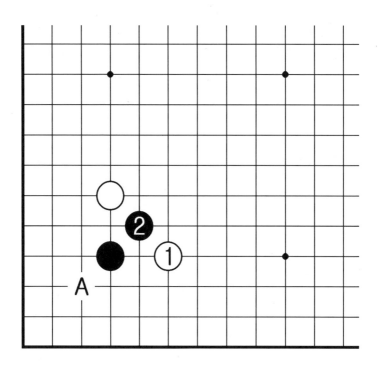

 백1의 높은 양걸침에 대해 흑2로 중앙쪽으
로 탈출하는 것도 중앙을 중요시하는 행마다.
백에게 A로 귀를 내어 주더라도 봉쇄는 피하
겠다는 뜻이다.

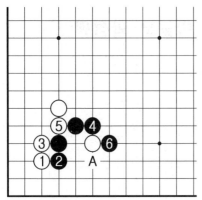

1도

1도(백1은 절대)

백1로 침입하여 흑6까지의 진행이 일반 정석이다. 그러나 흑의 모양에는 백A로 움직이는 수단이 남아 있다. 이 수가 성가시다면 **3도**를 선택할 수도 있다.

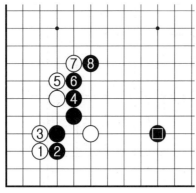

2도

2도(주변 상황)

백1때 흑◙가 배치되어 있다면 단조롭지만 흑8까지 계속 확장하는 것도 일책이다.

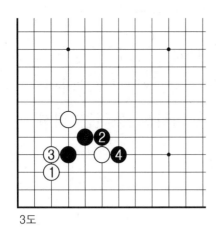

3도

3도(흑의 별책)

흑은 **1도**가 마음에 들지 않는다면 이 변화를 선택할 수도 있다. 흑4까지 중앙이 두터워 흑도 둘만하다.

46형 중앙으로의 마늘모-화점편(4)

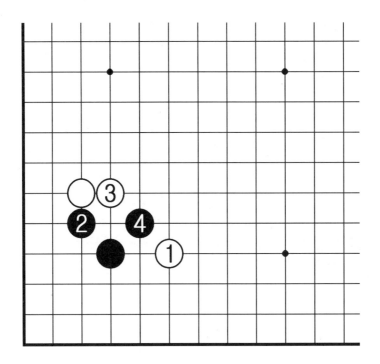

   백1의 양걸침에 대해 흑2·4로 중앙쪽에
탈출하는 것도 중앙을 중요시하는 행마다. 이
수의 의미는 일단 백을 분리하겠다는 뜻이다.

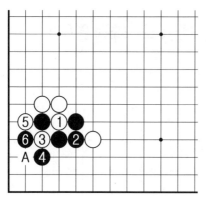

1도

1도(흑6 기세)

　백1에는 흑2가 절대다. 이 곳을 끊겨서는 중앙이 제압되고 만다. 백3·5로 잡았을 때 흑6의 단수가 기세다. A의 패싸움은 각오하고 두는 것이 좋다.

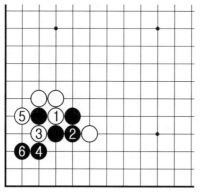

2도

2도(흑 박력 부족)

　백1~5까지 진행되었을 때 흑6의 뻗음은 견고하기는 하지만 박력 부족이다. 이렇게 패를 겁내는 것은 능률이 떨어져 대세에 뒤지게 된다.

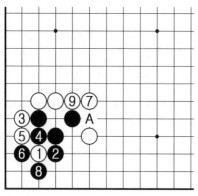

3도

3도(정석)

　백1로 침입할 수도 있다. 흑2로 막으면 이후 흑6때 백7의 봉쇄가 호점으로 백이 두터우나 흑도 선수이므로 쌍방 비슷한 결말이다. 흑A로 나가 백 한점을 잡는 것은 작은 곳으로 백은 언제든지 줄 것이다.

47형 중앙으로의 마늘모-화점편(5)

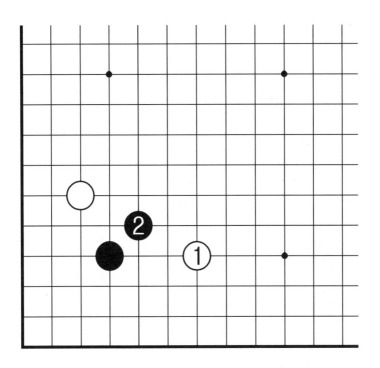

　백1의 양걸침에 대해 흑2로 중앙쪽에 탈출하는 것도 중앙을 중요시하는 행마다. 이 수의 의미도 일단 봉쇄를 피하겠다는 뜻이다.

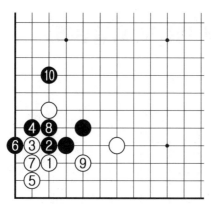

1도

1도(정석)

백1로 침입하여 흑2쪽으로 막고 이하 흑10까지가 보편적인 진행이다. 수순중 백9로는——

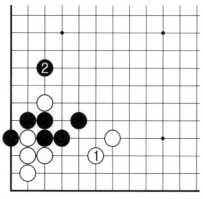

2도

2도(연결의 약점)

백1로도 둘 수 있으나, 이 곳에는 흑으로부터 수단의 여지가 있다.

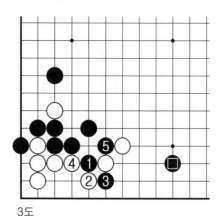

3도

3도(패맛)

만약 흑● 정도에 돌이 있다면 흑은 유사시 흑1·3·5의 패를 만들 수 있다. 이 맛이 싫다면 **1도**를 선택하는 것이 좋다.

중앙으로의 마늘모-화점편(6)

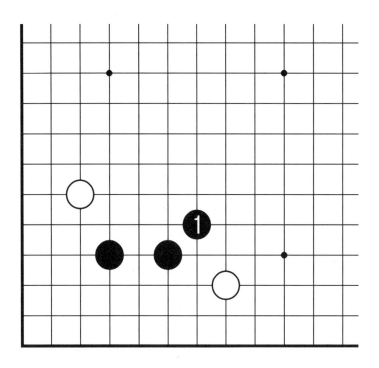

　흑1의 마늘모도 중앙을 중요시하는 행마다.
이 수의 의미는 중앙을 한발 앞서 진출하겠
다는　뜻이다. 흔히 접바둑에서 만들어지는
형태다.

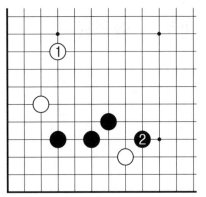

1도

1도(하변쪽의 압박)

백1의 전개로 좌변쪽의 백을 보강하면 흑2로 하변쪽의 백을 압박할 수 있다.

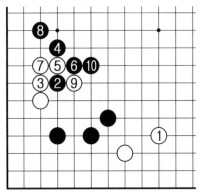

2도

2도(좌변쪽의 압박)

백1쪽의 전개에는 흑2로 어깨짚고 백3으로 밀 때 흑4로 뛰는 수가 좋다. 계속해서 백5로 끼우면 이하 흑10까지 변쪽의 포위상태가 좋다.

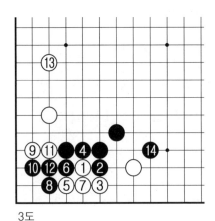

3도

3도(접바둑 정석)

백1~흑14까지의 진행도 접바둑 정석에 속한다. 역시 흑14의 압박은 흑의 차지가 된다.

150

49형 중앙으로의 마늘모(변)

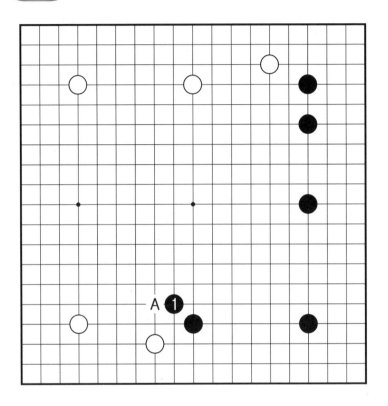

일반적으로 흑A로 두는 것이 보통이지만 흑
1의 마늘모도 중앙을 중요시하는 행마다. 이
수의 의미도 중앙을 한발 앞서 진출하여 입
체적인 포진을 하겠다는 뜻이다.

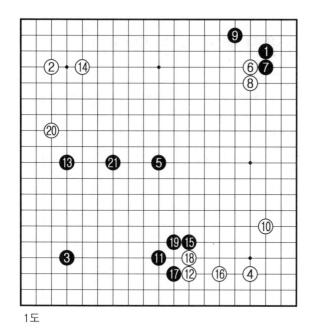

1도

1도(실전)

　흑1~21까지　진행
된 실전이다. 여기
서 흑21은 국후 검
토에서　보다　좋은
수가　있었다고　한
다. 그 수는 어디
였을까?

名人勝負碁 棋譜
　(1933년~1934년)
흑 우칭위엔
　　(吳淸源)
백 슈사이(명인)
　　(秀哉)

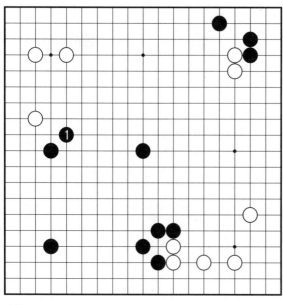

2도

2도(실전 계속)

　이　장면에서　흑1
의 마늘모가 조금
더　입체적인　구도
의 행마였다고 한
다.　흑1이었으면
백진을 내려다 보
는　자세가　특히
돋보인다.

귀, 변의 마늘모-화점편(1)

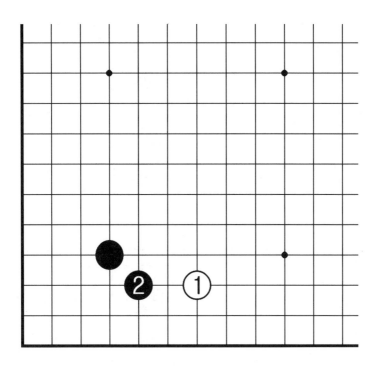

　백1의 눈목자걸침에 대해 흑2의 마늘모로
받는 것은 귀를 굳힘과 동시에 백1쪽을 유사
시 공략하겠다는 뜻이다.

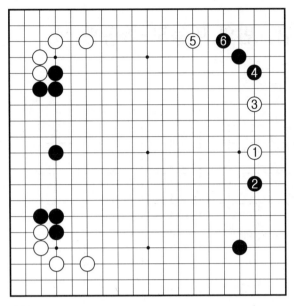

1도

1도(포석예1)

 다음과 같은 포석에서 백1로 갈라치면 흑2 이하 6까지는 거의 필연이다. 수순중 흑4의 마늘모는 백1·3의 두점을 암암리에 노리고 있는 것이다.

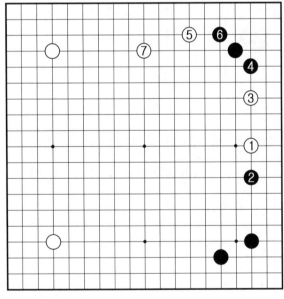

2도

2도(포석예2)

 이 장면에서도 백1·3에 대해 흑4의 마늘모로 두어 백1,3의 두점을 노리고 있다.

51형 귀, 변의 마늘모-화점편(2)

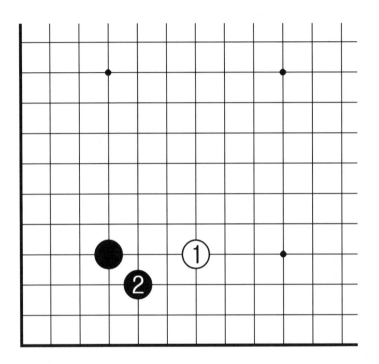

　백1의 두칸높은걸침에 대한 흑2의 마늘모 행마도 귀를 지키면서 백1을 공략하겠다는 뜻이다.

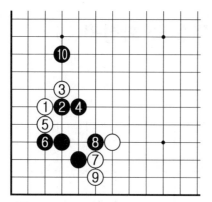

1도

1도(흑 선제 공격)

백이 방향을 바꿔 1로 걸쳐오면 흑2·4의 붙여뻗음에 이어 6·8로 귀를 견고히 한 후 흑 10으로 선제 공격할 수 있다.

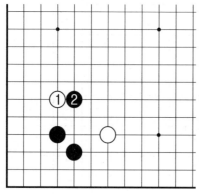

2도

2도(흑 분리 공격)

백1의 높은 걸침에도 흑2로 양쪽의 백을 강하게 분리하여 공격할 수 있다.

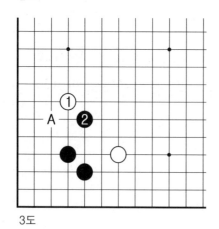

3도

3도(흑 분리 공격)

백1의 걸침에도 흑A로 귀를 지키는 것은 옹졸하다. 흑2로 분리해 공격하는 것이 좋다.

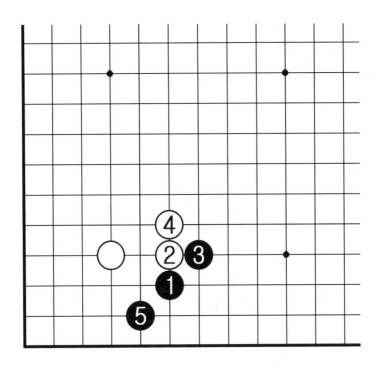

흑1~5의 진행은 화점정석의 일종인데, 흑 5의 마늘모는 이러한 정석외에도 흔히 쓰일 수 있는 2선의 마늘모 행마다. 자신의 절단 수를 간접 보강하면서 귀를 노리는 기초 행 마법이다.

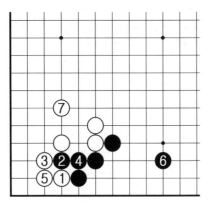

1도

1도(정석)

기본형에 이어 백1~7까지가 이 정석의 진행이다. 수순중 백1로—

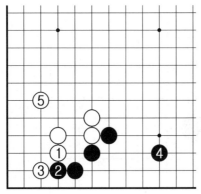

2도

2도(백 손해)

백1의 쌍점으로 받는 것은 약간 손해다. 그 이유는 흑2~백5까지 진행된다고 가정할 때—

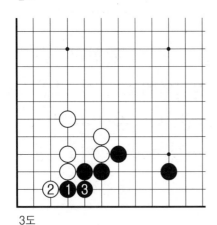

3도

3도(후수 17집 끝내기)

전도는 본도의 정석 형태에서 흑1·3으로 젖혀 잇는 큰 끝내기를 흑이 미리 한 결과와 비슷하기 때문이다.

53형 공격의 마늘모-화점편(1)

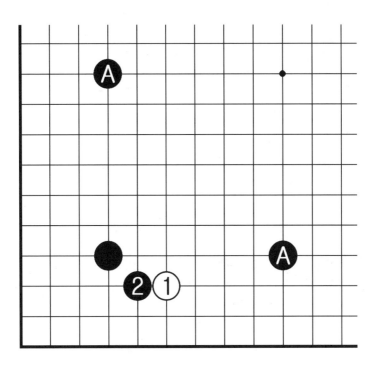

흑돌이 Ⓐ쯤에 미리 배치되어 있는 경우 백 1의 걸침에는 흑2의 마늘모로 붙여 공격하는 것이 가장 강력한 공격 행마다. 이 붙임수는 백을 무겁게 만들어 공격하려는 기초 행마법이다.

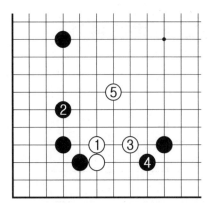

1도

1도(일반 진행)

 기본형에 이어 백1~백5까지가 일반적으로 자주 나타나는 진행이다. 흑이 이 백을 어떻게 적절히 공략하느냐가 관건이 된다.

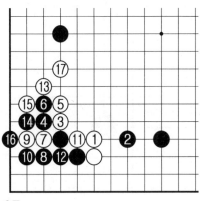

2도

2도(흑 무리)

 백1로 올라섰을 때 흑2로 공격하는 것은 조급한 작전이다. 백3 이하 17까지의 수순에 의해 흑은 이 백을 더 이상 공격하기 어렵다.

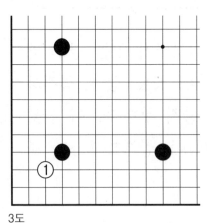

3도

3도(현대적 감각)

 이러한 흑진을 공략하는 것은 쉽지 않다. 따라서 적절히 삭감하거나 백1로 직접 침입하는 것이 현대 바둑의 흐름이다.

160

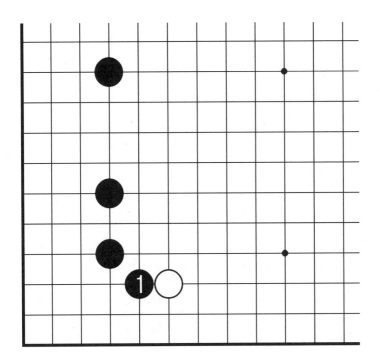

이러한 돌의 배치에도 마늘모붙임이 공격의
첫 수다. 이렇게 상대의 돌을 무겁게 만드는
것이 기초적인 공격행마법이다.

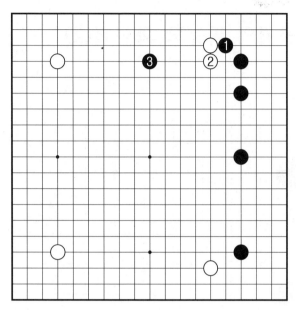

1도

1도(흑 주도권장악)

흑1의 마늘모붙임에 백2로 뻗으면 흑3의 공격으로 초반의 흐름은 흑에게 주도권이 넘어간다.

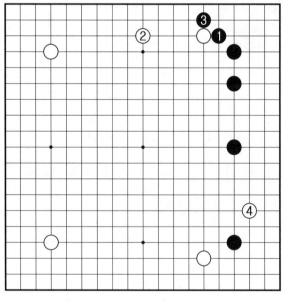

2도

2도(실전예)

흑1의 마늘모붙임에는 백도 2로 흑3을 유도하고 백4로 전환하는 것이 흑에게 주도권을 넘겨주지 않는 전략이라 할 수 있다.

제51기 본인방전
  도전6국
흑 류시훈
백 조치훈(본인방)

공격의 마늘모-화점편(3)

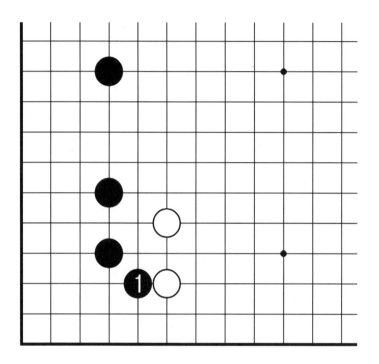

  흑1의 마늘모붙임도 53,54형의 공격행마
법과 같은 맥락이다. 이 때도 흑은 여전히
백을 공격할 수 있는 힘이 있다.

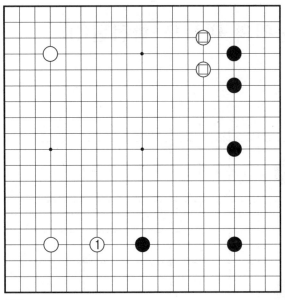

1도

1도(예제)

백1로 전개한 장면이라면 어떻게 두어야 흑이 주도권을 잡을 수 있을까? 흑은 백◎의 돌을 적절하게 공격해야만 흐름의 주도권을 잡을 수 있을 것이다.

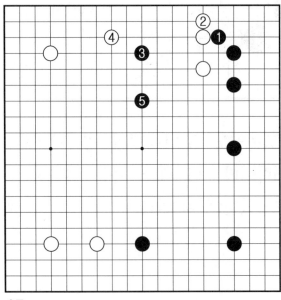

2도

2도(선제 공격)

먼저 흑1로 무겁게 만든 후 흑3으로 협공하여 우상변의 백을 천천히 공격하면서 흑5로 중앙진출을 꾀하는 것이 유연한 착상이다.

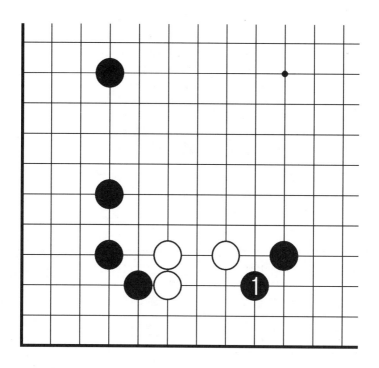

흑1의 마늘모 공격은 이 장면에서 가장 기본적인 공격 행마법이다. 접바둑에서 사용하기에 유용한 행마법이므로 하급자는 필수적으로 알아두는 것이 좋다.

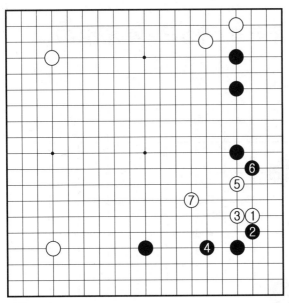

1도

1도(실전의 상형)

　기본형의 마늘모 공격은 맞바둑에 서는 대개 3연성 이나 4연성의 포 석에서 나타나는 데, 그 흐름은 백1 의 걸침으로부터 시작된다. 　백7의 행마로는─

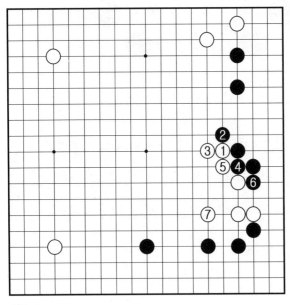

2도

2도(백의 별책)

　백1로 붙여 백7 까지 모양을 정비 하는 실전진행도 있다. 백7은 이 형태에서 모양을 정비하는 행마의 급소 자리에 해당 한다.

57형 공격의 마늘모-화점편(5)

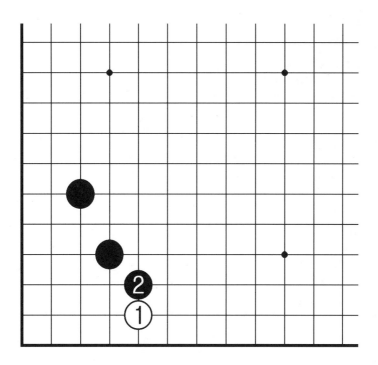

　백1의 저공침투에 대한 흑2의 마늘모붙임
도 이 장면에서 가장 기본적인 공격 행마법
이다.

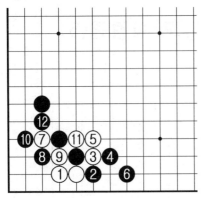

1도

1도(정석)

 기본형에 이어 백1~흑12까지가 일반적으로 자주 나타나는 정석진행이다. 흑이 이 백을 어떻게 적절히 공략하느냐가 관건이 된다.

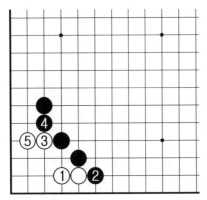

2도

2도(백의 별책)

 백1, 흑2때 백은 3・5로 두어 귀를 차지할 수도 있다.

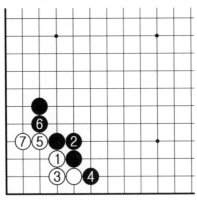

3도

3도(환원)

 백1로 두면 이하 7까지 **8형-9도**의 수순으로 환원된다.

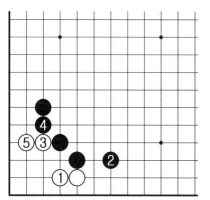

4도

4도(흑 침착)

백1에 대해 **2도**의 흑2로는 **본도**의 흑2처럼 한칸 뛰어 둘 수도 있다. 계속해서 백5까지 백에게 귀를 양보하고 변쪽의 영향력을 조금 더 확보하겠다는 뜻이다.

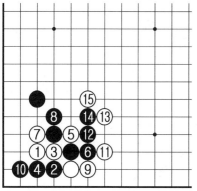

5도

5도(환원)

백1로 3·三에 침입하는 변화도 있다. 흑2로 젖히면 백3에 끊어 15까지 이 진행은 **8형-2도**로 환원된다.

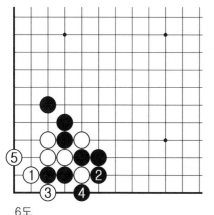

6도

6도(귀의 사활)

전도의 수순중 백9로 백은 언제든지 귀에서 살 수 있다. 백1·3에 이어 5까지 가볍게 산다. 다만 이렇게 사는 것은 초반에 선택해서는 안된다. 흑에게 철벽같은 세력을 주게 되어 대세를 잃기 때문이다.

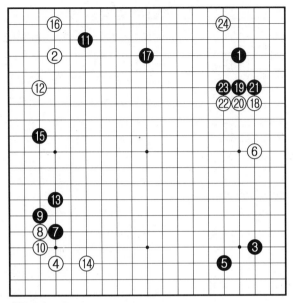

7도

7도(실전)

이 바둑은 진로 배에서 서봉수9단 이 9연승의 신화 를 만든 마지막 대국이다. 흑1~23 까지 진행한 후 백24로 저공침투 한 장면에서 흑의 선택은 ?

제5회 진로배
제11회전
흑 서봉수
백 마샤오춘

8도(실전 계속)

흑의 선택은 25 의 마늘모붙임이 었다. 흑은 여기 서부터 상변에 침 투한 백을 강력하 게 공격하여 대세 를 장악하게 된 다.

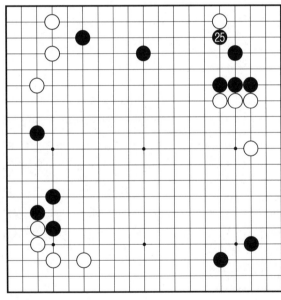

8도

큰 끝내기의 마늘모-화점편(1)

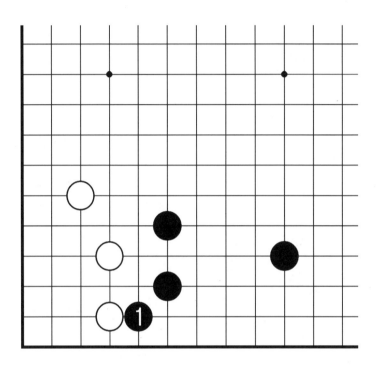

흑1의 마늘모붙임은 중반전의 큰 끝내기로 가장 기본적인 끝내기 행마법이다.

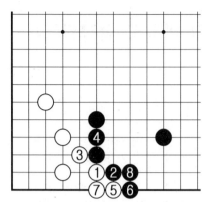

1도

1도(선수 8집)

 기본형의 흑1은 **본도** 백1 이하의 끝내기를 방지하는 큰 끝내기로 그 크기는 양선수 약 8집이나 된다.

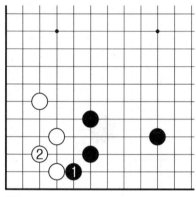

2도

2도(백의 방비)

 흑1의 마늘모로 붙였을 경우는 백은 2로 방비하는 것이 일반적이다.

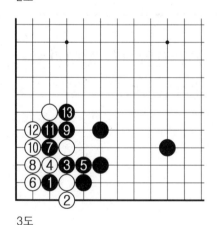

3도

3도(손빼면)

 기본형의 흑1에 대해 백이 손을 빼면 흑1의 껴붙임이 급소이다. 백2로 빠지면 흑3·5로 끼워이은 후 이하 흑13까지 납작하게 눌려 백의 손실이 엄청나게 크다.

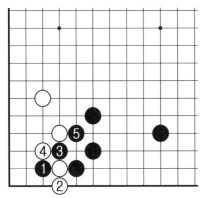

4도

4도(패의 수단)

흑1, 백2때 흑은 패감이 충분하다면 흑3·5까지 패를 만들 수도 있다. 백이 이 곳을 손빼는 것은 이런 손실을 감수해야 한다.

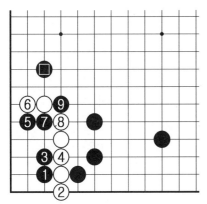

5도

5도(주변 상황)

흑이 ●에 와 있다면 흑3 이하로 수가 난다. 흑5·7에 이어 9로 끊는다면 백은 대책이 없다.

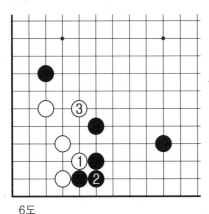

6도

6도(정수)

따라서 이와같은 배치에서는 백1·3으로 지키는 것이 정수가 된다.

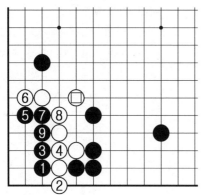

7도

7도(귀의 사활)

백◎로 수비한 다음에는 흑의 침입은 불가능하다. 백8까지 백◎가 안성맞춤의 호구가 되어 있다. 흑9로 궁도를 넓혀도 이제는 귀의 사활이 문제가 되는데—

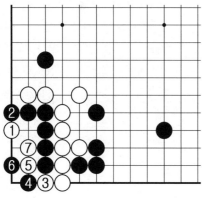

8도

8도(죽음의 수순)

백1의 치중과 3·5의 수순으로 7까지 흑은 양자충의 죽음을 피할 수 없다. 이 수순은 기초 사활에 해당한다. 만약 백1로—

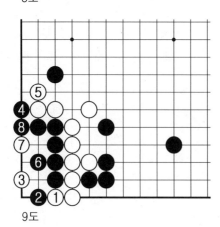

9도

9도(백 수순착오)

백1·3으로 잡으러 가는 것은 흑4의 젖힘이 선수인 관계로 흑8까지 빅의 삶이 있다.

59형 큰 끝내기의 마늘모-화점편(2)

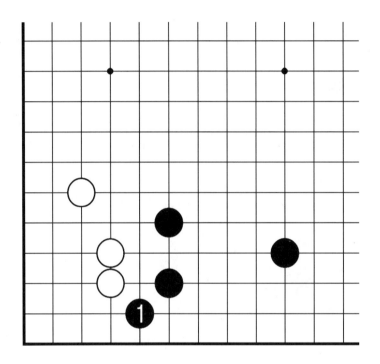

　흑1의 마늘모도 양선수 6집의 가장 기본적
인 중반의 끝내기 행마법이다.

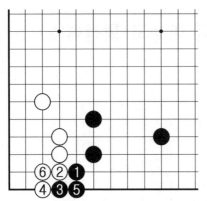

1도

1도(양선수 6집)

흑1의 마늘모는 흑3·5의 젖혀 잇는 수단이 보장된다. 백이 1의 곳을 두는 것과 비교하면 양쪽이 모두 선수가 되는 6집의 크기다

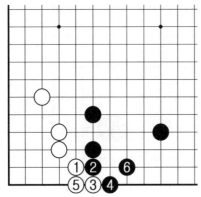

2도

2도(백도 선수)

백이 두는 수순도 흑의 경우와 마찬가지다. 백1로 마늘모한 다음 백3·5로 젖혀 잇는다. 다만—

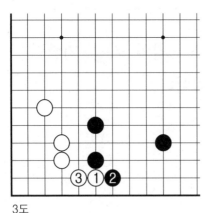

3도

3도(백의 별책)

백은 유사시 백1·3으로 둘 수도 있다.

176

호구형의 마늘모-화점편(1)

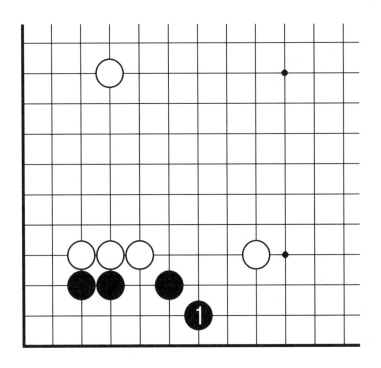

　흑1의 마늘모는 호구의 성격을 가지고 있는 수비행마다. 정석과정에서 발생하는 기본적인 수비의 행마법이다.

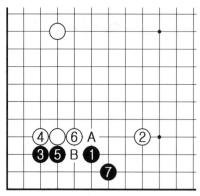

1도

1도(정석 진행)

이 그림의 수순이 **기본형**의 정석진행이다. 수순중 백6때 일반적으로는 흑A로 밀어올리거나 흑B로 꽉 잇는 것이 보통이지만, 흑7의 호구형 지킴도 정석의 일종이다.

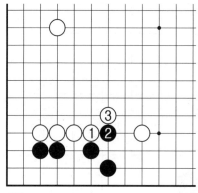

2도

2도(백1 절대)

백도 1·3으로 봉쇄하는 것이 정수다. 이 수를 게을리하면—

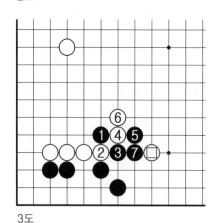

3도

3도(흑 돌파)

흑은 1로 뛰어 백2·4의 절단을 유도한 뒤 흑5·7까지 자연스럽게 백◎를 폐석으로 만들 수 있다. 흑1과 같은 행마는 한칸의 행마편에서 다시 볼 수 있을 것이다.

61형 호구형의 마늘모-화점편(2)

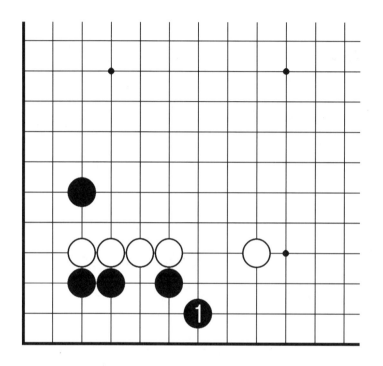

흑1의 마늘모도 정석과정에서 발생하는 기본적인 호구형 수비 행마법이다.

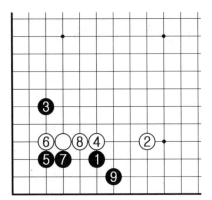

1도

1도(정석진행)

이 그림의 흑1~9까지가 **기본형**의 정석진행이다. 흑9때 백도 이곳을 손빼는 것은 좋지 않다.

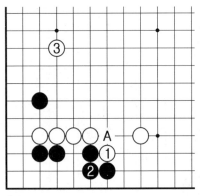

2도

2도(백1 정수)

백도 1로 흑A의 호구젖힘을 선수로 방비하고 백3으로 전환하는 것이 수순이다. 흑에게 A의 곳을 젖힘당하는 것은 약점이 노출되어 불리하다.

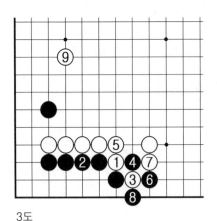

3도

3도(흑 불리)

백1에 대해 흑2로 두는 것은 백3 이하 흑8까지의 수순으로 싸발림을 당한 뒤 백9로 전환하게 되어 이 결과는 흑이 불리한 진행이다.

62형   호구형의 마늘모-화점편(3)

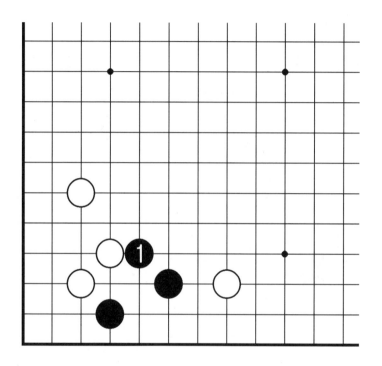

흑1의 마늘모도 탄력적인 형태를 만드는 호구형 기초 행마법이다.

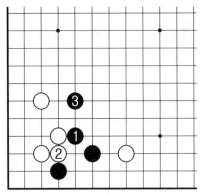

1도

1도(흑 경쾌)

흑1의 마늘모에 백2의 급소를 추궁하면 흑3으로 경쾌하게 진출하여 만족이다.

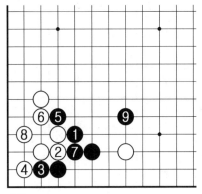

2도

2도(수단)

흑1, 백2때 흑은 3 이하의 수순으로 모양을 정돈할 수도 있다. 다만 이 수순에는 복잡한 변화가 숨어 있어 하급자가 두기에는 부적합하다.

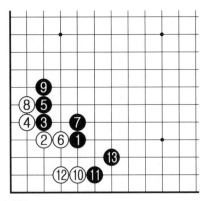

3도

3도(동일형)

흑1~13까지는 고목정석의 일종이다. 여기서 흑13의 수비도 마찬가지의 탄력적인 호구형 수비 행마다.

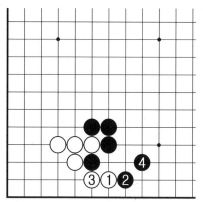

4도

4도(동일형2)

이와같은 정석 모양에서 백
1·3으로 넘어갔을 때 흑4의
수비도 같은 맥락이다.

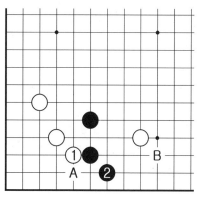

5도

5도(탄력 수비)

이 모양에서도 백1로 붙였을
때 흑2의 마늘모도 A와 B를
맞보는 탄력적인 수비의 행마
법이다.

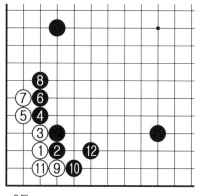

6도

6도(원형)

이 형태에서는 백1로 침입하
여 흑12의 호구지킴까지가 정
석적인 진행이다. 앞의 마늘모
행마들은 사실상 모두 흑12의
호구지킴과 동일한 성격을 가
지고 있다. 원형이 이 그림인
셈이다.

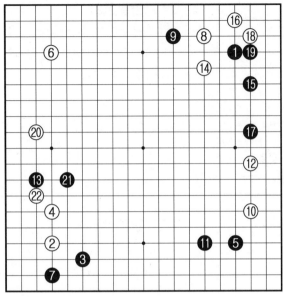

7도

7도(실전)

흑1~21까지 진행되었을 때 백22로 붙인 실전이다. 이 장면에서 흑은 어떻게 수비를 했을까?

제8회 동양증권배 준결승
흑 이창호
백 고바야시 사토루
(小林覺)

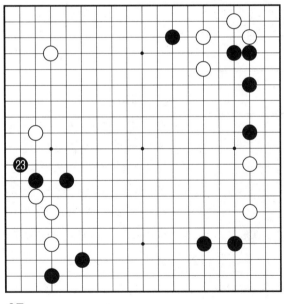

8도

8도(실전 계속)

흑의 선택은 탄력적인 흑23의 마늘모 수비였다. 5도와 동일한 형태의 행마다.

63형 중앙으로의 마늘모-소목편(1)

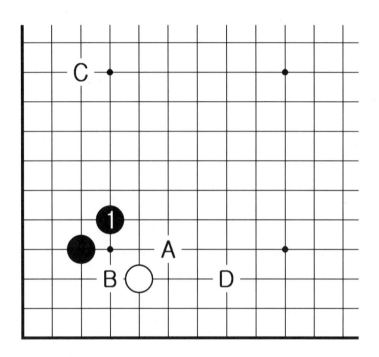

흑1의 마늘모는 중앙진출의 교두보로 A의 압박, B의 근거, C의 전개, D의 공격을 노리는 가장 교과서적인 행마법이다. 이 수는 고금을 망라하여 가장 완벽한 행마라고 할 수 있다.

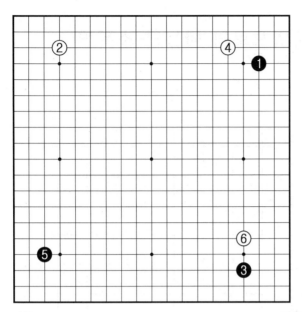

1도

1도(1·3·5포진)

혼인보 슈사쿠(本因坊 秀策)가 완성했다는 그 유명한 1·3·5포진이다. 이어 백6때 슈사쿠의 마늘모가 등장하게 된다.

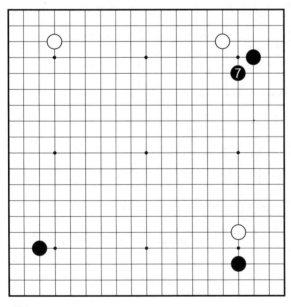

2도

2도(슈사쿠의 마늘모)

전도 다음 흑7의 마늘모가 그것이다. 슈사쿠가 '바둑이 변하지 않는 한 이 수는 불변일 것이다'라고 극찬한 수가 바로 이 마늘모 행마다. 물론 현대에는 다양한 선택이 있는 곳이다.

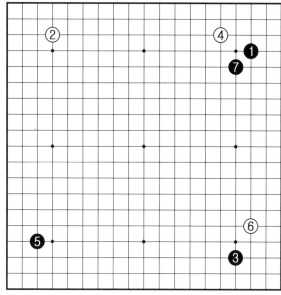

1보

실전1(1보)

1·3·5포석의 실전이다. 백6으로 걸쳤을 때 흑7의 마늘모는 견실한 행마. 이어—

요미우리 주최 본사 특선대국기보
(1931년)
흑 우칭위엔
　　(吳淸源)
백 가리가네 준이치
　　(雁金準一)

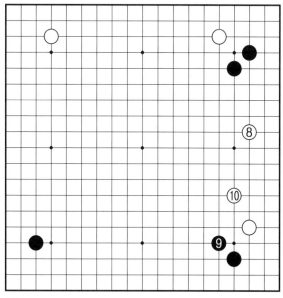

2보

실전1(2보)

백8의 전개에 대해 흑9의 마늘모도 견실하다. 흑9에 대한 백10의 날일자도 절대점이다. 흑으로부터 이 곳을 갈라침당하는 것은 백이 견딜 수 없다.

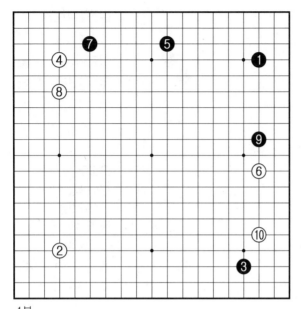

1보

실전2(1보)

흑1~백10까지 진행된 실전이다. 여기서 흑의 다음 수는 어디였을까?

제19기 기왕전
도전1국
흑 유창혁
백 이창호(기왕)

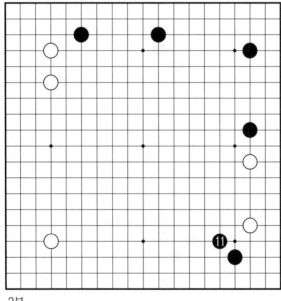

2보

실전2(2보)

흑의 선택은 11의 마늘모였다. 흑11은 이 경우 가장 견실한 수비의 행마라고 할 수 있다.

중앙으로의 마늘모-소목편(2)

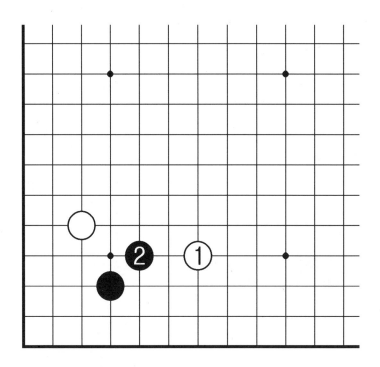

백1의 씌움에 대한 흑2의 마늘모는 봉쇄를 피해 중앙진출을 염두에 두는 수비의 행마법 이라고 할 수 있다.

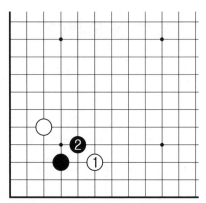

1도

1도(같은 맥락)

백1의 협공에 대한 흑2의 마늘모도 **기본형**과 같은 맥락으로 백으로부터의 봉쇄를 피하고 있다.

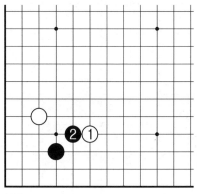

2도

2도(간결한 처리)

백1에 대한 흑2의 마늘모는 백으로부터의 대사씌움을 간결하게 처리하겠다는 뜻이다.

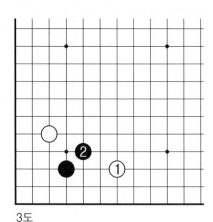

3도

3도(기본형과 동일)

백1의 협공에 대해 흑2의 마늘모 행마도 머리를 일단 내밀고 두자는 취지의 **기본형**과 동일한 맥락이다.

65형 중앙으로의 마늘모-소목편(3)

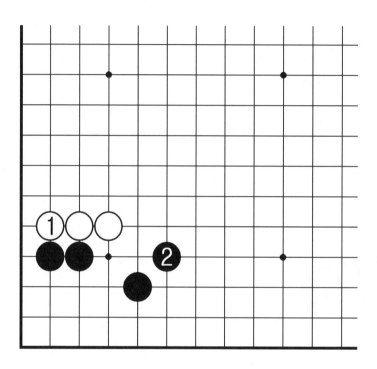

　백1에 대한 흑2의 마늘모도 중앙의 압박을 방비하는 수비의 행마법이라고 할 수 있다. 백1이 없더라도 흑2의 마늘모는 중앙진출을 위한 교두보 역할을 한다. 다만 백1이 있다면 흑2는 절대라는 것뿐이다.

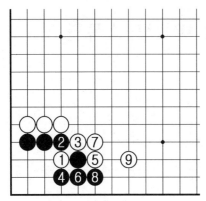

1도

1도(봉쇄)

기본형의 흑2를 손뺀다면 **본 도** 백1의 건너붙임이 맥점으로 백9까지의 수순으로 봉쇄된다. 수순중 흑8은 어쩔 수 없다. 이 곳을 백에게 막힌다면 귀에 는 사활문제가 생긴다.

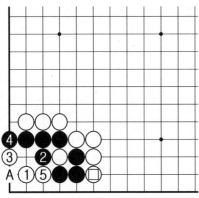

2도

2도(사활)

백◎로 막혔다면 백1로 치중 하여 백3으로 두는 묘수가 있 다. 이어 백5의 맥이 있어 흑 은 이단패 이상의 결과를 기대 할 수 없다. 또 백3으로 A에 두면 단패가 된다.

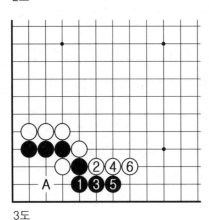

3도

3도(필연의 압박)

흑1로 두는 것은 백2로 누르 는 수가 성립한다. 이하 백6까 지 압박한 후에도 A의 맛이 여 전히 남는다. 흑이 이 곳을 손 빼면—

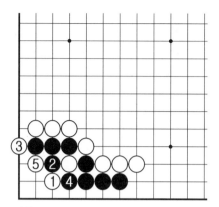

4도

4도(마늘모의 맥)

백1의 맥을 당하여 백5까지 살더라도 참담한 꼴이다. 생불여사(生不如死)인 것이다.

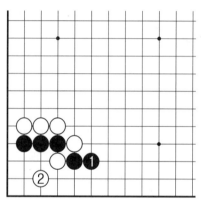

5도

5도(흑 죽음)

흑1로 뻗는 것은 백2의 마늘모로 귀의 흑이 간단히 죽고 만다.

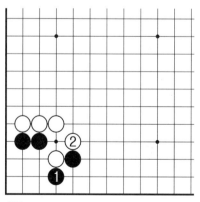

6도

6도(마찬가지)

흑1쪽의 젖힘도 백2의 되젖힘이 성립하므로 별반 차이가 없다. 결론은 **기본형** 흑2의 가일수가 절대라는 것이다.

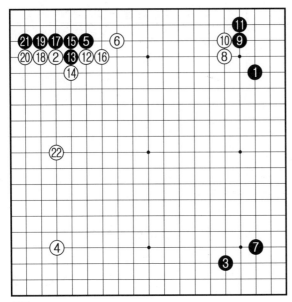

7도

7도(실전)

흑1·3의 양외목
으로 출발하여 백
22로 좌변 백진을
구축한 실전이다.
여기서 흑의 다음
수는 어디였을까?

제19기 기왕전
도전2국
흑 이창호(기왕)
백 유창혁

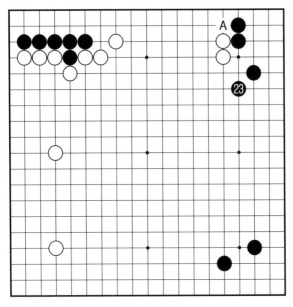

8도

8도(실전 계속)

이 장면에서 흑
의 선택은 23의
마늘모였다. 백A
가 없더라도 이
곳은 백 세력의
확장을 견제하는
대세의 요처인 것
이다. 거꾸로 백
이 이 곳을 둔다
면 백의 세력은
걷잡을 수 없이
팽창하게 된다.

66형 중앙으로의 마늘모-소목편(4)

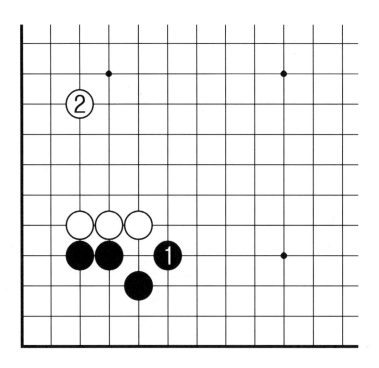

흑1의 마늘모도 중앙의 압박을 방비하면서 중앙진출을 염두에 둔 수비의 행마법이라고 할 수 있다. 흑1을 손빼면 백에게 즉시 압박당하여 흑의 중앙진출은 불가능하게 된다.

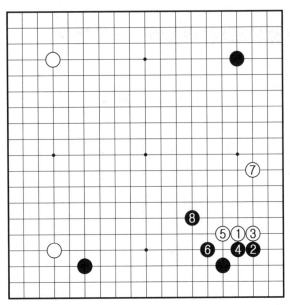

1도

1도(확장의 요처)

 백1로 높게 걸치고나서 백7까지 정석이 완료된 후 흑은 8로 하변을 확장하는 행마를 할 수 있다. 흑6의 마늘모가 없었다면 불가능한 일이다.

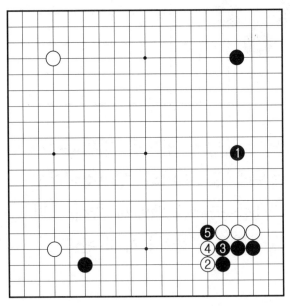

2도

2도(혼자 생각)

 전도의 흑6으로 **본도** 흑1로 우변을 선점하여 백을 공격하려는 생각은 조급하다. 백2로 압박하면 흑3·5로 끊어 강력히 싸우려는 생각이겠지만 백은―

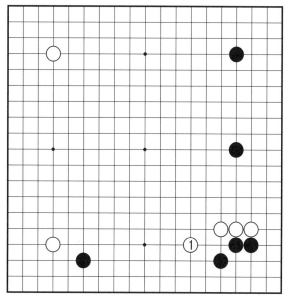

3도

3도(유연한 행마)

백은 **전도**처럼 두지 않고 백1로 유연하게 봉쇄할 것이다. 만약 흑이 여기서도 억지로 절단, 공격하려 한다면—

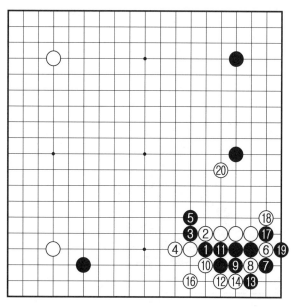

4도

⑮…⑧

4도(수순의 묘)

흑1·3으로 절단하려 한다면 백20까지의 수순이 기다리고 있다. 이 결과는 단연 백이 활발한 모습. 수순중 백6·8·10은 꼭 기억해 둘 필요가 있다. 또 백12로는—

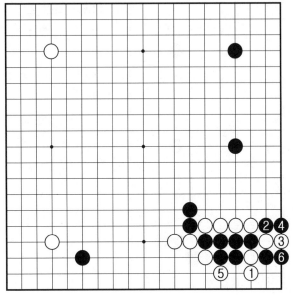

5도

5도(사석작전)

백1로 빠지고 계속해서 백3으로 키워 죽이는 상용의 사석작전도 가능하다. 흑6으로 잡게 한 후—

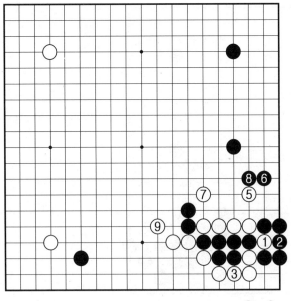

6도

④…①

6도(흑 당함)

백1·3 이하로 먹여쳐 조이고 나서 백9까지 진행되면 중앙의 공방은 백이 주도하게 된다.

67형 중앙으로의 마늘모-소목편(5)

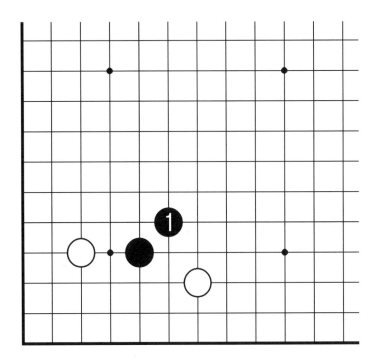

흑1의 마늘모도 백의 연결을 차단하면서 중앙으로 진출하는 활동적인 행마다. 따라서 이 형태도 현대형 정석이라 할 수 있다.

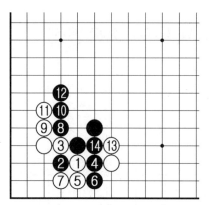

1도

1도(흑 두터움)

백1로 붙여 귀의 집을 차지해
도 흑8의 젖힘을 당하면 이하
12까지 흑의 두터움은 백의 집
을 능가한다.

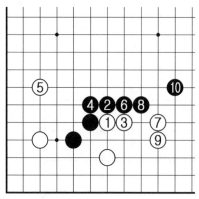

2도

2도(현대형 정석)

백1 이하 흑10까지의 진행은
현대형 정석이다. 수순중 흑8
로 호구자리 급소를 두었들 때
백9는 효율적인 수비로 생략할
수 없다.

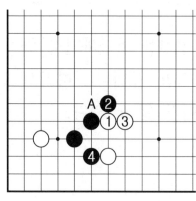

3도

3도(다른 정석)

흑4로 두는 정석도 있다. 백
은 무조건 A로 끊어 싸우는
진행이 된다.

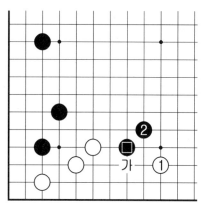

4도

4도(같은 맥락)

백1에 대한 흑2도 같은 맥락이다. 백가의 연결을 ⬤와 흑2로 차단하고 있다.

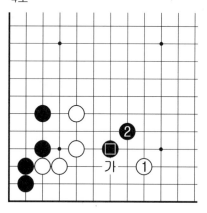

5도

5도(같은 맥락)

백1에 대한 흑2도 마찬가지. 가의 연결을 간접적으로 차단하고 있다.

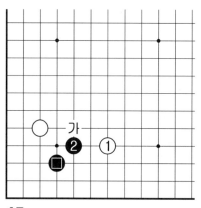

6도

6도(같은 맥락)

백1에 대한 흑2의 정석선택도 가의 봉쇄를 간접적으로 방비하고 있다.

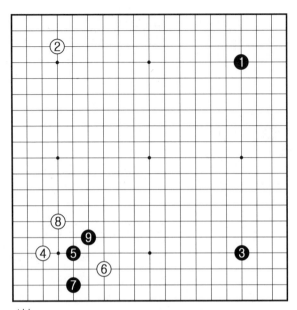

1보

실전1(1보)

 좌하귀의 정석 진행에서 백8에 대한 흑9의 마늘 모도 **기본형**과 같은 맥락의 중앙진출형 행마다.

제8회 동양증권배
8강전
흑 이창호
백 마샤오춘
(馬曉春)

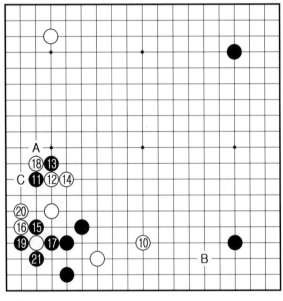

2보

실전1(2보)

 백10에 전개했을 때 흑11로 다가서면 이하 21까지가 정석진행이다. 마지막으로 백이 A에 두어 정석이 완료되는데, 실전에서는 백이 B에 두었기 때문에 흑이 즉시 C로 움직였다.

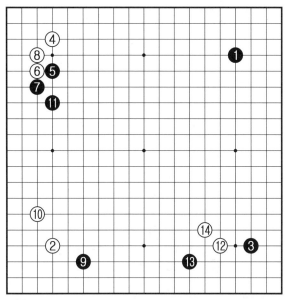

실전2(1보)

 우하귀에서 흑13
으로 협공했을 때
백14의 마늘모도
중앙지향의 동일
한 행마다. 좀더
실전의 진행을 살
펴보기로 하자.

제29기 왕위전
 도전6국
흑 조훈현
백 유창혁(왕위)

실전2(2보)

 흑15·17로 붙여
뻗으면 이하 현대
형 정석이 이루어
지는데, 흑23까지
흑의 실리가 견실
하지만 백의 중앙
세력도 무시할 수
없다.

2보

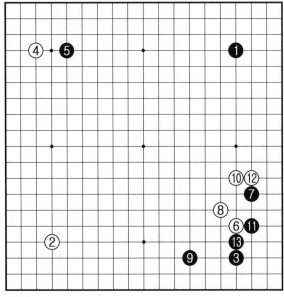

실전3

실전3

실전3

우하귀의 정석은 기사간에 이견이 있는 곳이다. 일반적인 견해로는 이 진행보다—

제26기 일본왕좌전 본선
흑 다케미야
백 조치훈

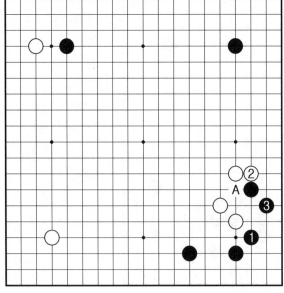

참고도

참고도

참고도

흑1·3의 마늘모가 좋다는 견해지만 정작 다케미야 9단의 견해는 흑A로 절단하는 점도 좋지만 흑 전체의 모양이 느슨하다고 보는 것 같다. 참고로 흑1·3의 수법은 다카가와 9단의 신수로 알려져 있다.

68형 수비의 마늘모-소목편(1)

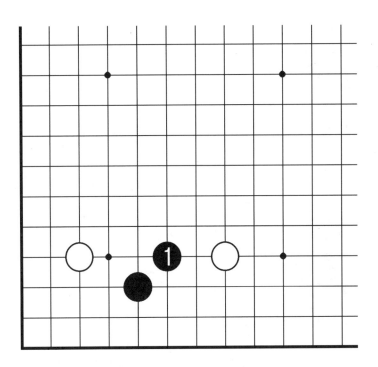

　흑1의 마늘모도 중앙의 봉쇄를 간접 방비하
면서 귀의 근거와 중앙진출을 동시에 보는 수
비형 행마다. 이 수는 예전에 자주 사용되었
던 정석이지만 현대에는 스피드가 적어 잘 사
용되지 않는다.

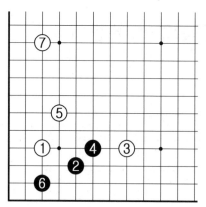

1도

1도(정석 진행)

백1~7까지의 진행이 흑4의 마늘모를 활용한 대표적인 정석이다.

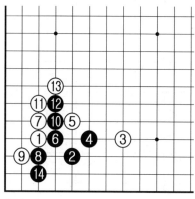

2도

2도(역시 정석)

이 진행도 정석의 하나인데 결국 흑4의 자리가 안형(눈모양)에 관계되어 있음을 알 수 있다.

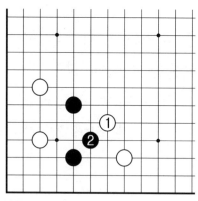

3도

3도(능률적인 방어)

이 그림에서 보면 백1의 협공에 흑2가 차단을 방지하는 위치인데, 마늘모의 곳임을 확실히 알 수 있다.

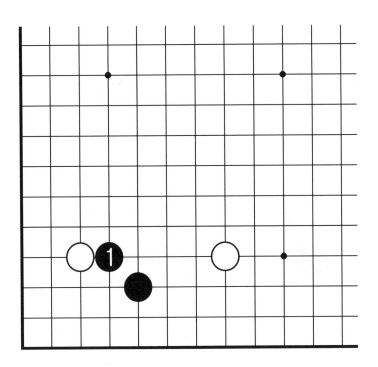

흑1의 마늘모붙임은 3·三에 붙이던 종래의
정석이 있었으나, 흑이 불리하다는 결론이 내
려져 현대에는 이 붙임수로 대체되었다.

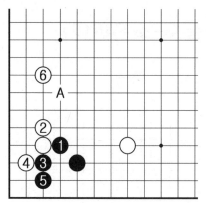

1도

1도(일반 정석)

흑1에 대해 백2로 받는다면 종래의 정석으로 환원된다. 수순중 백6으로는 A에 두는 수도 있다.

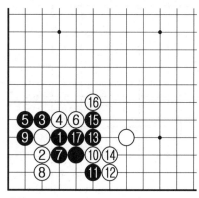

2도

2도(복잡한 정석)

흑1때 백2로 안쪽으로 뻗는 이 변화는 매우 복잡하다. 그림의 진행과정은 흑17까지 한 가지 수순인데, 하급자가 선택하기에는 무리가 따른다.

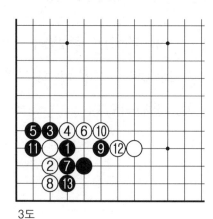

3도

3도(변화)

전도의 수순중 흑9로는 본도 흑9의 마늘모로 변화할 수도 있으나 하급자가 선택하기에는 적당치 못하다.

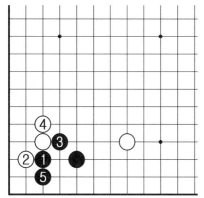

4도

4도(종래의 정석)

흑1로 3·三에 바로 붙이고 이하 흑5까지의 수순이 1930년대의 정석이었다. 이 정석이 소멸된 이유는 흑3때 백4로—

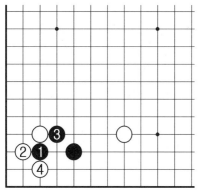

5도

5도(전복형-轉覆形)

백4로 되단수하는 반발이 있다. 이 수는 전복형이라는 별명이 붙어 정석의 혁명을 일으킨 유명한 수다. 이 결말을 수나누기하여 '흑 불리'라는 결론이 내려지기까지는 무려 약 20년이 걸렸다.

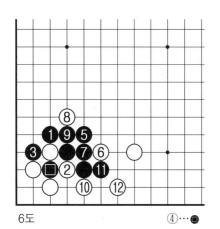

6도   ④…◙

6도(전복형 완결)

이 진행이 전복형의 완결이다. 흑1·3·5의 수순이 이 경우의 요령이지만 백6·8로 들여다보고 10·12로 건너가기까지가 결정된다. 현대에는 백 유리의 결론이 금방 내려질 수 있을 정도의 결말이다.

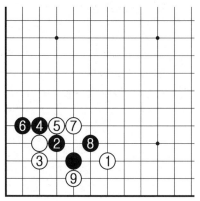

7도

7도(난전)

백1의 급공에도 흑2의 붙임이 있다. 백3으로 안쪽에 뻗으면 이하 백9까지, 이 변화는 난전이지만 흑은 굳이 이런 변화를 택할 필요가 없다.

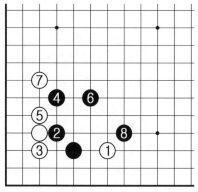

8도

8도(흑 간결)

흑은 이 정도의 진행으로 무난할 것이다. 집으로는 다소 손해지만 변과 중앙의 발전성을 생각하면 큰 손해일 리는 없다. 다만 유의할 것은―

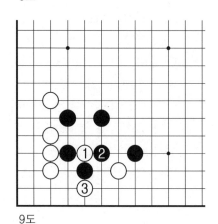

9도

9도(잔존수단)

백은 1·3의 절묘한 수단으로 변의 한점을 연결하는 뒷맛이 남아 있다.

수비의 마늘모-소목편(3)

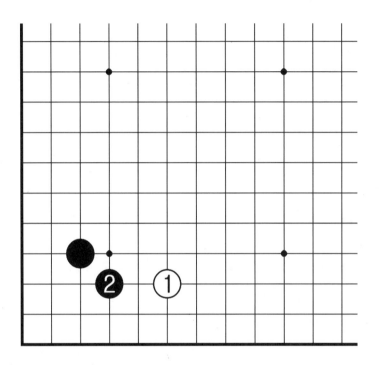

백1의 눈목자걸침에 대해 흑2의 마늘모로 두는 것은 단순한 수비만은 아니다. 이렇게 근거를 선점해야 유사시 상대를 공격할 수 있는 발판이 마련되는 것이다. 그러나 변의 발전이 여의치 않다는 것은 염두에 두기 바란다.

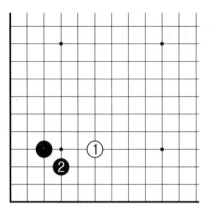

1도

1도(같은 맥락)

백1로 높게 걸쳤을 때도 흑2의 수비는 **기본형**과 일맥상통한 의미의 행마다.

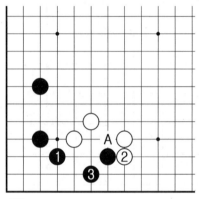

2도

2도(사라진 정석)

이런 배치에서 흑1·3의 연이은 마늘모가 현대적 감각이다. A의 단점을 보면서 집을 차지하여 이 결과는 흑이 유리하다. 따라서 이 형태는 정석이라 볼 수 없다.

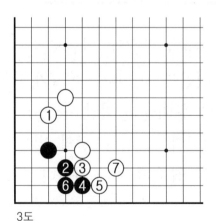

3도

3도(사라진 정석)

이 형태도 정석으로 볼 수 없다. 흑2 이하로 두면 백7이 불가피해 흑이 다시 선수가 되므로 백의 명백한 손해다. 다만 흑2와 같은 단순한 발상의 수비가 현대의 감각에 맞는 행마라는 것만 알면 된다.

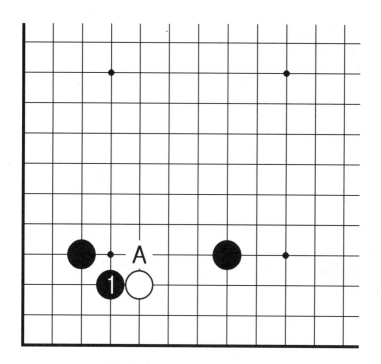

흑1의 마늘모붙임은 공격을 전제로 한다. 백A로 뻗어 달라는 주문이다. 무겁게 만들어 공격하겠다는 뜻이다. 붙인 이유를 살펴보기로 하자.

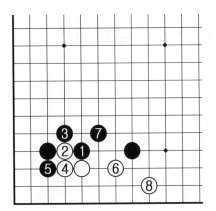

1도

1도(둘 수는 있지만)

흑1 이하로 백의 중앙진출을 억제할 수도 있지만, 백8까지 흑은 백을 이렇게 안정시켜서는 불만일 때가 있을 것이다.

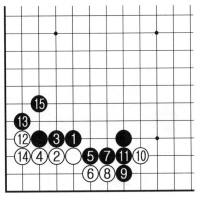

2도

2도(백의 다른 선택)

흑1때 백은 2 이하로 귀를 선택할 수도 있다. 선수를 잡아 다른 곳으로 전환하려는 발상이다. 흑1은 이러한 폐단이 있을 수 있기 때문에 현대에는 **기본형**을 선호하게 되었다고 할 수 있다.

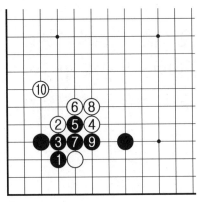

3도

3도(백의 변환)

흑1때 백도 흑의 공격을 피하는 방법이 있다. 가장 알기 쉬운 방법으로는 백10까지 버리고 두는 변환형을 생각할 수 있다.

공격의 마늘모-소목편(2)

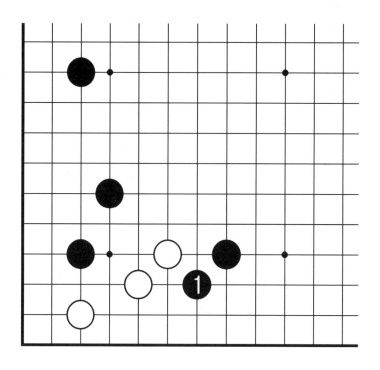

흑1의 마늘모는 백3점의 근거를 뺏으면서 후속 공격수단을 보고 있다. 28형, 29형의 쌍점공격이 그것이다.

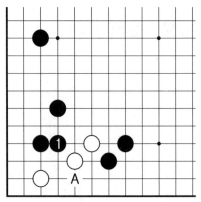

1도

1도(쌍점의 공격수단1)

우선 **28형**에서 설명한 바 있는 흑1의 쌍점공격이 있다. 흑1로 조급히 A에 붙여가는 수가 무리였음은 **29형**의 **3도**에서 마늘모 수비를 보인 바 있으므로 여기서는 설명을 생략하기로 한다.

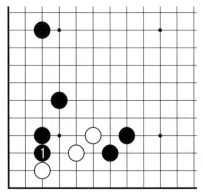

2도

2도(쌍점의 공격수단2)

29형에서 설명한 바 있는 흑1의 쌍점공격도 있다. 그러므로 백으로서도—

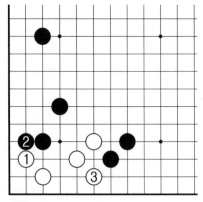

3도

3도(백의 정석수비)

이런 형태에서는 백1·3으로 두는 2개의 마늘모 수비가 정수다.

216

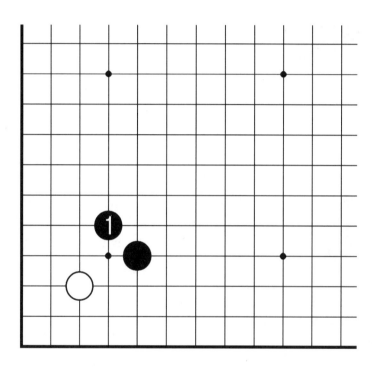

　흑1은 다소 어정쩡해 보일지도 모르지만 현대
적 감각이 배어 있는 포위형 실전 행마법이다.
이 변화에는 사라진 정석도 포함되어 있다.

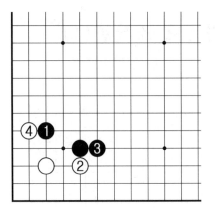

1도

1도(정석이지만)

 흑1의 정석도 있다. 다만 이 진행은 현대적 감각에서 볼 때 흑이 잘 선택하지 않고 있다.

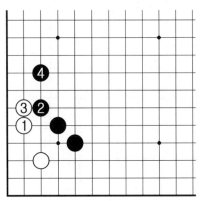

2도

2도(느긋한 포위)

 이 장면에서 백1은 절대일 것이다. 흑은 조급히 두지 않고 백1·3을 유도하여 흑2·4로 유유히 포위한다. 다소 엉성한 듯 하지만 이렇게 단순명료한 흐름이 현대적 감각이다.

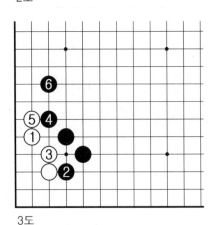

3도

3도(역시 정석)

 백1때 먼저 흑2로 백3을 강요한 다음 흑4·6을 둘 수도 있다. 다만 흑2때 백이 반드시 3으로 두는 것은 아니므로 변화의 여지가 있다. 이 형태의 변화는 거의가 현대에 만들어진 것이다.

포위의 마늘모-소목편(2)

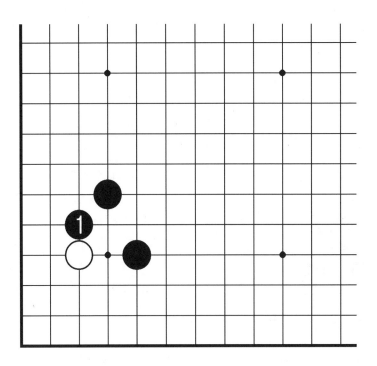

　흑1의 마늘모붙임은 백에게 여유를 주지 않
는 급격한 공격형 행마법이다. 그러나 이 백
을 잡는 수는 없다. 다만 필연의 수순으로 압
박하여 봉쇄하려는 것뿐이다.

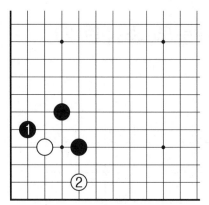

1도

1도(예전의 정석)

흔히 예전에는 흑1로 완만하게 두는 수법이 일반적이었으나 백2의 바꿔치는 수법이 있어 현대적 감각으로는 이런 완만함을 탈피하고 싶을 것이다.

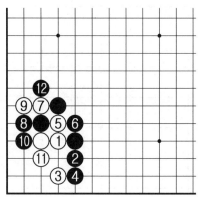

2도

2도(필연의 수순)

기본형에 이어 백1~11까지는 필연의 수순이다. 여기서 중요한 것은 압박봉쇄가 목적이라면 흑12가 중요하다는 것이다. 물론 귀의 백에는 패의 수단이 있으나 수단에 너무 연연하면 압박봉쇄의 타이밍을 놓칠 수가 있다.

3도(패의 수단)

그 수단이란 흑1 이하의 수순으로 7까지 패를 만드는 것을 말한다.

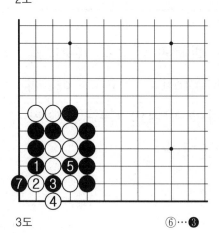

3도   ⑥…❸

220

75형   포위의 마늘모-소목편(3)

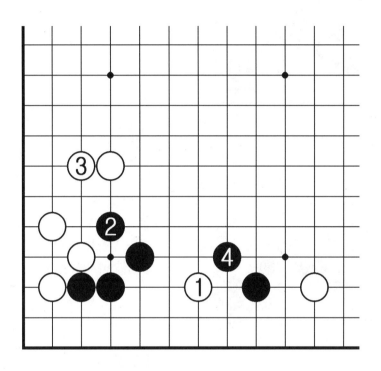

흑4의 포위는 3칸 전개의 침입수(백1)를
포위하는 가장 기초적인 포위 행마법이다. 흑
2는 이 경우 활용의 수순이다.

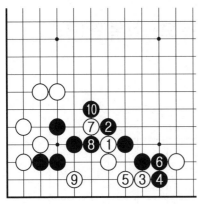

1도

1도(포위 성공)

백1~흑10까지의 진행이 일반적인 결말이다. 백이 안에서 살더라도 흑은 외곽을 봉쇄하여 만족이다.

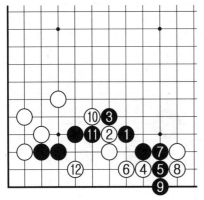

2도

2도(흑 위험)

이러한 상황이라면 흑1의 포위가 위험할 수 있다. 이하 백12까지 되면 오히려 흑이 위태로워진다. 이 정도 난해한 장면을 만드는 것은 하급자로서 선택할 바가 못된다.

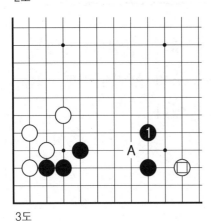

3도

3도(정수)

백◎가 다가와 있다면 흑도 1이나 A의 마늘모로 수비하는 것이 정수다.

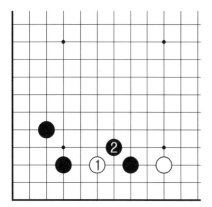

4도

4도(같은 맥락)

이런 형태에서 백1의 침입에 대한 흑의 대응책은 2의 마늘모가 한가지 방법이다. **기본형**과 같은 맥락이다.

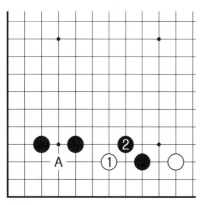

5도

5도(같은 맥락)

이 형태도 같은 맥락이다. 다만 이 경우는 백이 **A**로 두는 수가 있어 백 실리, 흑 세력의 바꿔치기가 싫다면 흑2의 마늘모 행마는 선택할 수 없다.

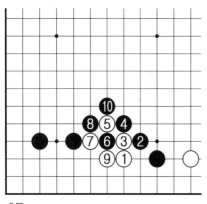

6도

6도(같은 맥락)

이처럼 한칸이 더 넓은 경우에도 백1로 침입했을 때 포위가 목적이라면 흑2의 마늘모를 사용할 수 있다. 이하 흑10까지 백을 봉쇄할 수 있다.

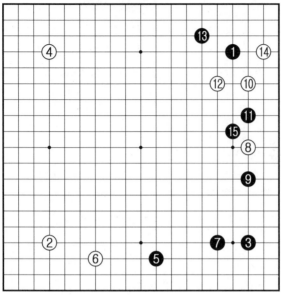

7도

7도(실전)

실전의 진행은 변형 중국식 포석에서 자주 나타나는 수순이다. 이때 백14에 대한 흑15의 마늘모는 거의 정석화되어 있는 행마다. 이 수로—

제36기 최고위전
도전5국
흑 조훈현
백 이창호

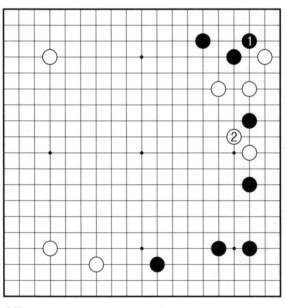

8도

8도(실전 변화)

흑1로 귀를 지키는 것은 백에게 2의 포위를 허락하여 흑이 다소 손해라는 것이 지금까지의 정설이다.

76형 진영의 수비-소목편

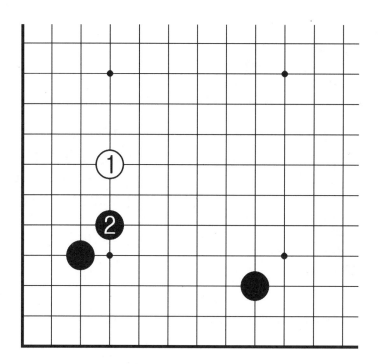

 백1로 다가왔을 때 흑2의 마늘모는 진영을
수비하는데 쓰이는 수비형 행마법이다. 주로
중국식 포석에서 많이 볼 수 있다.

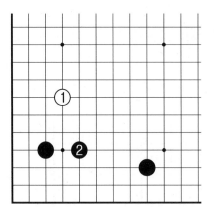

1도

1도(일반적인 수비)

백1때 흑2의 수비가 가장 일반적이이지만 현대적 감각에서 볼 때 속도감에서 **기본형**에 다소 뒤진다고 평가하고 있다.

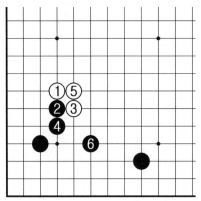

2도

2도(결정형)

백1때 흑2로 두는 수도 있다. 다만 모양이 결정되어 변화의 묘미가 없으므로 요즘은 사용되지 않고 있다.

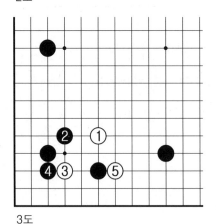

3도

3도(같은 맥락)

이러한 진영을 백이 1로 삭감할 때도 흑2의 수비는 거의 정석에 가깝다. 이후 백은 3·5의 수순으로 모양을 정돈하는 것이 일반적이다.

77형 탄력수비의 마늘모-소목편(1)

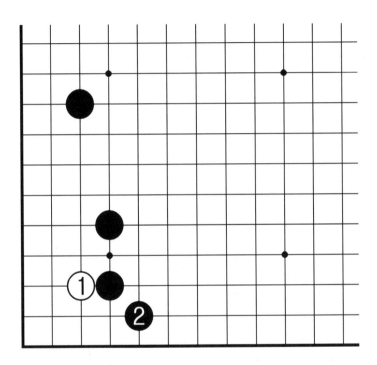

　백1의 상용적인 응수타진에 대해 변과 중앙
을 중시하고자 하면 흑2의 마늘모로 대응하
는 수법도 탄력적인 진영의 수비 행마법이다.

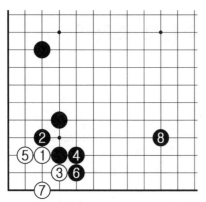

1도

1도(혼자 생각)

백1로 붙였을 때 흑2로 호구 치면 백이 3·5로 귀에서 살리라고 생각하는 것은 착각이다. 백은 이 경우—

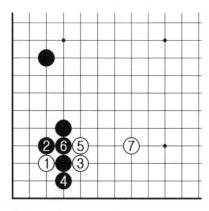

2도

2도(백의 정법)

백3·5로 전환하여 백7까지 백이 먼저 하변을 처리한다. 따라서 흑은 이 경우 **기본형**을 선택하는 것이 좋을 것이다.

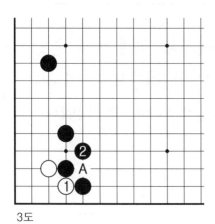

3도

3도(백의 저항)

기본형에 이어 백도 1로 먼저 응수를 묻는 것이 좋으며 흑은 2 또는 A로 두어 귀를 살려주고 변으로 전환하는 것이 흐름이다.

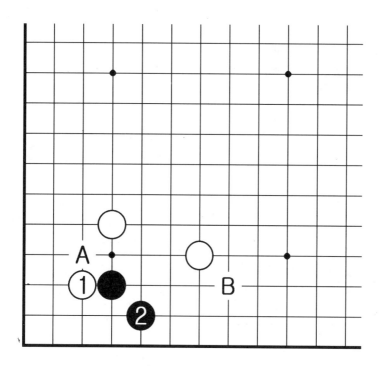

78형 탄력수비의 마늘모-소목편(2)

백1로 붙였을 때 흑2의 마늘모도 A와 B를 동시에 노리는 대표적인 탄력수비의 행마법이다. 이러한 행마의 본질은 호구수비의 성격과 동일한 것이다.

1도(흑 경쾌)

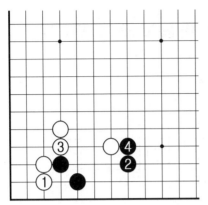

1도

백1로 귀를 취하면 흑은 2까지 달릴 수 있다. 백3으로 귀를 주어도 흑4로 변을 개척하여 불만이 없다. 원래 이 곳은 백이 한 수가 더 많은 곳이기 때문이다.

2도(백 손해)

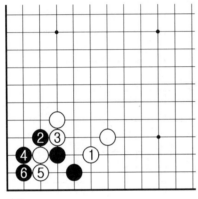

2도

백1은 손해가 크다. 흑2 이하 6까지 귀를 크게 차지하면 백의 두터움이 아무리 좋아도 2수를 더 들이게 되는 형태가 되므로 백의 손해가 분명하다.

3도(사라진 정석)

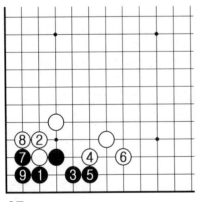

3도

기본형의 백1때 **본도** 흑1 이하의 진행은 사라진 정석이다. 흑1로 백2쪽을 먼저 결정했기 때문에 흑은 이 돌을 버릴 수 없으므로 결코 흑이 선수를 잡을 수 없다.

79형 탄력수비의 마늘모-소목편(3)

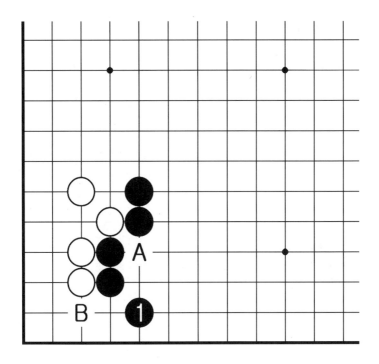

흑1의 마늘모 수비도 일석이조의 행마법이
다. A의 단점을 보강하면서 B의 젖힘을 보
는 탄력적인 수비 행마법이다.

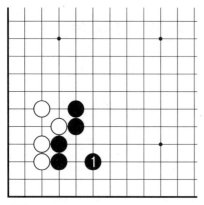

1도

1도(일반적인 수비점)

 이 형태의 일반적인 수비점은 흑1의 곳이다. 이 수가 **기본형**에 비해 손해일 리는 없다. 다만 현대의 바둑은 조금이라도 더 효율적인 형태를 추구하는 경향이 있기 때문에 **기본형**을 선호하는 것뿐이다.

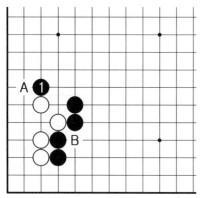

2도

2도(이래도 정석)

 흑은 1로 즉각 압박해 들어갈 수도 있다. 백은 A 외에 선택의 여지가 없다고 보면 될 것이다. 물론 흑도 백B의 절단에 대해서는 사석작전으로 대응해야 한다.

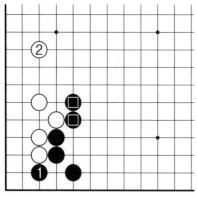

3도

3도(백의 손빼기)

 백으로서는 흑1과 백2를 맞보기로 남겨둔 채 다른 곳으로 전환하는 것도 일책일 것이다. 흑●의 두점이 정석의 과정에서 자기 기능을 다하지 못하고 있어 백의 손빼기가 가능한 것이다.

80형 탄력수비의 마늘모-소목편(4)

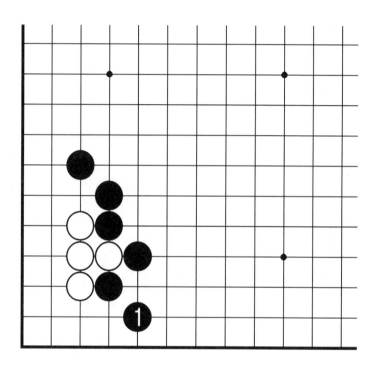

흑1의 호구도 마늘모형 탄력수비와 동일한
행마법이다. 이 변화속에는 백의 마늘모 수비
도 있다.

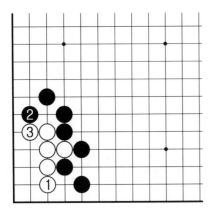

1도

1도(일반형)

백1의 수비가 보편적이다. 흑 2의 마늘모로 활용하여 백의 한수 손뺀 정석이 완료된다.

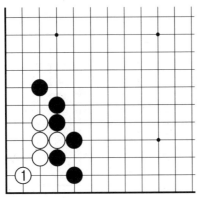

2도

2도(백의 마늘모 수비)

백도 1의 마늘모로 탄력수비를 할 수 있다. 1도와 비교하여 큰 차이는 없다.

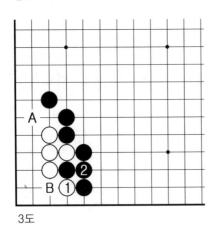

3도

3도(백 악수)

백1의 단수는 흑의 주문이다. 이러한 수는 선수인 듯하지만 사실상 흑을 최대한 두텁게 만들어주는 악수다. 여기서 백이 손빼면 흑은 A나 B의 선택이 모두 선수가 되므로 웬만큼 급한 곳이 있지 않고는 선택할 수 없다.

81형 · 탄력수비의 마늘모-소목편(5)

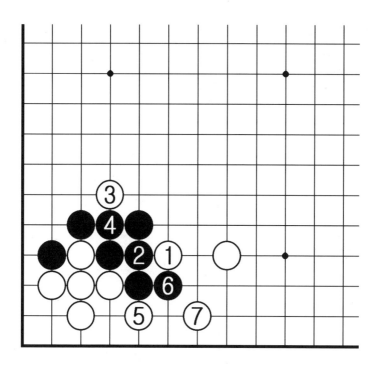

　이　전복형(轉覆形)은　69형의　5,6도에서
설명한　것이다.　만약　백이　1　이하　7까지의
수순을　밟지　않는다면　흑에게는　어떤　수단이
있을까?

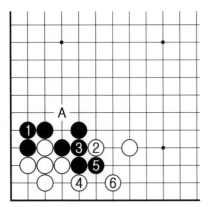

1도(흑 방향착오)

흑1쪽을 잇는 것은 방향이 틀린 것이다. 백6까지 연결한 후 A로 들여다보면 여전히 응형이 되므로 흑 전체가 공격당할 수 있다.

1도

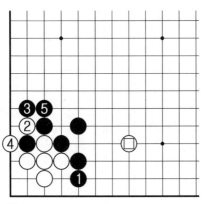

2도(무미건조)

흑1은 방향은 맞으나 행마법이 단순하다. 백◎에 영향력이 적다. 조금 더 생각하자.

2도

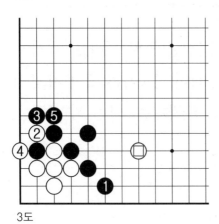

3도(탄력행마)

흑1이 탄력적인 행마법이다. 2도에 비해 백◎에 가까운 만큼 영향력이 크다.

3도

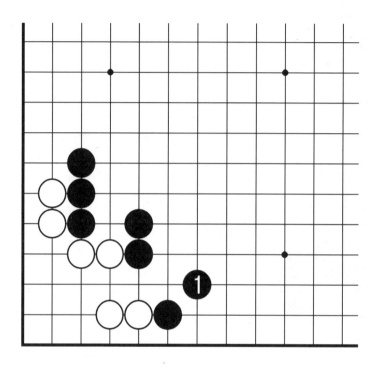

흑1과 같은 마늘모 수비는 호구수비의 성격을 가진다. 탄력 외에도 변쪽의 영향력을 조금이라도 더 가지려는 것이다.

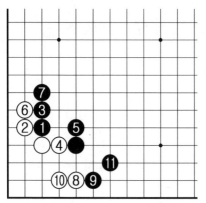

1도

1도(정석진행)

흑1로 붙여 11까지의 수순이 **기본형** 고목정석의 원래 진행이다.

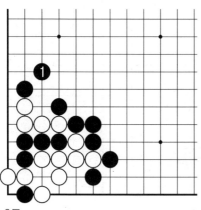

2도

2도(같은 맥락)

이런 형태에서 흑1도 같은 맥락의 수비 행마다.

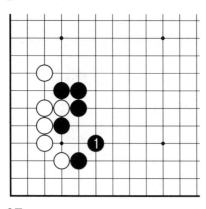

3도

3도(같은 맥락)

이런 정석 모양에서 흑1도 같은 맥락의 호구형 수비 행마가 될 것이다.

83형 탄력방어의 마늘모-탈출

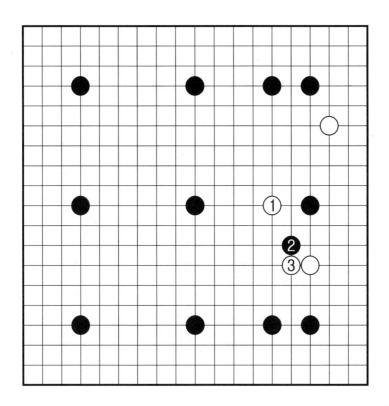

6점 이상의 접바둑에서 필히 한 번쯤은 겪은 진행일 것이다. 백1의 모자씌움에 대해 흑2로 돌파구를 찾은 것까지는 좋은데 백3에 대해 행마가 나쁘면 흑 전체가 휘말리기 십상이다.

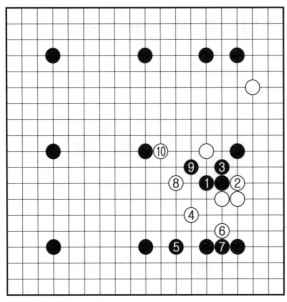

1도

1도(행마 부재)

6점 이상의 접바둑에서는 거의 대부분의 하급자가 이런 식으로 휘말리게 마련이다. 그 이유는 흑1·3과 같은 행마 부재(行馬不在)에 있었던 것이다.

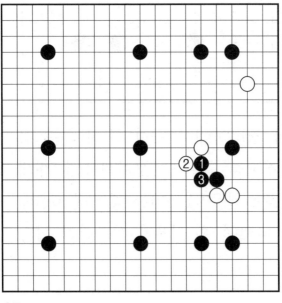

2도

2도(정수 행마)

이 경우 흑1의 마늘모붙임과 더불어 흑3의 빈삼각이 정수의 행마가 된다. 같은 빈삼각이라도 방향이 다른 것이다.

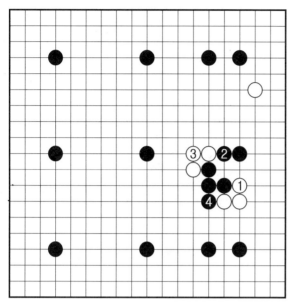

3도

3도(역포위)

백1의 꼬부림에
는 흑2로 연결해
두고 흑4로 백3점
을 거꾸로 포위할
수도 있다.

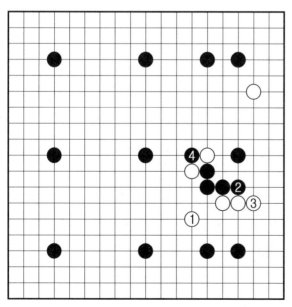

4도

4도(중앙을 강화)

6점 이상의 접바
둑은 변과 중앙이
연결되는 구간이
항상 문제가 된
다. 백1로 두었을
때 흑4까지 이 곳
이 강화된다면 걱
정거리가 없다.

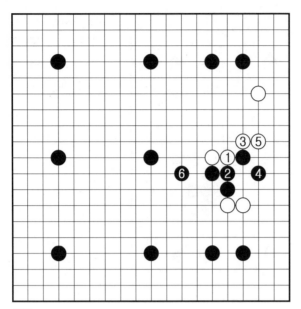

5도

5도(중앙연결)

백1·3으로 두면 흑6까지 역시 중앙으로 연결된 이 진행도 흑이 쉽게 무너지지 않는다.

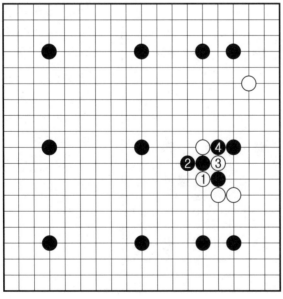

6도

6도(백 무리)

백1과 같은 과수는 통할 리 없다. 흑2로 일단 빠진 후 흑4로 백군은 두동강이다.

84형 늦추는 수법의 마늘모

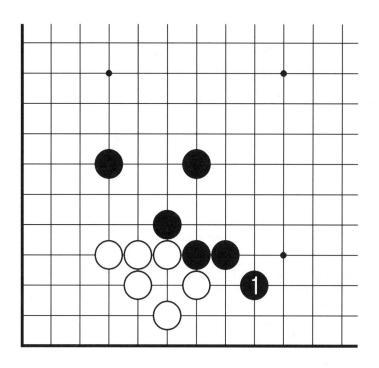

흑1로 늦추는 수법도 필수적인 행마법이다. 상대가 강한 곳은 이렇게 늦추어 반격력을 완화시켜 놓을 필요가 있다.

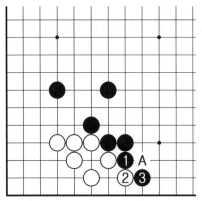

1도

1도(우환)

흑1로 꽉 막는 것은 초, 중반의 행마가 아니다. A의 단점이 두고두고 신경쓰일 것이다.

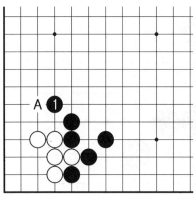

2도

2도(같은 맥락)

흑1도 A로 두는 것보다 두텁다. 물론 항상 이렇게 둘 일은 아니지만 이러한 행마를 간과해서는 안된다. 결국 흑1도 **기본형**과 같은 맥락의 행마다.

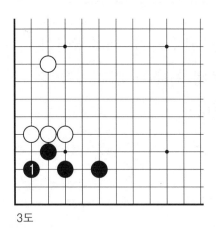

3도

3도(끝내기에서)

끝내기 과정에서도 바로 막는 것보다 흑1로 늦추어 막는 경우가 많다. 어차피 백이 젖혀 있는다면 후수가 되기 때문이다. 바로 막는 것은 어쩌면 상대에게 변수를 제공할 수도 있는 것이다.

85형 맥점형의 마늘모 행마(1)

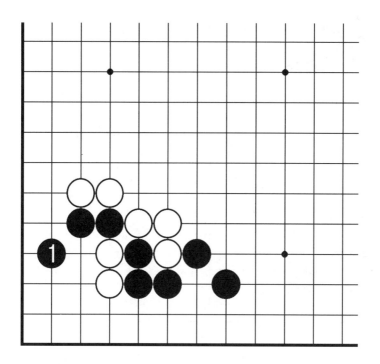

흑1의 마늘모를 맥이라고만 생각하는 분들
이 많을 것이다. 그러나 맥이란 그 근본이 행
마에 있는 것이다.

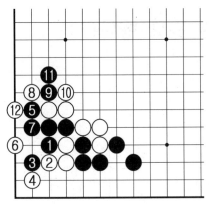

1도

1도(백6 급소)

흑1·3·5와 같은 수순은 이 형태에서는 거의 성립하지 않는다고 생각하는 것이 좋다. 백6과 같은 치중이나 백12와 같은 젖힘이 있기 때문이다.

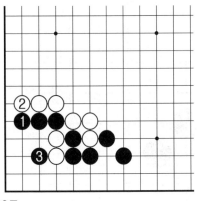

2도

2도(흑1도 가능)

물론 이 경우는 흑1·3의 수순도 성립한다.

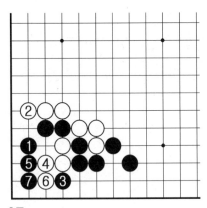

3도

3도(기본형 이후)

흑1때 백2는 절대다. 흑이 이곳을 젖히게 되면 변까지 다치게 되기 때문이다. 백2 이후는 흑3의 젖힘 외에도 ④❺⑥❼의 곳이 모두 잡는 수가 된다.

246

86형 맥점형의 마늘모 행마(2)

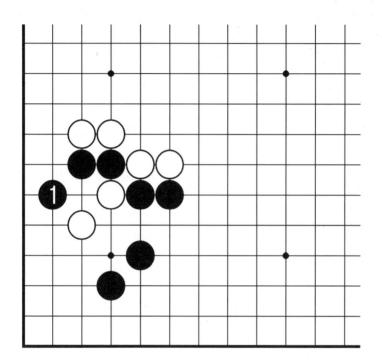

흑1의 마늘모도 맥점형 행마다. 고전의 유명한 암수지만 이 형태는 축과 관련된 변화가 있으므로 잠시 검토해 보자.

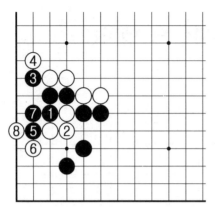

1도

1도(흑 수부족)

우선 흑1·3으로 젖히는 방법이 불가능하다는 것은 앞서 설명했을 것이다. 백8까지 흑의 한수 부족이다.

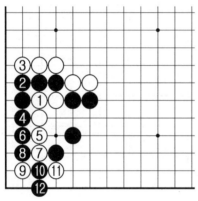

2도

2도(흑10·12 상용의 맥)

백1·3으로 두는 변화는 웬만한 맥을 다룬 책에 다 있는 것이다. 이하 흑10으로 끊고 12로 키워 죽이는 맥이다. 이것으로 흑이 이긴다. 다만—

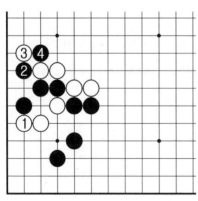

3도

3도(축 관계)

백1쪽을 막았을 때가 문제다. 여기서 흑4로 끊은 후 축머리의 문제가 생각처럼 간단치는 않다.

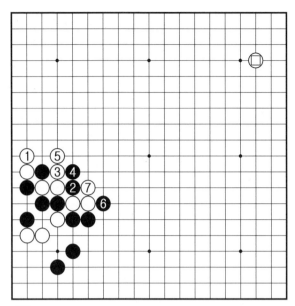

4도

4도(축머리)

일단 백◎가 놓여 있는 상황을 설정한다. 우선 백1로 느는 것은 당연한데, 다음 흑2로 끊는 진행은 백◎가 축머리에 있어 흑의 실패다.

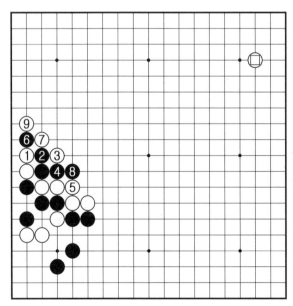

5도

5도(백1·3 수순)

백1때 흑2로 밀 때가 문제가 된다. 이때 백3의 붙임이 맥이다. 그리고 백9로 침착하게 잡는 수까지가 끝이며 이것으로 축은 백◎가 버티고 있어 성립하지 않는다. 만약 백3으로—

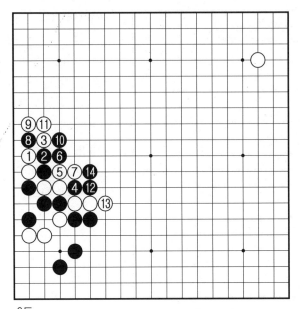

6도

6도(축 성립)

 그냥 백3으로 손
따라 젖힌다면 이
하 흑14로 이번에
는 축이 성립한
다. 또—

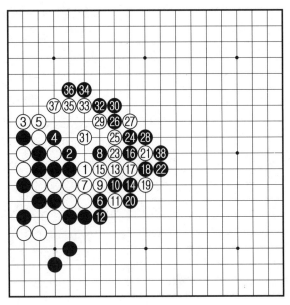

7도

7도(대 사석작전)

 백1로 단수를 먼
저 교환하고 3으
로 잡는다면 이번
에는 진짜 흑의
암수에 걸린다.
흑38까지 필연적
인 사석작전에 의
해 바둑판의 3분
의 1에 달하는 도
배를 당한다.

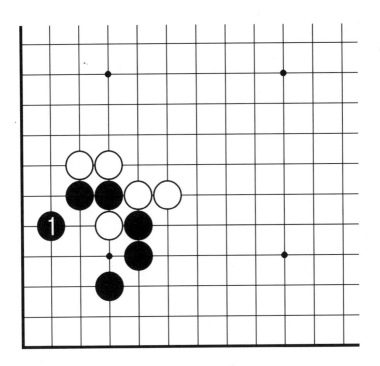

흑1도 정석의 과정에 숨어 있는 맥점형 행
마다. 이러한 행마가 왜 중요한지를 안다면
다른 행마도 좋을 수밖에 없다.

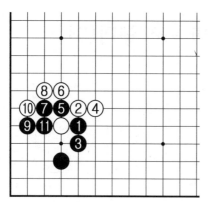

1도

1도(정석진행)

흑1~11까지의 진행이 **기본형** 정석의 수순이다.

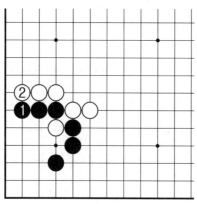

2도

2도(흑1 속수)

흑1은 대표적인 속수다. 행마법이 이 정도라면 기초가 한참 부족한 바둑이라고 봐야 한다. 이 수가 어째서 속수일까?

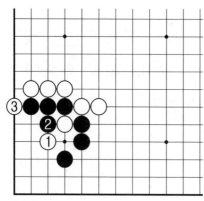

3도

3도(백의 마늘모맥)

전도 이후 흑이 안심하고 손을 뺀다면 이곳에는 거꾸로 백1의 마늘모가 맥점이 된다. 이렇게 당하고 나면 흑은 도대체 무엇을 한 것인지 모르게 된다. (자세한 설명은 **100형**을 참고하기 바란다)

252

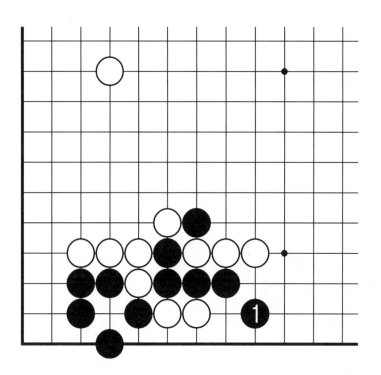

흑1도 정석과정에서 필수적으로 알아두어야
할 기초 행마다. 이 수를 모른다면 억울한 싸
발림을 감수해야 한다.

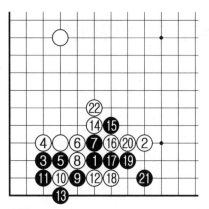

1도

1도(정석진행)

흑1~백22까지의 진행이 **기본형** 정석의 수순이다.

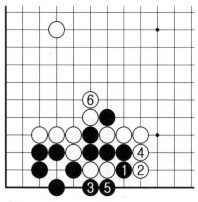

2도

2도(흑1 속수)

흑1이 문제의 속수다. 백2·4로 틀어막는 도배를 당하고도 억울한지 모른다면 그야말로 행마부재다.

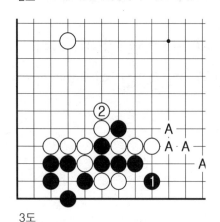

3도

3도(흑 조심)

백2 이후 흑은 경계할 일이 있다. A의 자리에 백돌이 놓이면 반드시 가일수해야 한다는 것이다. 이 점을 결코 잊어서는 안된다.

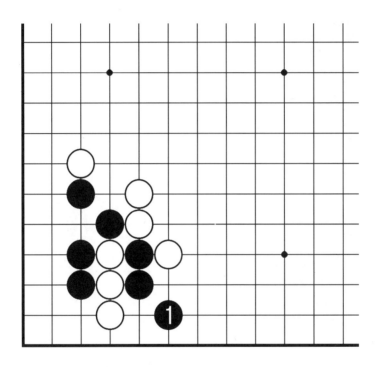

　흑1도 같은 맥락의 기초 행마법이다. 이 행
마를 모른다면 역시 억울한 도배를 감수할 수
밖에 없다.

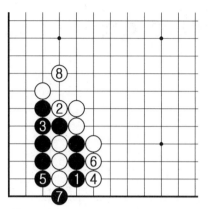

1도

1도(흑 속수)

흑1이 도배당하는 원흉이라는 것을 이제는 확실히 느낄 수 있을 것이다. 백8까지 완전히 싸발림당한다.

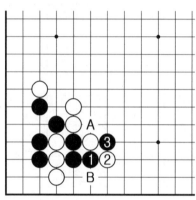

2도

2도(흑 위험천만)

흑1로 반발하려는 것은 위험천만이다. 흑3 이후 백은 A로 둘 수도 있지만 B로 회돌이쳐서 흑 전체를 곤마로 몰아갈지도 모른다.

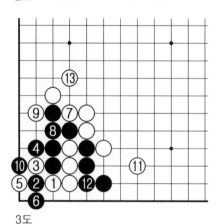

3도

3도(백의 수순)

이런 상변에서는 백도 1·3·5·7·9의 수순을 먼저 활용해 두고 11·13으로 수비하게 될 것이다. 이 과정에서 변화는 더 있으나 이 정도면 무난하다. 이 진행은 모두 다 익혀둘 만한 수순들이다.

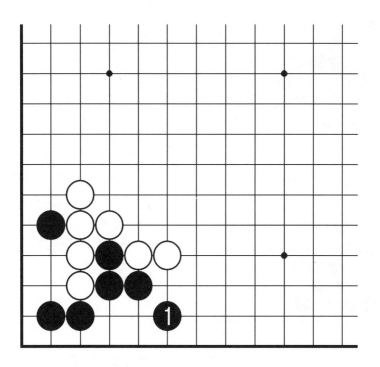

　흑1도 맥점형의 행마법이다. 이 수를 모르
면 백으로부터 깨끗한 봉쇄를 당하게 된다.

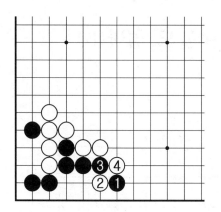

1도

1도(정수같은 속수)

흑1이 일견 행마법처럼 보이겠지만 이 경우는 속수다. 백2의 건너붙임수가 맥점으로 작렬해 봉쇄되고 만다.

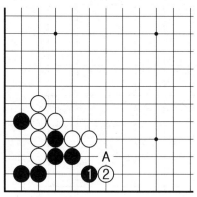

2도

2도(흑 선수)

흑1때 백2로 막으면 흑은 선수가 되므로 다른 곳에 전환할 수 있다. 이 곳의 봉쇄는 A의 단점을 남겨놓았기 때문에 절대 억울한 것이 아니다.

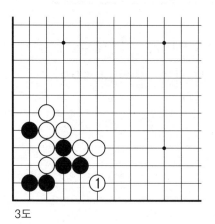

3도

3도(백의 응징)

흑이 그냥 손을 빼는 것은 백에게 응징당한다. '적의 급소는 나의 급소'인 것처럼 바로 백1로 추궁당해 봉쇄된다.

힘을 비축하는 마늘모(1)

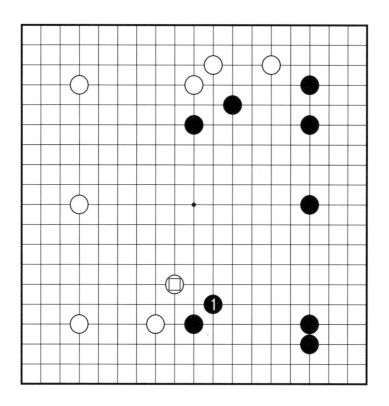

  백◎에 대한 흑1과 같은 행마는 상대의 압박을 방어하면서 거꾸로 압박을 노리는 용수철같은 탄력비축형 행마법이다.

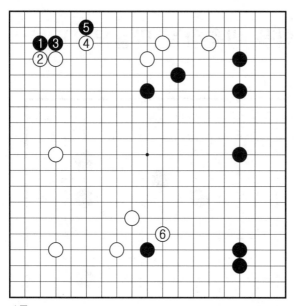

1도

1도(진영의 급소)

흑1로 큰 자리에 두면 5까지 교환한 다음 선수를 잡아 진영의 급소에 해당하는 백6을 차지한다. 이곳을 당하면 3연성의 위용은 온데 간데 없이 사라지고 만다.

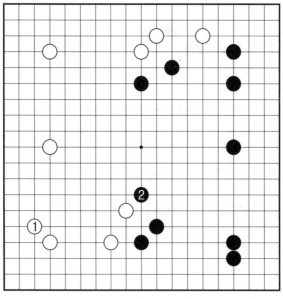

2도

2도(확장의 요처)

기본형 이후 백1의 큰 곳을 차지하면 흑2로 진영을 확장한다. 흑2로 둔 시점에서 1도와 비교해 보면 바둑판의 색상이 달라 보이는 것을 느낄 것이다.

260

92형 힘을 비축하는 마늘모(2)

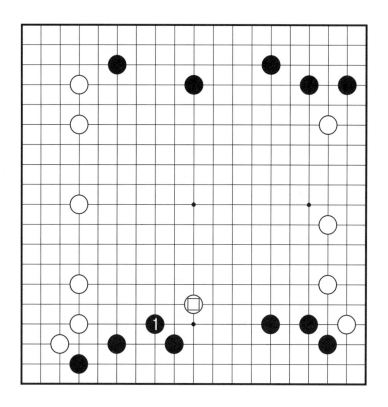

백◎에 대한 흑1도 압박 방어형인 동시에 탄력 비축형 행마법이다.

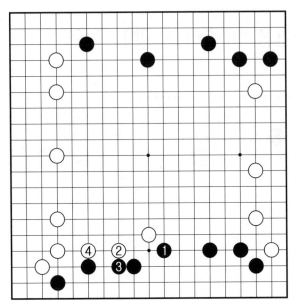

1도

1도(압박)

이 장면에서 흑1로 고분고분 집을 지키는 것은 백의 주문이다. 백2·4로 압박하여 중앙의 발언권은 백에게 넘어간다.

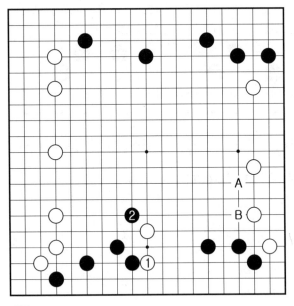

2도

2도(반격)

기본형에 이어 백1의 붙임에는 흑2로 반격한다. 흑은 A, B의 압박을 염두에 두고 이 백을 암중 공격할 수 있다. 또 좌변의 백진도 이제는 흑의 침입이 가능해졌다.

93형 힘을 비축하는 마늘모(3)

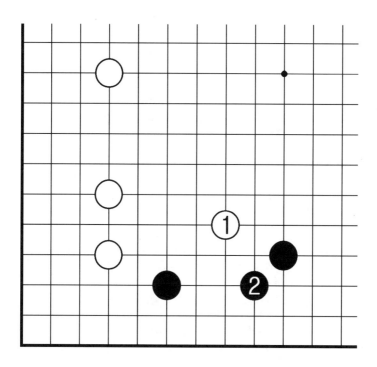

백1에 대한 흑2의 수비도 같은 맥락의 탄력
비축형 행마법이다.

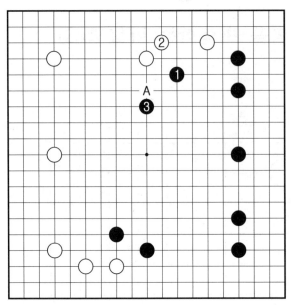

1도

1도〈다케미야류〉

이런 포석 형태에서 백2에 대한 흑3으로는 A에 둘 수도 있지만, 흑3이 다케미야의 연구가 있는 복선 깔린 행마다.

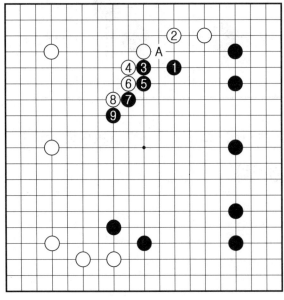

2도

2도〈약점〉

흑1에 대해 백2는 약점있는 행마이다. 흑3 이하로 진영을 확장할 때 흑A가 항상 선수이므로 백의 반격이 용이치 않다.

94형 마늘모를 이용한 맥

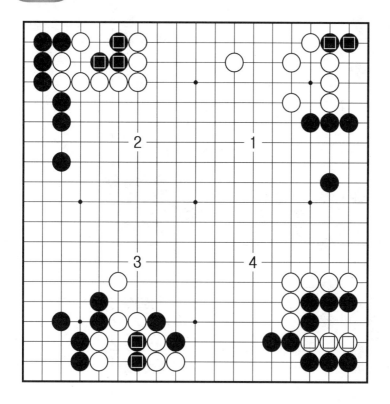

1,2,3은 ⬤를 구출하는 맥이 필요하고 4는 ◎를 잡는 맥이 필요하다. 물론 마늘모의 맥이 아니면 성공하지 못한다.

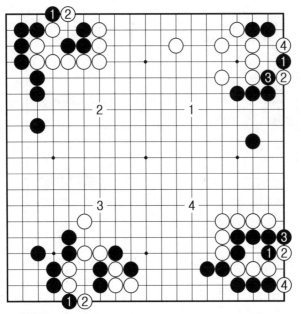

실패도

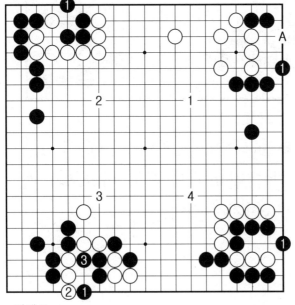

정해도

266

마늘모를 이용한 사활

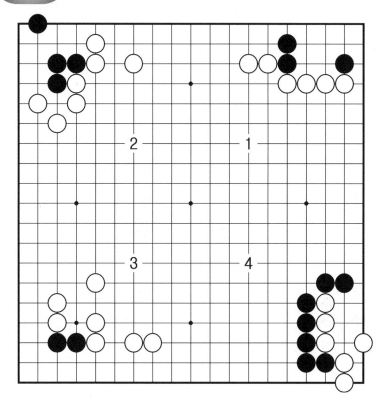

1,2,3은 흑으로 사는 수가 필요하고 4는 백을 잡는 수가 필요하다. 역시 마늘모를 활용하지 않고는 성공할 수 없다.

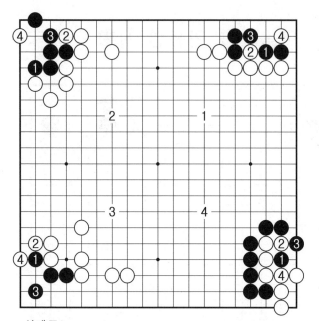

실패도1

실패도1

3은 패 이상의
결과가 없다.

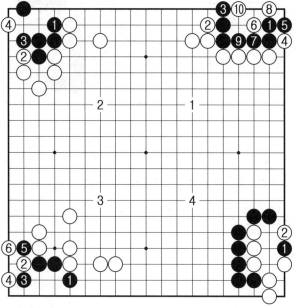

실패도2

실패도2

1은 죽음의 궁
도를 살피지 못했
고 3은 패가 되
어 실격이다.

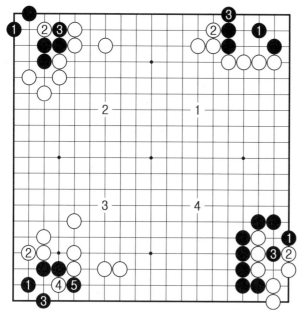

정해도

정해도

흑1의 마늘모가 첫수로 머리에 떠오르는 연습이 필요할 것이다. 사실상 기초적인 형태이기 때문이다.

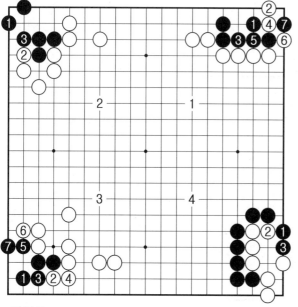

변화도

변화도

1에서 백2의 치중은 촉촉수로 해결할 수 있다.

참고로 3을 조금 더 설명하자면—

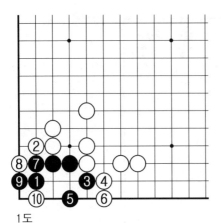

1도

1도(쌍방 과실)

흑1이후 3은 흑의 착각이지만 백4도 실수. 흑5도 역시 실수다. 백6도 실수지만 흑7은 결정적이다. 백8의 젖힘에 이어 10의 치중으로 흑은 절명한다. 이런 수읽기는 쌍방 수읽기의 기초가 부족하여 일어나는 혼자만의 생각인 것이다. 지금과 같은 모양은—

2도(동일한 착각)

흑1이하의 진행(물론 쌍방 모두의 착각이다)으로도 같은 형태의 죽음이 된다. 이러한 형태는 귀의 기초사활이므로 암기하는 편이 빠를 것이다.

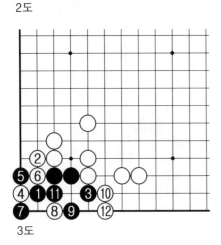

2도

3도(또 하나의 수읽기)

흑3의 젖힘에 대해 백이 4·6으로 공격할 때 흑7로 백 한 점을 잡는 것은 패도 없이 죽는 수가 있다. 백8의 치중으로 백12까지도 사활의 기초다.

3도

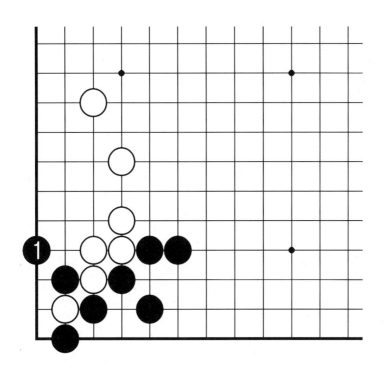

흑1과 같은 끝내기수법도 행마법에서 비롯
된 끝내기의 맥점이다. 아무 것도 아닌듯한
이러한 곳에서 순식간에 2집의 차이가 난다.

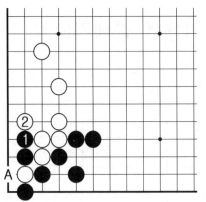

1도

1도(무지)

흑1처럼 무심히 집을 줄인다
는 생각은 지양해야 한다. 무
지의 소산일 뿐이다. 백2 다음
흑A의 가일수가 필요하다.

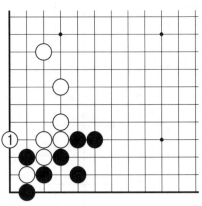

2도

2도(백의 수비)

백의 수비행마도 백1처럼 기
본형과 바로 같은 곳이다.

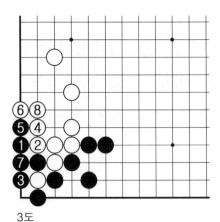

3도

3도(2집 득)

기본형 이후 백8까지의 진행
이 끝내기 수순이다. 흑이 어
째서 2집을 득보았는지는 직접
확인해 보기 바란다. (1도와
비교할 것)

272

마늘모를 이용한 끝내기(2)

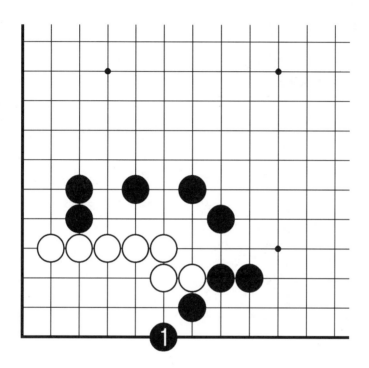

혹1의 마늘모도 행마법에서 비롯된 끝내기 수법이다. 알고만 있다면 잠깐 사이에 4집을 번다.

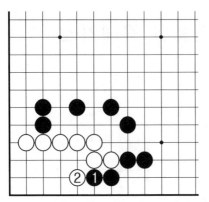

1도

1도(무지)

흑1은 무지의 소치다. 이것으로 자기도 모르는 사이 4집을 잃었다.

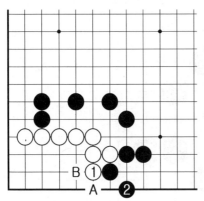

2도

2도(백의 역끝내기 2집)

백1만 두어도 2집을 번다. 물론 흑A에는 백B로 된다는 가정이 있는 상황이다.

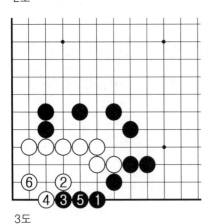

3도

3도(1도보다 4집 득)

기본형 이후의 진행은 이렇게 된다. 어째서 4집의 득인지는 직접 확인해 보기 바란다. (1도와 비교)

98형 마늘모를 이용한 끝내기(3)

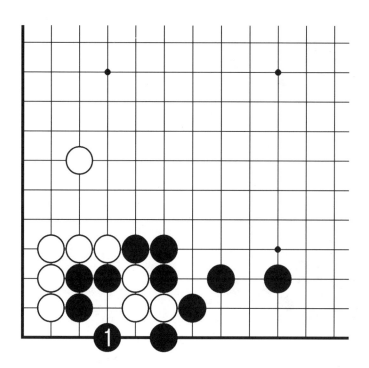

　흑1과 같은 수법도 2집의 득이 있다. 2집이
라면 전문가에게는 하늘이다.

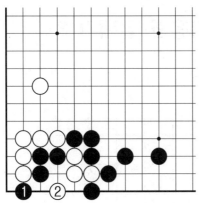

1도(백2 마늘모의 맥)

흑1은 욕심이다. 이번에는 백 2의 마늘모로 죽음이 있다.

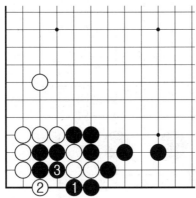

2도(2집 손해)

흑1로 무심히 잡는 것은 자기 도 모르는 사이에 2집을 도둑 맞은 꼴이다.

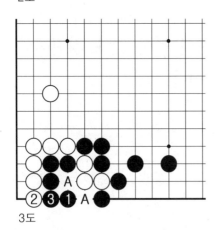

3도(2집 득)

A의 공배가 2집의 영수증이 다. 이 곳이 집이 된 것이다.

마늘모를 이용한 끝내기(4)

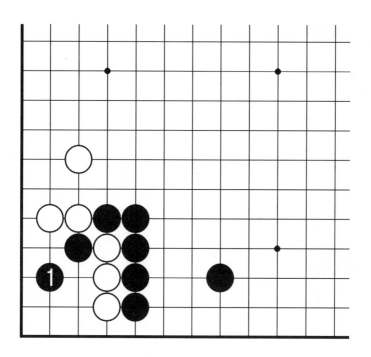

　흑1과 같은 끝내기는 16집에서 18집의 크기가 된다. 이 정도면 중반전에 해치워도 되는 크기다.

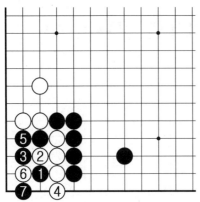

1도

1도(패는 되지만)

흑1도 불가능한 것은 아니다. 그러나 흑7이 절묘하다고 해서 이 수순이 정수는 아니다. 패로 버티는 백의 저항이 있을 수 있기 때문이다.

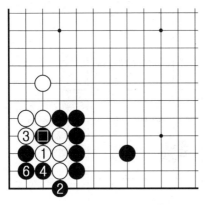

2도

⑤…◙

2도(18집의 크기)

이 진행이 **기본형** 이후의 수순이다. 어째서 18집인지는 직접 확인해 보기 바란다.

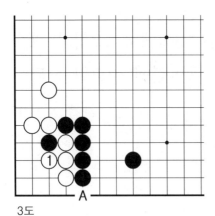

3도

3도(백의 수비)

백이 1로 수비하면 A로 젖혀 잇는 수가 언제든지 선수가 되는 것과 비교해야 크기를 잴 수 있을 것이다.

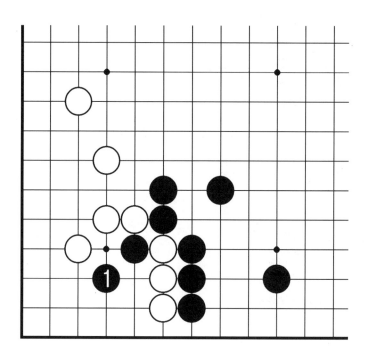

흑1의 크기는 무려 선수 17집이 강하다. 이 장면의 끝내기는 중반도 되기 전에 거의 결행 되므로 종반에는 사실상 볼 수 없다.

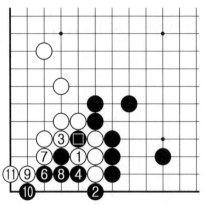

1도

⑤…■

1도(선수 17집 강)

백1로 받아야 할 때 이하 11까지의 진행이 이 경우의 수순이다. 크기는 **2도**와 비교하여 직접 확인해도 좋다.

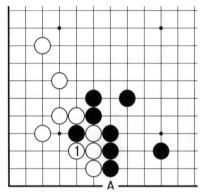

2도

2도(역 끝내기)

크기의 비교는 백1로 두었을 때 백A가 항상 선수라는 것을 전제로 해야 한다.

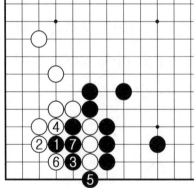

3도

3도(백의 별책)

어쩌면 백은 이 수순으로 대응해야 할 지도 모른다. 선수를 꼭 갖고 싶다면.

실전대국의 마늘모

1. 다케미야 마사키 對 고바야시 고이치

2. 조치훈 對 고바야시 사토루

3. 다케미야 對 린하이펑

4. 이창호 對 조훈현

5. 서봉수 對 창하오

6. 유창혁 對 이창호

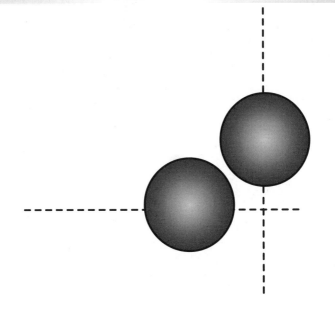

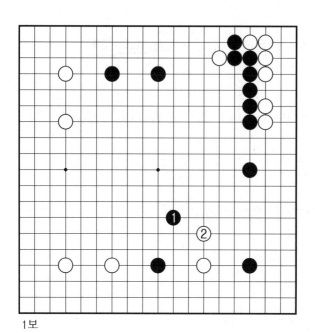

실전1(1보)

흑1과 백2가 교환된 장면이다. 여기서 흑은 어디에 두었을까?

제20기 일본명인전 도전기

흑 다케미야 마사키
    (武宮正樹)
백 고바야시 고이치
    (小林光一)

1보

실전1(2보)

흑의 선택은 1의 마늘모였다. 역시 중앙경영의 대가다운 탁월한 행마라 하겠다. 이제 흑이 A쯤에 울타리를 친다면 상변에서 중앙에 이르는 진영은 일당백이 될 것이다.

2보

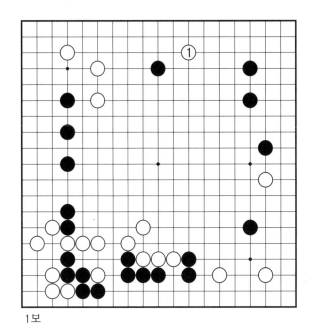

1보

실전2 (1보)

백1로 침입한 장면이다. 여기서 흑은 어떤 행마로 이 백을 공략했을까?

제21기 일본기성전
도전1국
흑 조치훈
백 고바야시 사토루
(小林覺)

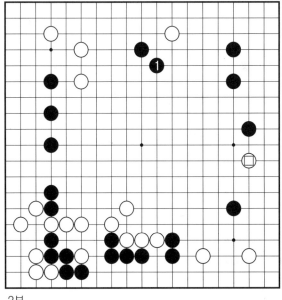

2보

실전2 (2보)

이 장면에서 흑의 선택은 1의 마늘모였다. 이 수의 의미는 상변 백의 중앙진출을 억제하면서 멀리 백◎의 공격을 준비하는 전략적인 행마라 할 수 있다.

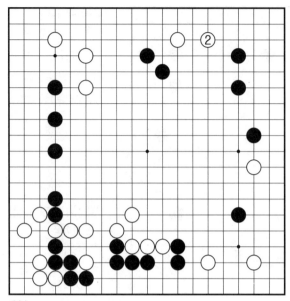

3보

실전2(3보)

2보의 계속된 진행이다. 백2로 근거를 잡으려 했을 때 흑은 어떤 행마로 공략했을까?

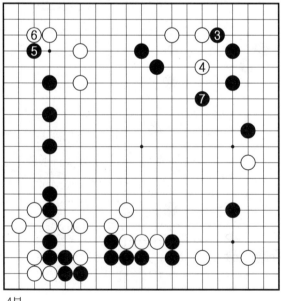

4보

실전2(4보)

흑의 선택은 3이었다. 이렇게 근거를 주지 말아야 계속된 공격의 이득을 기대할 수 있다.

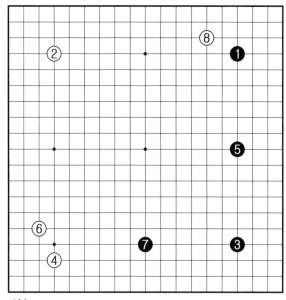

1보

실전3(1보)

흑의 4연성 포석이다. 백8의 걸침에 대한 흑의 마늘모 행마를 감상해 보자.

제22기 일본명인전 본선 리그

흑 다케미야 마사키
　　　(武宮正樹)
백 린하이펑
　　　(林海峯)

2보

실전3(2보)

흑9의 행마는 중앙전의 일인자라 할 수 있는 다케미야 9단이 재창출한 독보적인 수라 할 수 있다.

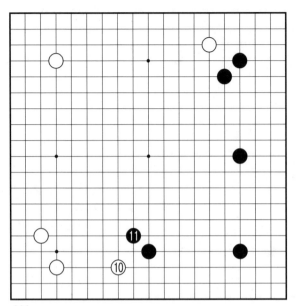

3보

실전3(3보)

백10에 대한 흑 11의 마늘모도 중앙을 중시하는 다케미야 9단다운 한 수라 하겠다.

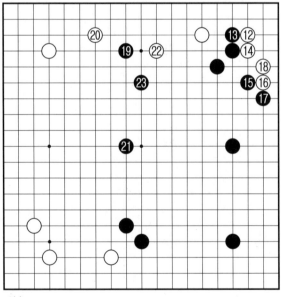

4보

실전3(4보)

백12·14에 대한 흑15가 다케미야 9단의 연구가 있는 수다. 백20에 대해 흑21·23으로 일찌감치 흑의 대모양 작전이 성공한 느낌이다.

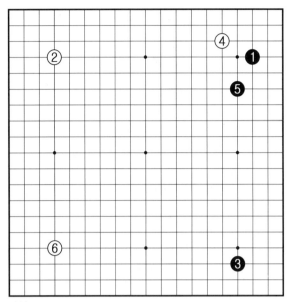

실전4(1보)

이 장면도 초반이다. 여기서 흑은 백4의 한점을 공격하여 초반의 주도권을 잡고 싶을 것이다.

제31기 왕위전
 도전2국
흑 이창호
백 조훈현

실전4(2보)

흑7로 붙이는 것이 공격의 첫 수다. 흑7에 대해 백은 응수할 수 없다. 무거워지기 때문이다. 따라서 백도 8로 변신하여 백10의 큰 곳으로 전환했다.

1보

2보

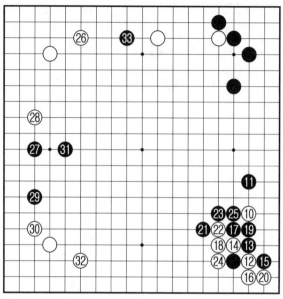

3보

실전4(3보)

계속된 실전이다. 우하귀의 정석 진행과 좌변쪽의 포석 형태는 많이 보아 온 일련의 수순들이다. 여기서 흑33의 갈라침에 대해 백의 행마는 무엇이었을까?

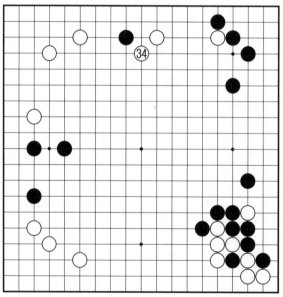

4보

실전4(4보)

백은 우상귀와 상변의 백2점이 약하므로 함부로 이 흑 한점을 공격할 수 없다. 백34는 공격의 행마가 아니다. 공격하는 시늉만 하면서 중앙으로 진출하려는 일종의 기대기 수법이다.

288

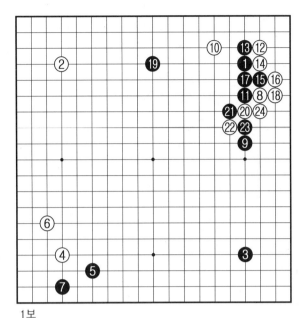

흑1~백24까지 진행된 장면이다. 여기서 흑의 수비 수단은 무엇이었을까?

제2회 LG배 본선
흑 서봉수
백 창하오(常昊)

1보

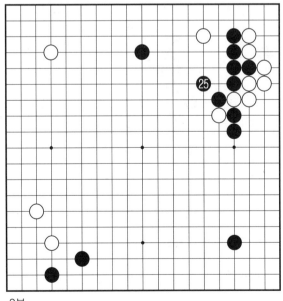

실전5 (2보)

흑의 수비는 25의 호구 단 한 수다. 호구는 마늘 모에 해당하는 수비행마라 할 수 있다.

2보

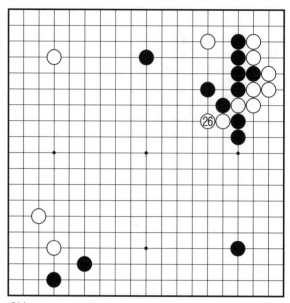

3보

실전5(3보)

계속된 실전진행
이다. 백26으로
뻗은 장면에서 흑
의 다음 행마는
어디였을까?

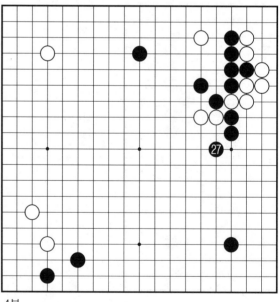

4보

실전5(4보)

이 장면에서 흑
의 행마는 27의
마늘모였다. 유사
시 중앙의 백2점
을 공격하려면 이
렇게 중앙쪽으로
힘을 비축해 두지
않으면 안된다.

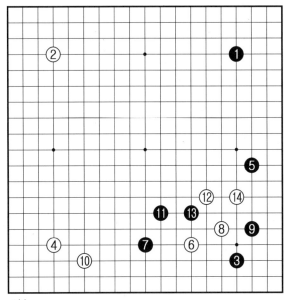

실전6(1보)

흑1~백14까지 진행된 실전장면이다. 여기서 흑은 어떤 행마로 이 백을 공격했을까?

한국통신 프리텔배
제6기 배달왕기전
도전1국
흑 유창혁
백 이창호

1보

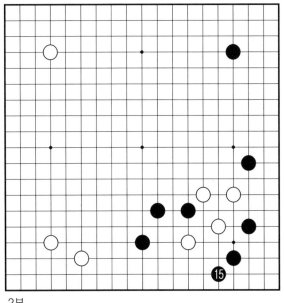

실전6(2보)

흑의 선택은 15의 마늘모였다. 이 수는 백의 탄력을 완화시키면서 근거를 뺏는 공수 겸용의 강력한 행마라 할 수 있다.

2보

♠ 마늘모에 대하여…

행마의 형태상 쌍점의 본질이 완벽한 연결에 있다면
마늘모의 본질은 교호착수(交互着手)에 의한 연결과
상호절단(相互切斷—맞끊음)의 양면성에 있다고
할 수 있다.

실제로 마늘모는 접근전에서 끊음, 젖힘, 호구등의
형태로 나타나는 경우가 대부분이다.

바둑에서 '끊었다'는 뜻은 서로 마늘모로 교차되어
있는 모양을 말하는 것이다(한 쪽만 끊어져 있는 법은
없다). '붙였다'는 뜻이 돌이 한 개라는 것을 의미하는
것처럼, '젖혔다'는 뜻은 마늘모의 형태로 돌이 두
개임을 의미하는 것일 뿐이다.

그러므로 마늘모의 행마가 따로 있는 것으로 생각했던
분들이 있다면 지금부터는 그러한 생각을 바꾸는 것이
좋을 것이다.

결국 호구나 젖힘이나 끊음이 사실은 모두 마늘모라는
것이다.

제 3 장
한칸 행마

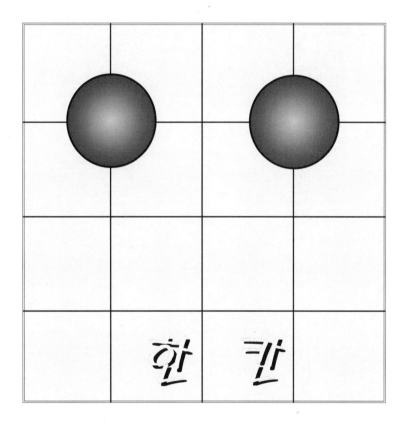

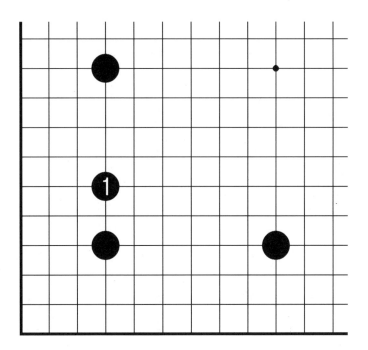

흑1은 현대바둑의 성격에 가장 부합하는 보편적인 귀의 수비 행마법이다. 그러나 실리위주의 현대바둑에서는 날일자수비를 조금 더 애호하고 있는 추세다.

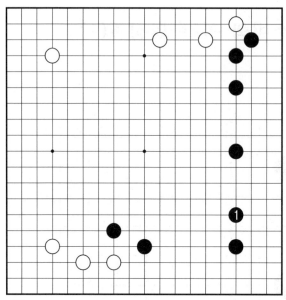

1도

1도(방향 선택)

4연성 포석의 진행중 자주 나타나는 장면이다. 이때 우하귀의 한칸 수비를 한다면 흑1이 올바른 방향이다.

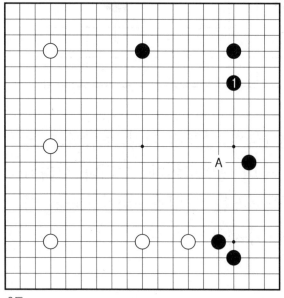

2도

2도(같은 맥락)

중국식 포석의 진행중에도 한칸의 수비가 등장할 수 있다. 이 장면에서도 한칸의 수비를 한다면 흑1이 맞다. 물론 A의 곳도 진영을 입체화시키는 곳이지만 흑1이 선행되는 것이 포석의 수순이다.

102형 수비의 한칸-화점의 공방(1)

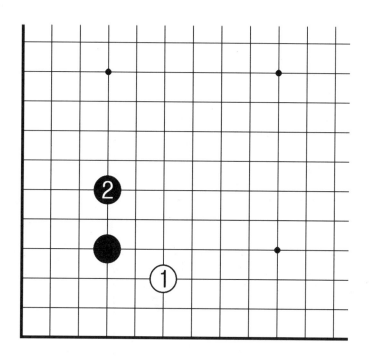

 백1의 걸침에 대한 흑2도 보편적인 응수다.
그러나 실리위주의 현대 바둑에서는 날일자
수비에 밀려 사용되는 빈도가 많이 줄었다.

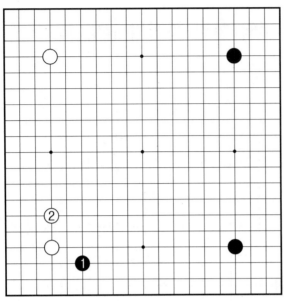

1도

1도〈다케미야류〉

실리지향적인 요즘의 조류에도 불구하고 초반 6수째에 백2의 한칸으로 받는 기사는 아마도 유일하게 다케미야 한 사람뿐일 것이다.

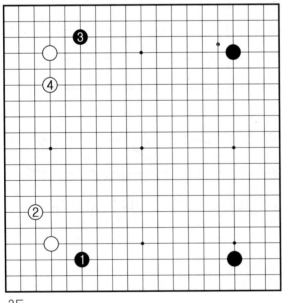

2도

2도〈이창호류〉

흑1의 걸침에만 백2로 받고 흑3의 걸침에는 백4의 한칸으로 받는 이러한 중용의 포진은 실리와 세력의 어느 쪽에도 편중되지 않는 이창호류라고 하겠다.

103형 수비의 한칸-화점의 공방(2)

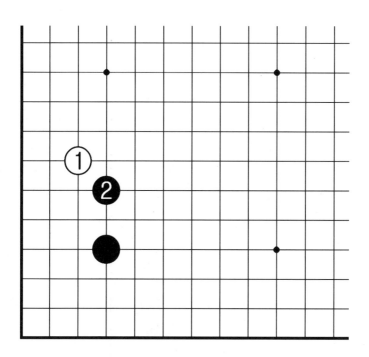

백1의 눈목자걸침에 대한 흑2의 응수는 실리위주의 현대 바둑에서도 그 쓰임새가 많다. 상대를 입박하려는 자세가 대단히 좋기 때문이다.

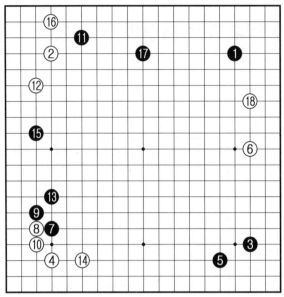

1도(57형 참고)

1도(실전)

백18로 다가선 이
유는 지구전으로
끌고 가려는 것이
다. 여기서 흑은
어떻게 대응했을
까?

제5회 진로배
제11회전
흑 서봉수
백 마샤오춘
(馬曉春)

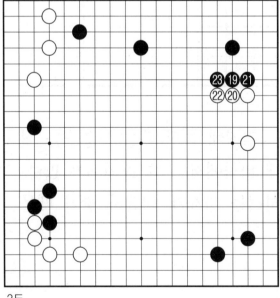

2도

2도(실전 계속)

흑19로 어깨짚어
21로 누르는 수법
이 실전의 대가다
운 착상이었다.
우변 백진은 굳혀
주어도 아깝지 않
기 때문이다.

104형 수비의 한칸-화점의 공방(3)

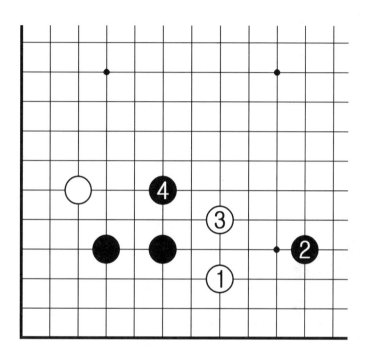

　백1부터 흑4까지의 진행은 4,5점 접바둑에
서 흔히 볼 수 있는 정석화된 형태인데, 백3
이나 흑4의 한칸이 이와같은 공중전에서는
필수적인 것이다.

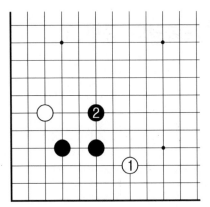

1도

1도(무미 건조)

백1의 걸침에 대해 단순히 흑 2로 진출하는 것은 무미 건조한 행마다. 서로 움직이는 공방이 있을 때의 행마가 활발한 것이다.

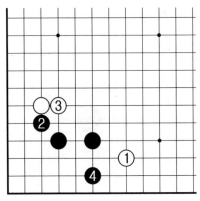

2도

2도(경우의 수비)

만약 주위의 백이 강하다면 이러한 수비도 가능하다. 그러나 일반적으로는 옹졸한 모습이다.

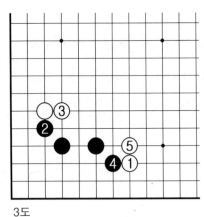

3도

3도(졸렬)

만약 아직도 이런 수비를 하고 있다면 행마의 기초가 너무 부족하다고 볼 수 있다.

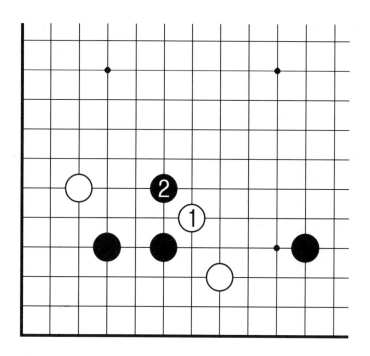

 백1의 완력형 행마에도 흑2의 한칸이 보편
적이다. 백의 절단을 유도하는 대체성 강한
행마법이라 할 수 있다.

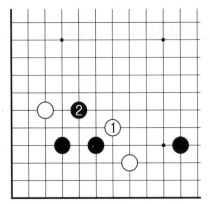

1도

1도(완만)

백1에 대해 흑2의 날일자 행마는 완만한 감이 있다. 양쪽의 백 어느 쪽에도 영향력을 주지 못하기 때문이다. 물론 둘 수 없는 행마는 아니다.

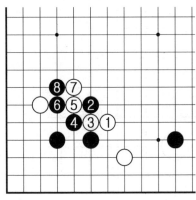

2도

2도(관통의 유도)

기본형에 이어 만약 백이 3 이하로 절단을 노린다면 흑의 유도에 백이 걸린 것이다. 흑8까지 관통당하여 백의 작전은 물거품이 된다.

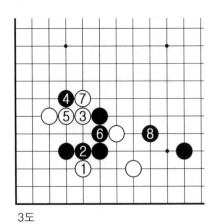

3도

3도(백의 공략)

백도 1·3 등으로 현란하게 공략하는 수법이 있다. 그러나 흑은 4·6의 수순을 통해 흑8의 봉쇄점을 차지할 수 있게 되어 불만이 있을 리 없다.

304

106형 수비의 한칸-화점의 공방(5)

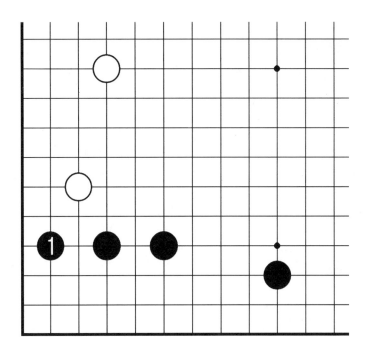

흑1의 크기는 집으로 환산하기 어렵다. 주변의 상황에 따라 그 가치가 다르기 때문이다. 그러나 이러한 수비는 중반이 끝나기 전에 결행되므로 끝내기라고 볼 수 없다.

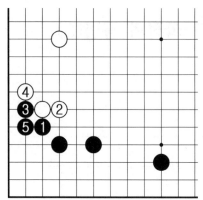

1도

1도(둘 수는 있지만)

흑1 이하의 수단은 하급자가 집을 넓힌다는 생각으로 두기 쉬운 진행이다. 물론 이런 식으로 집을 지킬 수도 있으나 귀의 공간이 넓은 만큼 백으로부터 침입의 여지가 남는다.

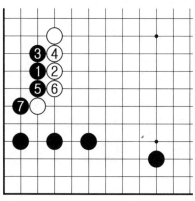

2도

2도(침입의 여지)

흑에게는 **기본형** 이후 흑1의 침입이 보장되어 있다.

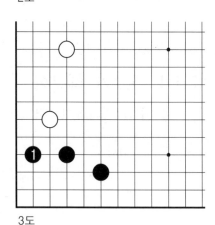

3도

3도(같은 맥락)

흑의 귀가 날일자로 굳혀진 형태에서 흑1도 같은 맥락의 수비다. 이 수는 실리에 민감한 현대에는 중반이 무르익기도 전에 결행되는 수가 많다.

수비의 한칸-화점의 공방(6)

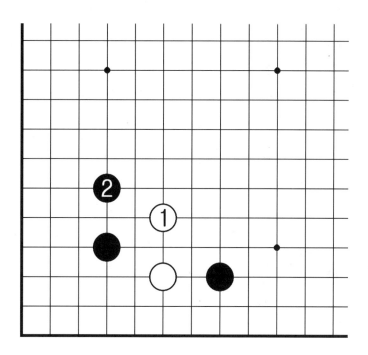

　백1과 흑2의 한칸 행마는 많은 정석진행에 거의 필수적으로 포함되어 있는 대표적인 공방의 행마법들이다.

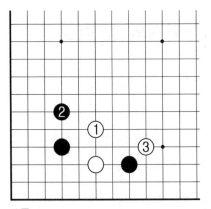

1도

1도(정석의 재현)

백1의 한칸은 전문기사 간에 기피되어 사라지다시피한 정석이었다. 그러나 한국의 조훈현,이창호 사제의 연구에 의하여 재현되어 한동안 유행했던 수법이다. 흑번으로만 사용되며 백3의 자리를 씌어가는 것이 이 수법의 핵심이다.

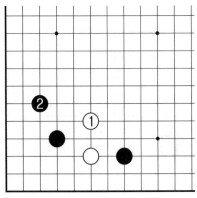

2도

2도(실리 지향)

흑2는 실리지향적인 응수로 주로 중국의 마샤오춘 9단이 애용하는 수법이다.

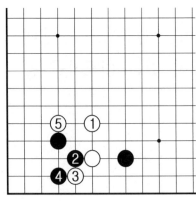

3도

3도(사라진 붙임수)

예전 백1이 불리한 이유는 흑2의 붙임에 대해 백의 응수가 곤란하다는 견해가 있었으나 현재는 백3·5의 수법이 준엄하여 흑이 좋지 않은 것으로 해석하고 있다.

108형 수비의 한칸-화점의 공방(7)

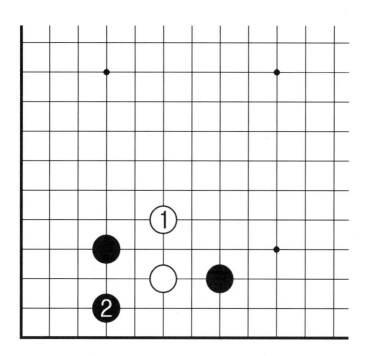

백1에 대한 흑2는 고전적인 취향의 수비 행마법인데 현대에는 거의 자취를 감추었다. 그러나 간혹 이러한 수비가 유력할 때가 있으므로 알아두는 것도 좋을 것이다.

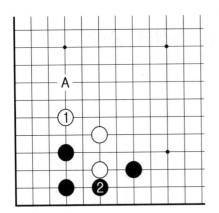

1도

1도(흑의 의도)

백1에는 흑2로 연결하려는 것이 흑의 의도다. 그리고 차후 A로 크게 공격을 노린다.

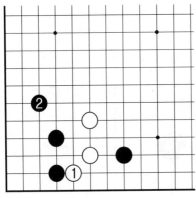

2도

2도(백 손해)

백1은 연결만 차단했을 뿐 득이 없다. 수순을 바꾸어보면 백의 손해가 명백해진다.

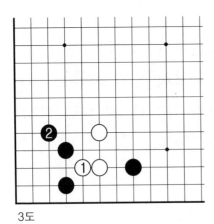

3도

3도(백 악수)

백1은 그야말로 악수의 표본이다. 흑2로 지키고 보면 백3점만 무거워진 꼴이다.

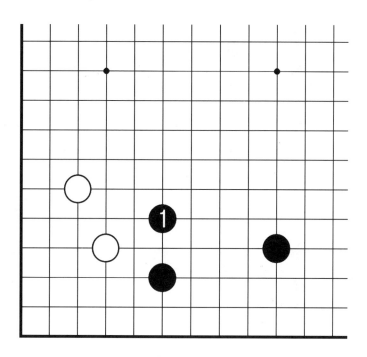

흑1의 수비도 진영을 확고히 하는데 쓰이는
거의 정석화된 수비 행마법이다.

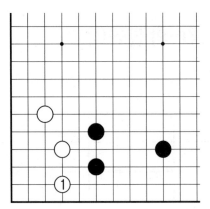

1도

1도(백의 수비)

백도 1의 한칸으로 수비하는 것이 견실한 수법이다.

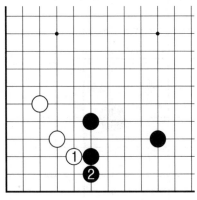

2도

2도(선수 활용)

백1로 붙이는 것은 다른 곳에 꼭 두어야 할 곳이 있을 때 선수로 활용하는 수법이다. 그러나 엷은 형태이므로 사용빈도가 줄고 있다.

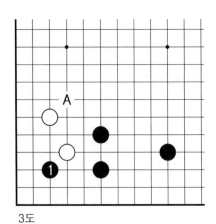

3도

3도(백이 손빼면)

백이 이 곳을 손빼는 것은 초반의 주도권을 잃을 수 있다. 흑은 당장 1로 침입하거나 A로 압박하게 된다.

110형 수비의 한칸-화점편(3)

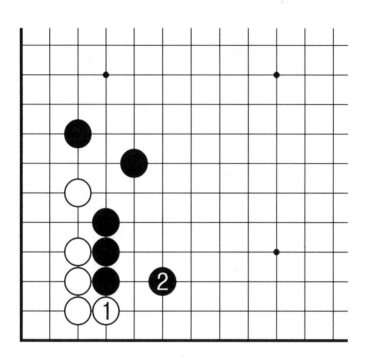

　백1에 대한 흑2의 한칸도 절대적인 수비 행마로 기억해 두는 것이 좋다. 이렇게 지켜야 후환이 없기 때문이다.

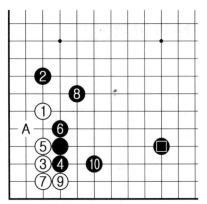

1도

1도(정석의 진행)

백1~흑10의 진행이 정석의 수순이다. 이 정석은 흑⬛에 배경이 있을 때 사용하며 장차 A의 침입을 노리게 된다.

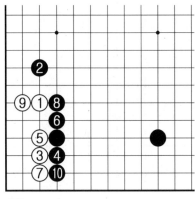

2도

2도(역시 정석)

전도 백9의 꼬부림이 싫다면 흑은 이 정석을 선택할 수도 있다. 흑10은 집에 민감한 현대적인 수법이다.

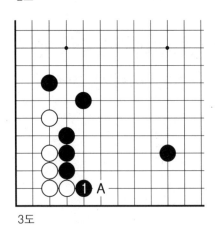

3도

3도(약점)

흑1의 수비는 욕심이다. 백에게 A의 붙임을 당하면 진영을 교란당할 우려가 있다.

111형 맥점형 행마의 한칸(1)

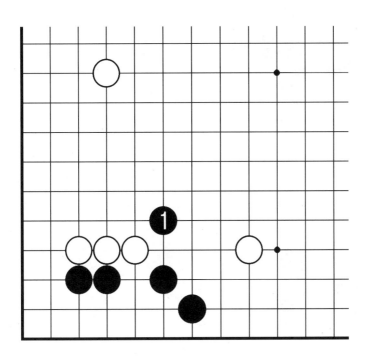

흑1의 한칸은 백의 절단을 유도하여 진영을
관통하려는 맥점형 행마법이다.

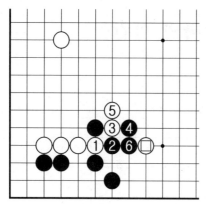

1도

1도(관통의 유도)
백1로 절단하는 것은 흑의 주문이다. 흑6까지 백◎가 폐석이 되어 흑이 좋다.

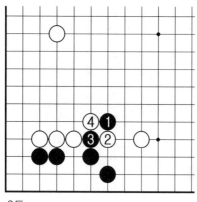

2도

2도(난전)
흑1의 날일자 행마는 난전이 일어날 수 있다. 백2·4로 건너붙여 절단하는 맥이 있기 때문이다.

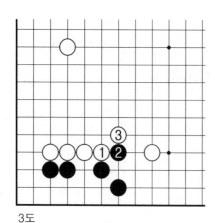

3도

3도(백의 정수비)
흑에게 이러한 관통의 맥점형 행마가 있으므로 백도 1·3으로 수비해 두는 것이 정수다.

　　맥점형 행마의 한칸(2)

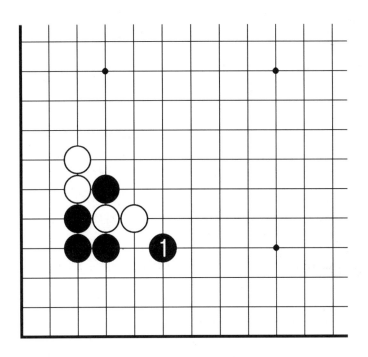

　흑1의 한칸은 백의 약점을 추궁하여 효과적
으로 집을 지키는 맥점형 행마다.

1도(완만한 행마)

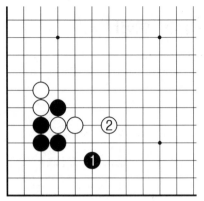

1도

흑1의 날일자 행마는 이 경우 느슨하고 완만한 행마다. 백도 2의 한칸으로 뛰어 중앙의 자세가 훌륭해지기 때문이다.

2도(통쾌한 이단젖힘)

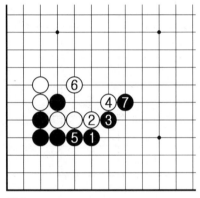

2도

흑1에 대해 백2로 밀어오면 흑은 3·5의 수순을 거쳐 7의 이단젖힘을 할 수 있다. 백의 웅크려진 형태와 비교하여 흑의 자세는 엄청난 발전력을 갖게 되므로 흑의 대만족이다.

3도(백의 수비)

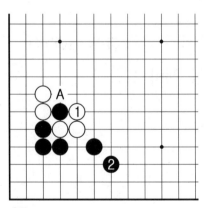

3도

백은 1로 두는 수밖에 없다. 이 때 흑은 2의 마늘모로 수비한 후 A의 축을 노려 만족이다. 원래 이 형태는 화점 정석에서 백의 무리로 출발한 형태로 백에게 좋은 결과는 없다.

113형 진영의 한칸 수비-화점편

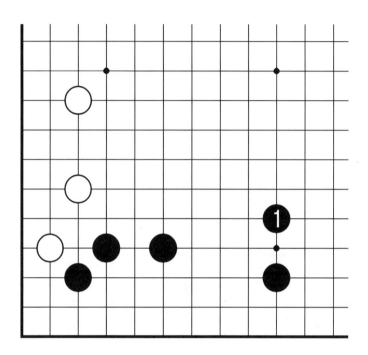

흑1의 한칸 수비는 하급자가 필수적으로 알
아 두어야 할 진영의 수비 행마다.

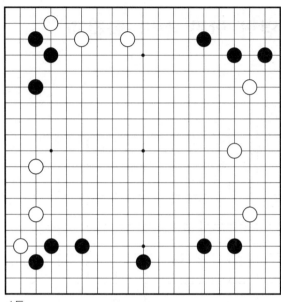

1도

1도(4점 접바둑)

다음의 장면은 중급자의 4점 접바둑이다. 이 장면에서 흑은 어디를 두는 것이 가장 좋을까? 물론 고급자의 눈으로만 보아서는 안 된다.

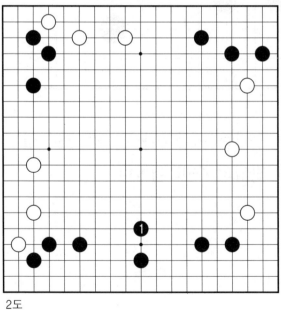

2도

2도(진영의 수비)

흑으로서는 1의 곳이 가장 좋을 것이다. 그 이유는 이 곳이 가장 큰 진영이므로 반대로 백에게 유린되거나 발전력을 잃어서는 안되기 때문이다.

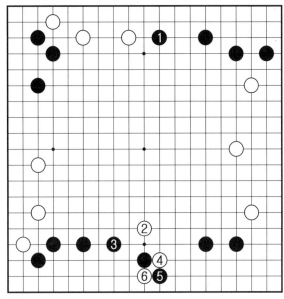

3도

3도(유린의 시초)

흑1과 같이 현실적인 곳만 보아서는 난전을 피할 수 없다. 백2로 시작하여 4·6으로 난전을 유도한다면 기력차이상 이곳을 유린당하는 것은 시간 문제다.

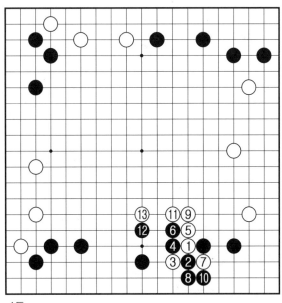

4도

4도(백진의 확대)

백은 1로 붙여 흑진을 삭감할 수도 있을 것이다. 이하 백13까지 흑진은 발전력을 잃게 되고 백진이 갑자기 팽창하기 시작한다.

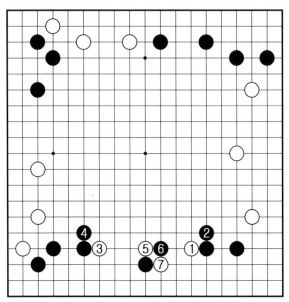

5도

5도(난전)

백1 때 흑2와 같은 수비에도 백은 곱게 받아주지 않는다. 백7까지 어떻게든 복잡하게 변화시켜 흑의 실수를 이끌어 낼 것이다.

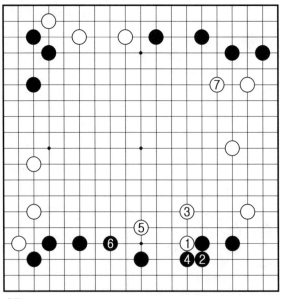

6도

6도(삭감)

흑2로 뒷걸음치는 것은 3·5로 삭감한 후 7로 한 칸 뛰어 우변을 최대한 키울 것이다. 진영의 수비 행마는 이처럼 중요한 것이다.

114형 수비의 한칸-소목편(1)

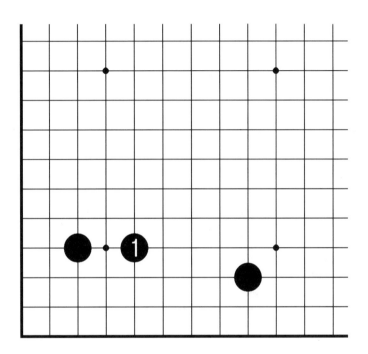

  흑1의 한칸 수비는 소목에서 날일자 수비와
더불어 가장 많이 쓰이는 대표적인 수비 행마
법이다.

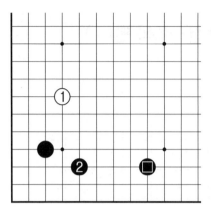

1도

1도(높낮이 불균형)

백1의 다가섬에 흑2로 지키는
것은 흑◉와 고저(高低)의 균
형이 맞지 않는다. 모두 낮은
위치라는 뜻이다.

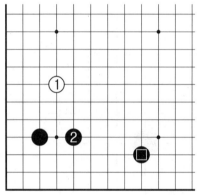

2도

2도(균형)

백1때 흑2의 위치가 균형이
다. 이러한 한칸이 날일자에
비해 중앙쪽의 발전력이 좋은
것이다. 물론 다른 방법의 수
비도 있다.

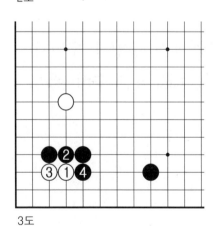

3도

3도(수단의 여지)

그러나 이 곳에는 백1 등의
뒷맛이 있다는 것은 항상 염두
에 두어야 한다.

115형 수비의 한칸-소목편(2)

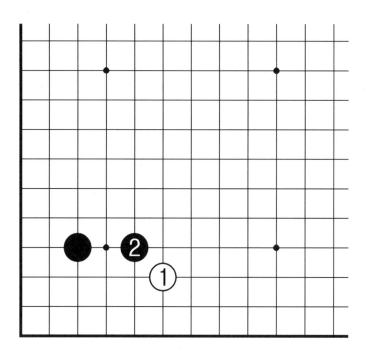

　백1의 눈목자걸침에 대한 흑2의 수비도 경우에 따라서는 절대점이 되기도 하는 현대적인 수비 행마법이다.

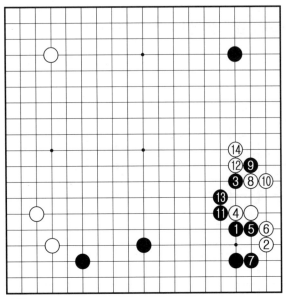

1도

1도(정석)

흑1 이하의 진행은 정석의 일종이다. 흑은 이러한 방법으로 하변을 구축할 수 있다. 원래 흑1의 한칸은 하변을 구축하는데 그 목적이 있었다.

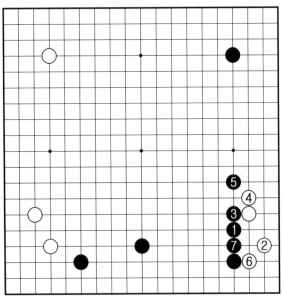

2도

2도(단조로움)

흑1, 백2때 흑으로서는 3으로 밀고 5의 한칸으로 뛰어 계속 하변을 키울 수도 있다. 그러나 약간의 단조로움은 피할 수 없다.

116형 공방의 한칸-소목편(1)

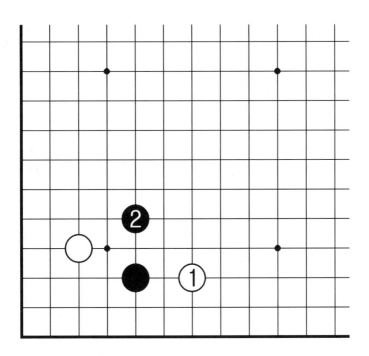

　백1의 협공에 대한 흑2의 한칸도 정석의 과
정에서 만들어지는 가장 대표적인 공방의 행
마법이다.

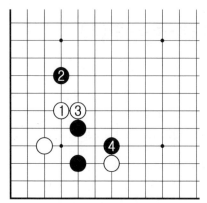

1도

1도(공방의 행마)

백1에는 흑2로 견제하는 것이
계속된 행마의 수순이며 백3을
유도하여 흑4로 기대어 양쪽을
두는 것이 공방의 행마법이다.

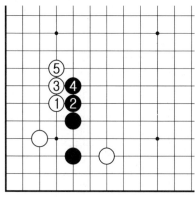

2도

2도(둘 수는 있지만)

흑2 이하로 계속 미는 것은
특정한 경우에만 사용될 수 있
다. 자칫하면 집이 부족해지는
수가 있기 때문이다.

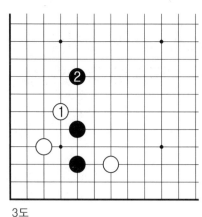

3도

3도(견제의 방법)

백1의 날일자에 흑은 2로 견제
할 수도 있다. 그러나 이러한
선택은 정석만 알고 있다고 되
는 것은 아니다. 주변의 상황과
부합해야 하는 것이다.

117형 공방의 한칸-소목편(2)

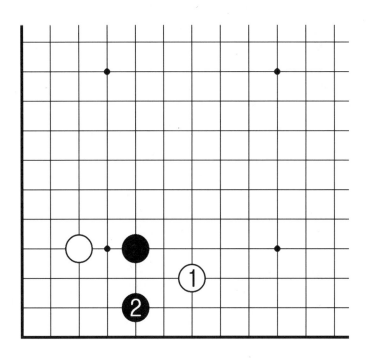

백1의 협공에 대한 흑2의 한칸은 자주 사용
되는 정석은 아니지만 분리 공격이 가능할 때
는 위력적인 공격 행마가 될 수 있으므로 기
억해 두는 것이 좋다.

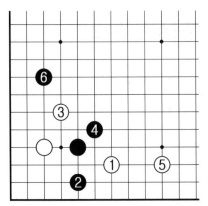

1도

1도(정석의 진행)

백1 이하 흑6까지는 정석의 진행인데, 여기서는 흑6이 견제에 해당하는 수다. 흑6 이하는 정석책을 참고하기 바란다.

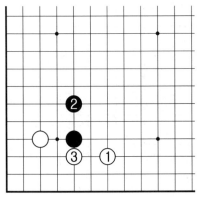

2도

2도(행마 부재)

백1때 흑2는 행마가 아니다. 당장 백3으로 연결하면 흑의 의도가 무엇인지 도무지 알 수 없다.

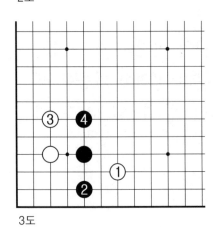

3도

3도(뛰는 것이 좋다)

백1, 흑2때 백3으로 한칸 뛴다면 흑도 4로 뛰어서 흑이 더 좋다.

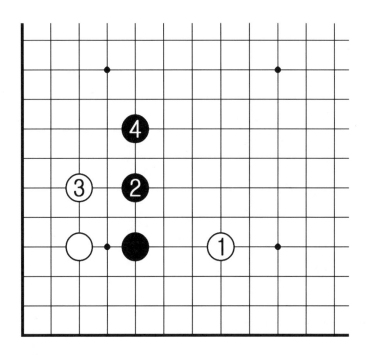

백1의 협공에 대한 흑2의 한칸은 정석진행
중 가장 간결한 공방의 행마법이다.

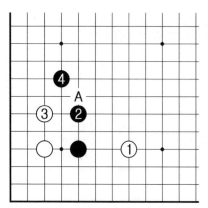

1도

1도(사라진 행마)

흑4의 행마는 오래된 정석책에
나 볼 수 있는 행마다. A의 단점
이 남아 요즘은 볼 수 없다.

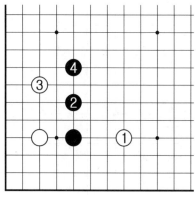

2도

2도(무난한 한칸)

백3의 두칸에도 흑4로 한칸
뛰어 두면 무난하다.

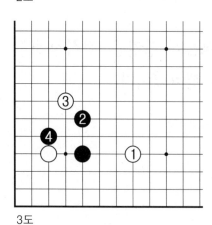

3도

3도(백의 무리)

백1, 흑2때 백3은 무리한 행
마다. 당장 흑4로 차단되어 속
수무책이다.

119형 공방의 한칸-소목편(4)

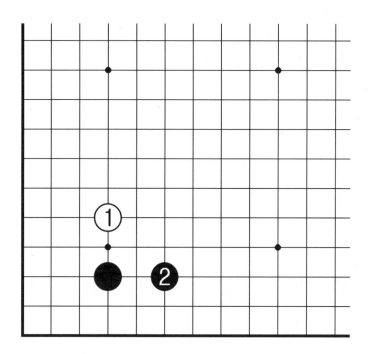

　백1로 높게 걸쳤을 때 흑2의 한칸 수비는
단순한 수비가 아니고 공방을 유도하는 전략
적인 행마법이다.

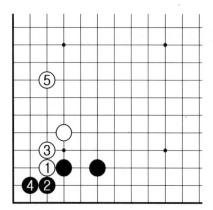

1도

1도(무난한 정석)

 기본형 이후 백1의 붙임에 흑 2로 받는다면 백5까지 무난한 진행일 것이다.

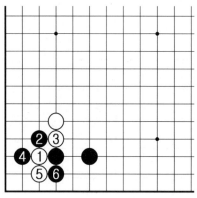

2도

2도(시비)

 백1로 붙이면 흑은 2쪽을 젖히 려는 의도일 것이다. 이렇게 붙임을 유도하여 난전으로 이끌 어가는 수법도 기본 행마로 시 작되기 십상이다.

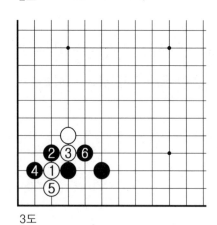

3도

3도(암수성 도발)

 흑은 6으로 젖혀 처음의 의지 를 더욱 노골적으로 관철시키 려할 지도 모른다.

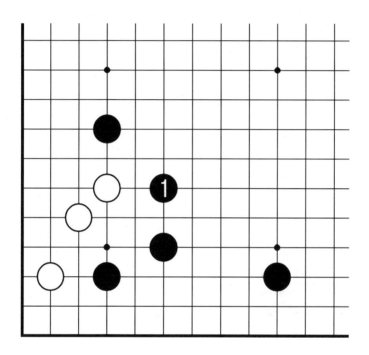

흑1의 한칸도 주도권과 관련된 공방의 요처
다. 이러한 한칸이 언제 공방의 요처가 되느
냐를 판단하는 것이 기력이다.

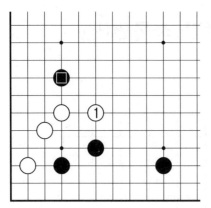

1도

1도(백과의 비교)

 백이 1로 두는 것과 비교하는 것이 가치판단에 도움이 될 것이다. 우선 흑●가 고립되는 것을 알 수 있다.

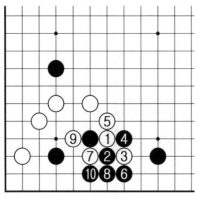

2도

2도(통쾌한 이단젖힘)

 전도 이후 백에게는 1·3으로 이단젖히는 수단이 있다. 흑집이 이렇게 납작하게 눌리는 것만 보아도 **기본형**의 한칸이 얼마나 큰 가치가 있는지 느껴질 것이다.

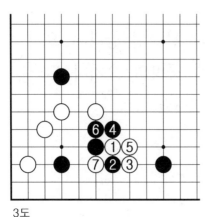

3도

3도(백의 무리)

 백1·3때 흑이 4·6으로 반발하는 것은 무리다. 백7에 끊겨 이제는 주변의 흑군이 모두 미생이다.

공방의 한칸-급소(1)

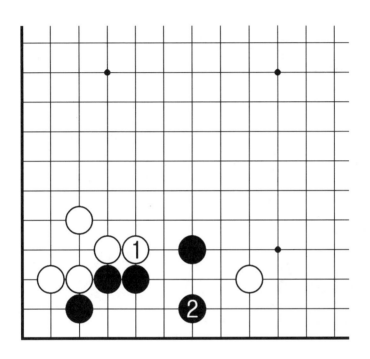

백1의 공격에 대한 흑2의 한칸 수비는 급소
와 관련된 방어 행마다.

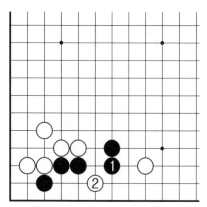

1도

1도(치중의 급소)

흑1의 수비는 이 경우 성립될 수 없다. 백2의 급소가 노출되어 근거를 잃고 만다.

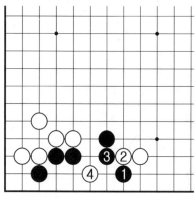

2도

2도(치중의 수순)

흑1의 보강도 백2·4의 수순에 의해 치중당하는 것은 마찬가지다.

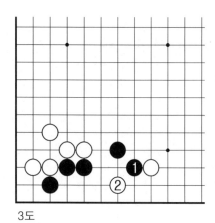

3도

3도(다른 치중)

흑이 1로 붙인다면 백은 2로 치중하는 수가 있다. 아무튼 **기본형** 이외의 어떤 수비도 정수가 아니다.

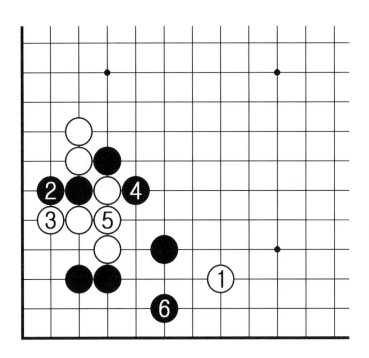

　백1의 다가섬에 대한 흑6의 한칸 행마도 급소와 관련된 방어 행마다.

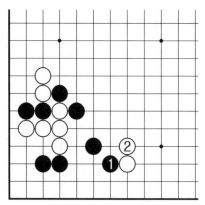

1도

1도(흑 속수)

흑1의 붙임이 선수인 듯하겠지만 백만 굳혀주고 여전히 봉쇄의 수단이 남아 속수라는 것은 쌍점의 수비에서 설명했다.

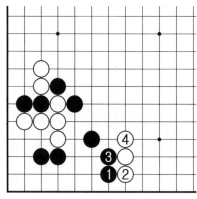

2도

2도(마찬가지)

흑1·3도 백을 굳혀주기만 하는 것은 마찬가지다.

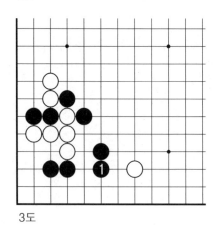

3도

3도(18형 참고)

흑은 1로 두어 지키거나 **기본형**으로 수비하는 것만이 최선의 응수가 된다.

123형   공방의 한칸-정석(1)

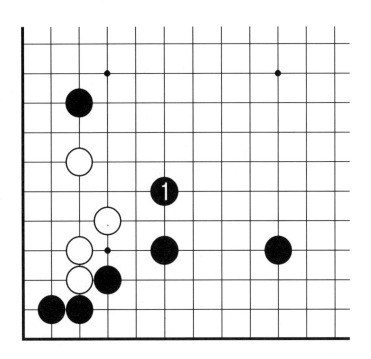

흑1의 한칸은 중국식 포석에서 나타나는 공방의 요처다.

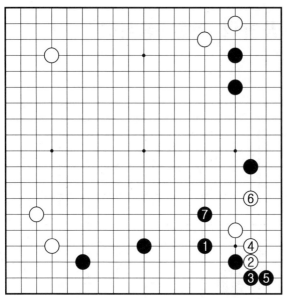

1도

1도(포석의 정석)

흑1 이하의 진행
은 중국식 포석의
정석과도 같은 것
이다. 흑7은 하변
을 구축하면서 우
변도 견고히 하려
는 의도가 있는
것이다.

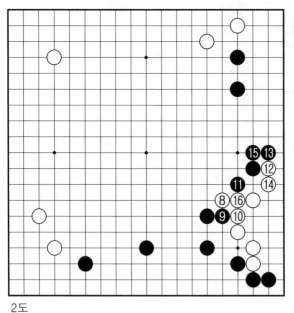

2도

2도(상용정석)

흑으로서는 9 이
하 15까지의 수순
으로 백을 살려주
고 선수를 잡는
것이 이 정석의
핵심이다. 수순중
백12·14도 중요
한 타이밍의 수단
이다.

124형 공방의 한칸-정석(2)

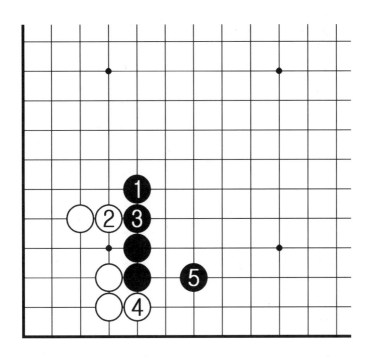

　흑1의 한칸과 흑5의 한칸은 정석에서 나타
나는 대표적인 공방의 행마법이다.

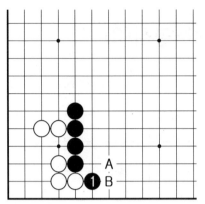

1도

1도(흑 속수)

흑1은 A, B의 곳에 약점이 있어 수비의 방법으로는 제로에 가깝다.

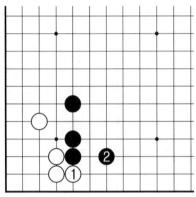

2도

2도(어쨌든 한칸)

백1로 그냥 꼬부려도 흑2로 침착히 받는 것이 정수다.

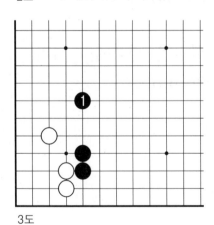

3도

3도(둘 수 있다)

흑이 대모양 작전을 구사할 경우에는 흑1과 같이 두칸으로 뛰어 그 세력권을 확장할 수도 있다.

125형 공방의 한칸-정석(3)

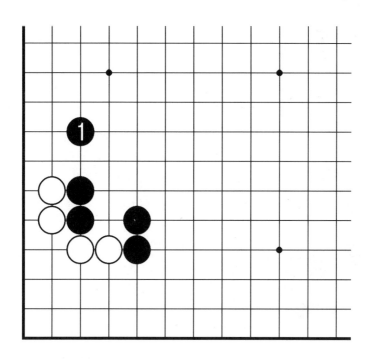

흑1의 한칸도 정석의 과정 중에 나타나는 대표적인 공방의 행마법이다.

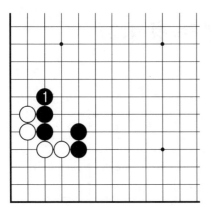

1도

1도(흑1도 정수)

흑1도 정수다. 다만 **기본형**은 변쪽으로 영향력을 조금 더 확보하려는 것이다.

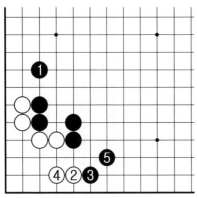

2도

2도(정석의 진행)

흑1로 뛸 때 백2·4의 행마가 정석의 수순인데, 여기서 흑5의 수비는 마늘모편에서 보인 적이 있다.

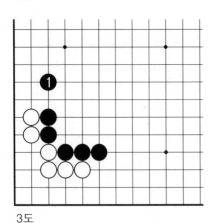

3도

3도(같은 맥락)

밀어붙이기 정석에서 나타나는 이 형태에서도 흑1로 한칸 뛰어 응수하는 행마는 **기본형**과 동일한 맥락의 수법이다.

공방의 한칸-정석(4)

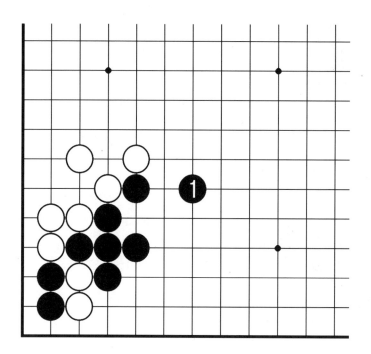

　흑1의 한칸은 정석 이후의 공방에서 나타나
는 탄력적인 수법의 방어 행마다.

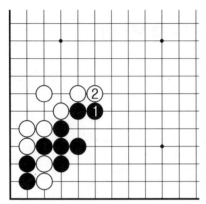

1도

1도(흑1 고지식)

흑1은 백2로 밀 때 손뺄 수
없어 불만이다.

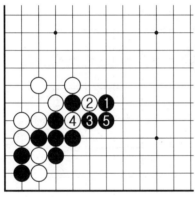

2도

2도(한칸의 이유)

흑1은 백2의 단수에 대비가
있기 때문이다. 흑3·5의 수순
으로 모양을 정비하는 것이 탄
력적인 수법이다.

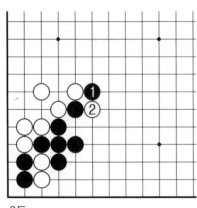

3도

3도(악수)

흑1의 이단젖힘은 지금과 같
은 모양에서는 응형을 자청하
는 것이다. 백2의 단수 이후
어떻게 변화해도 좋은 결과는
없다.

127형 진영의 한칸 수비(1)

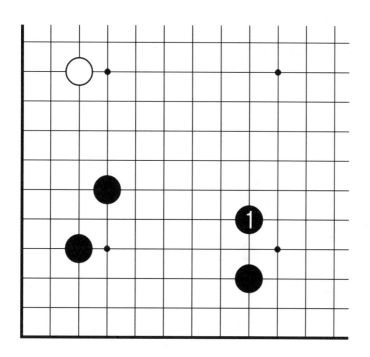

  흑1의 한칸은 진영을 입체화시키는 대표적
인 수비 행마다.

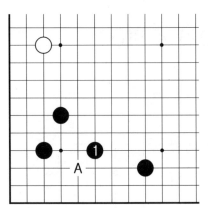

1도

1도(허술, 졸렬)
흑1은 수비가 허술하고 A는 졸렬하여 선택할 수 없다.

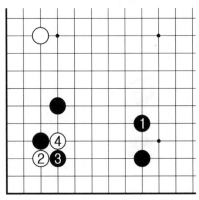

2도

2도(교란의 여지는 있다)
흑1은 귀의 교란을 완벽하게 막는 수비는 아니다. 그러나 변과 중앙으로 영향력을 얻고 있다는 점에 주목해야 하는 것이다.

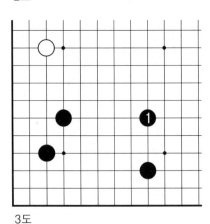

3도

3도(욕심)
흑1로 크게 지키려는 것은 욕심이 과하다. 이런 행마는 백의 침투가 어느 쪽으로든 가능하게 되어 좋을 리 없다.

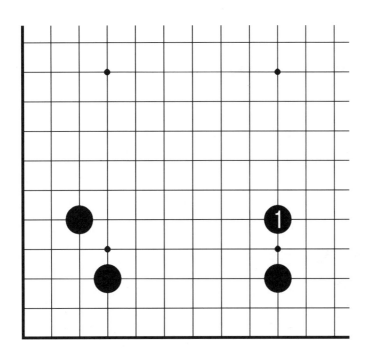

흑1의 한칸도 진영을 입체화시키는 대표적
인 수비 행마다.

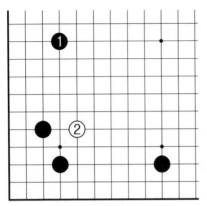

1도

1도(백의 삭감)

흑1로 둘 수도 있으나 이때는 백2의 삭감을 반드시 염두에 두어야 한다.

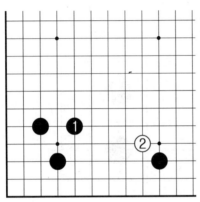

2도

2도(어깨짚기)

흑1은 백2의 어깨짚기가 있어 다소 미흡하다.

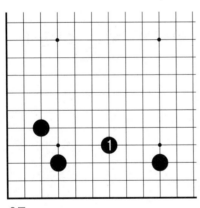

3도

3도(주변에 따라)

흑1의 수비는 견실한 선택이지만 주변의 백이 강할 때 외에 이렇게 지키는 것은 기백이 부족한 것이다.

129형 진영의 한칸 수비(3)

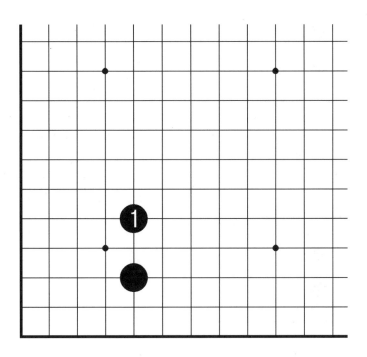

흑1의 한칸은 특별한 경우에 사용하는 진영의 수비 행마다.

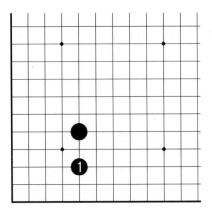

1도

1도(마찬가지)

 5·五에서 흑1로 지키는 것도 마찬가지의 수비수법이다. 흑1의 수비는 귀보다 변과 중앙에 중점을 둔 것뿐이다.

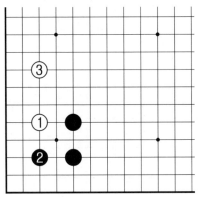

2도

2도(백1은 거의 절대)

 백1의 견제는 거의 절대에 가깝다. 이대로 굳혀주는 것은 귀도 굳혀주는 것과 같다.

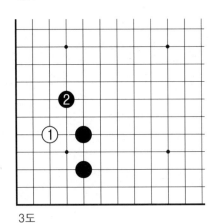

3도

3도(흑의 선택)

 백1에 대해 흑은 2로 중앙진출을 봉쇄할 수도 있다. 물론 주변의 상황이 중앙지향적인 경우에 한해서이다.

130형 진영의 한칸 수비(4)

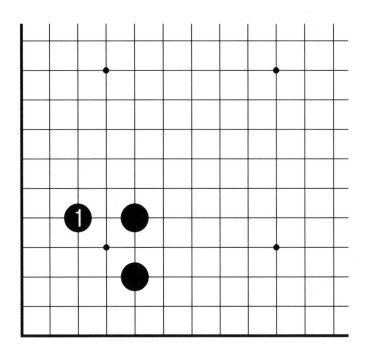

흑1의 수비는 일명 '토치카'라고 하는데, 변
에 영향력이 강한 귀의 수비 수법이다.

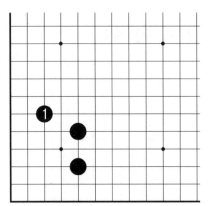

1도

1도(둘 수 있다)

흑은 1로 지킬 수도 있다. 이 수는 귀가 허술한 대신 백의 빠른 침입을 유도하는 강점이 있다.

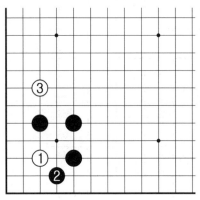

2도

2도(응수타진)

백1은 응수타진이다. 흑2에는 백3으로 다가서 흑의 진영이 확장되는 것을 견제한다.

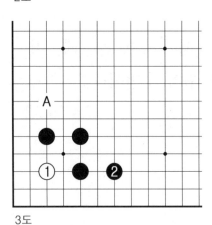

3도

3도(전략적인 수비)

흑은 백1의 침입에 2로 간접적인 수비를 할 수도 있다. 이 때 백A라면 **2도**에 비해 득이기 때문이다. 한편 백이 자체에서 살자고 하면 이 곳에서는 사활과 관련된 복잡한 변화가 일어난다.

131형 진영의 한칸 수비(5)

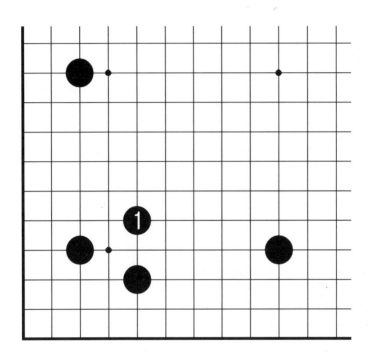

흑1도 진영을 입체화시키는 대표적인 수비 행마법이다.

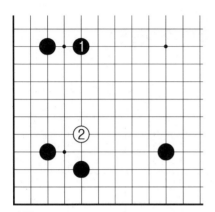

1도

1도(미흡)

흑은 1로 지킬 수도 있지만 백2를 당하여 진영이 삭감될 수 있다. **기본형**보다는 아무래도 미흡한 점이 있다.

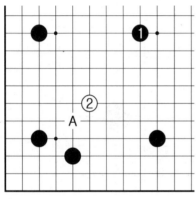

2도

2도(욕심)

흑1과 같이 진영의 급소를 놔두고 울타리만 치는 것은 욕심이다. 백은 A가 아니더라도 2쯤으로 침투하여 흑진을 헤엄칠 것이다.

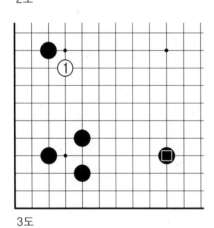

3도

3도(공격 가능)

기본형 다음 백은 1 정도의 삭감 정도가 무난할 것이다. 이때 흑도 ■의 돌을 배경으로 공격하여 이득을 얻어낼 수 있을 것이다.

132형 진영의 한칸 수비(6)

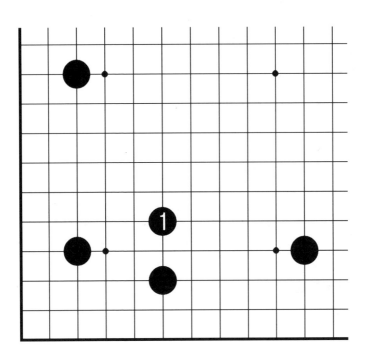

흑1도 진영을 입체화시키는 대표적인 수비 행마법이다.

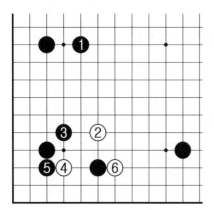

1도

1도(급소 이탈)

흑1의 한칸으로 지키는 것은 백2의 급소가 아프다. 흑3에 대하여 4·6으로 타개하는 것은 상용수법이다.

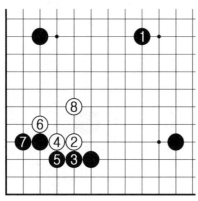

2도

2도(욕심)

흑1은 욕심이다. 백은 어쩌면 2 이하로 두어 8까지 탄력적인 모양을 갖추고 흑진영 안에서 살아버릴지도 모를 일이다.

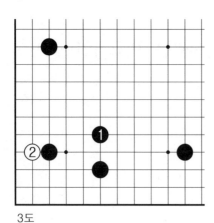

3도

3도(응수타진)

흑1의 수비에 대해 백은 2의 붙임 등으로 응수타진해 보는 정도일 것이다.

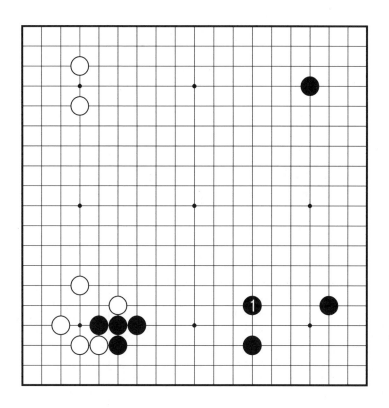

133형   진영의 한칸 수비(7)

흑1은 특별한 경우에 사용하는 진영의 수비
수법이다.

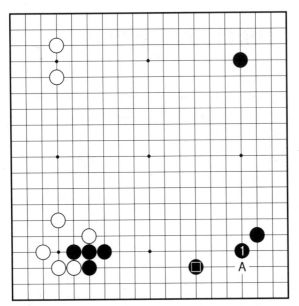

1도

1도(불균형)

흑1이나 A는 흑 ●와는 맞는 위치의 수비지만 좌하귀의 흑 모양과는 균형이 맞지 않는 수비수단이다.

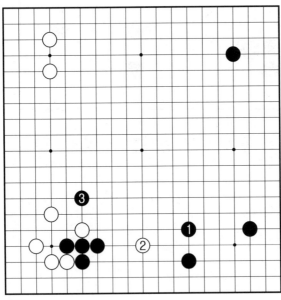

2도

2도(침입 유도)

흑1의 한칸은 백 2의 침입에 대해 공세로 맞서려는 전략적인 수비로 흑3으로 중앙에 진출하여 좌변 백진도 무력화시킬 계획을 함께 갖고 있다.

진영의 한칸 수비(8)

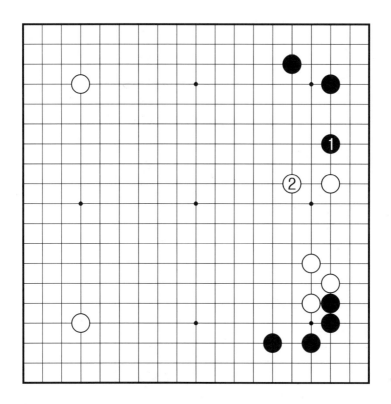

흑1에 대한 백2의 수비도 우변의 침입을 방지하는 진영의 수비 행마다.

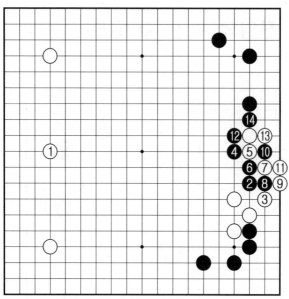

1도

1도(침입)

 백은 1로 3연성을 펼 수도 있으나 흑2의 침입을 각오해야 한다. 흑14까지 백진은 볼품없이 눌리고 게을리하면 공격 대상이 될 수도 있다.

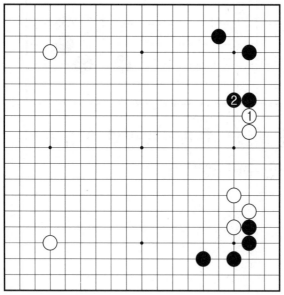

2도

2도(악수의 표본)

 백이 침입을 선수로 방지하려고 1로 치받아 흑2로 두텁게 만들어주는 것은 하급자들이 범하기 쉬운 악수의 표본이다.

364

135형 진영의 한칸 수비(9)

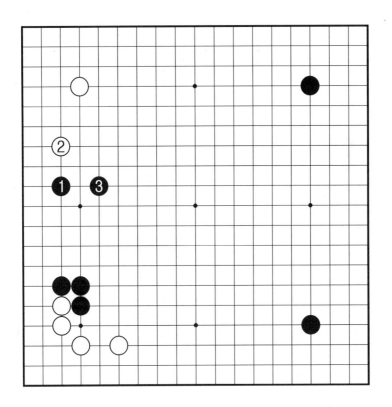

흑1 · 3도 포석 과정에서 사용되는 진영의
수비 행마법이다.

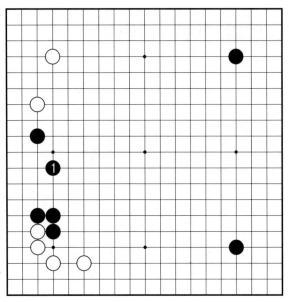

1도

1도(흑 졸렬)

흑이 침입을 방지하려고 1로 지키는 것은 매우 졸렬한 수법이다. 흑의 진영은 이것으로 중복되어 버렸다.

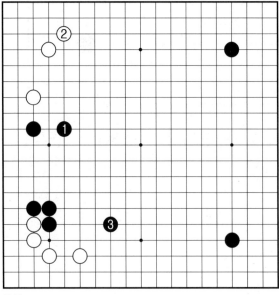

2도

2도(진영의 확대)

흑1의 한칸 수비는 계속해서 흑3으로 뛰는 순간 그 진가를 발하게 된다. 중앙이 점점 팽창하고 있기 때문이다.

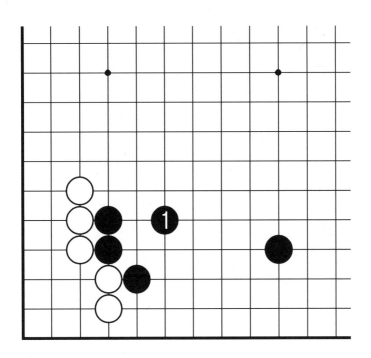

흑1과 같이 날일자와 한칸이 복합된 행마는
모양의 급소를 수비하는 기초 행마법이다.

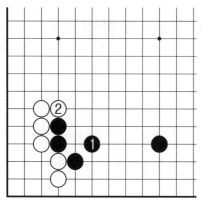

1도

1도(급소 이탈)

흑1은 급소가 아니다. 백2의 두터운 꼬부림을 당하면 다음 수가 마땅치 않다.

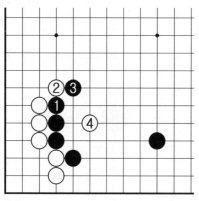

2도

2도(급소 치중)

흑1로 미는 것은 백2로 석점머리를 얻어맞은 후 백4의 치중을 당해 흑 전체가 위태로워진다.

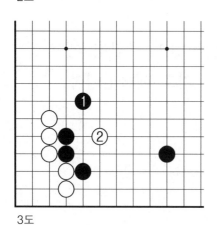

3도

3도(적의 급소가 나의 급소)

흑1로 뛰는 수도 급소가 노출되기는 마찬가지다. '적의 급소가 나의 급소'란 말은 이런 경우를 두고 말하는 것이다.

137형 모양의 한칸 급소-복합형(2)

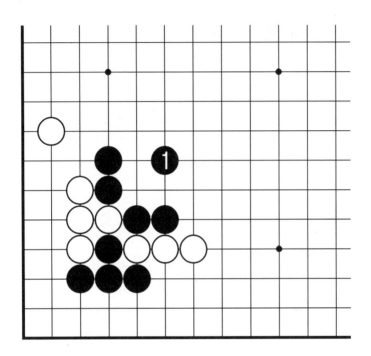

　흑1의 수비도 모양의 급소를 정비하는 복합형 기초 행마법이다.

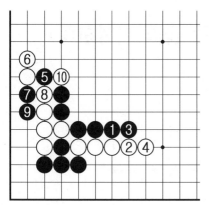

1도

1도(축 간과)

흑1 이하 5로 붙이는 진행은 축을 간과한 것이다. 이 형태는 외목정석의 암수편에 나와 있는 형태인데, 따라서 **기본형**의 흑1로 수비하는 것이 정수로 되어 있다.

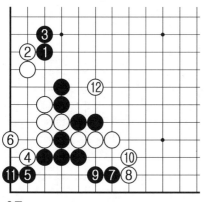

2도

2도(급소 방치)

흑1~11까지 진행하는 것은 급소를 방치한 것이다. 백12의 강타에 흑의 응수는 두절된다.

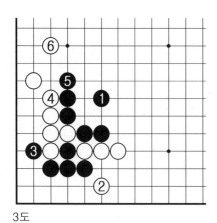

3도

3도(타협)

흑은 우선 1로 모양의 정비를 꾀하는 것이 수순이다. 그리고 백은 2로 둔 다음 흑3의 젖힘에 4 이하의 수순으로 타협하는 정도가 될 것이다.

모양의 한칸 급소-복합형(3)

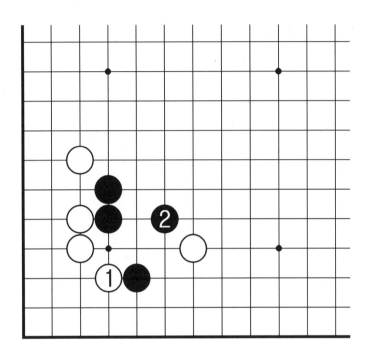

　백1의 붙임에 흑2의 한칸 수비도 모양을 정비하는 복합형의 기초 행마법이다.

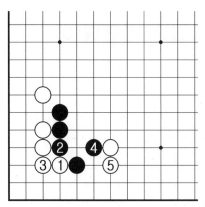

1도

1도(급소 이탈)

백1의 붙임에 흑2·4로 응수하는 것은 급소를 이탈한 것이다. 백5로 뻗는 순간 흑 전체가 미생이다.

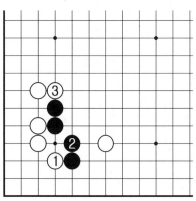

2도

2도(행마 부재)

백1의 붙임에 무심히 흑2로 느는 것은 행마가 아니다. 이 정도면 곤마라 할 수 있다.

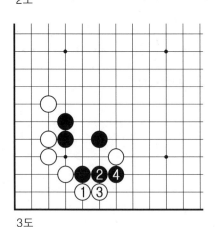

3도

3도(흑 안전)

기본형의 계속된 진행에서 백1로 젖히면 흑2·4로 늘어 무사하다. 올바른 행마의 효과란 이런 것이다.

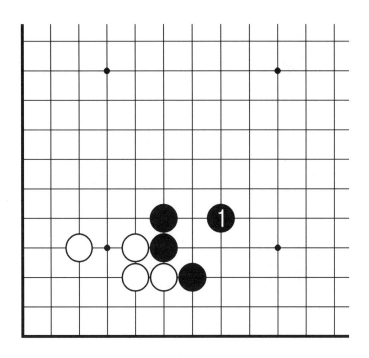

흑1의 한칸 수비도 호구의 수비와 함께 꼭 기억해 두어야 할 복합형 기초 행마다.

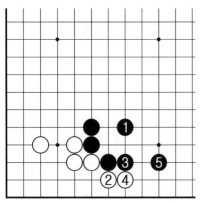

1도

1도(억울하지 않다)

흑1의 수비에 백2로 젖혀 집을 뺏긴다고 걱정할 일은 없다. 백의 집이 늘어난 만큼 흑의 중앙쪽 발언권도 상대적으로 늘어났기 때문이다.

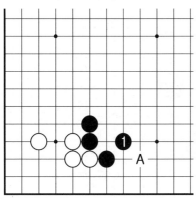

2도

2도(호구 수비)

흑1의 호구도 훌륭한 수비다. 그러나 A의 곳이 의외의 약점으로 발현될 수도 있는 점에 주의해야 한다.

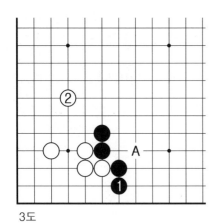

3도

3도(약점)

흑1로 내려뻗는 수비는 약점이 있다. 백A로 들여다보면 응형이 될 우려가 있는 것이다.

140형 모양의 한칸 급소-복합형(5)

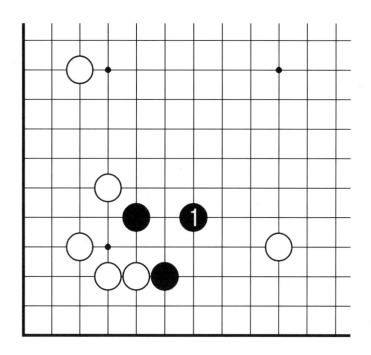

흑1의 복합형 행마는 상대의 진영에서 가볍게 수습하려 할 때 사용되는 정석화된 기초 행마법이다.

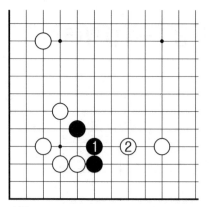

1도

1도(행마 부재)

흑1의 연결은 백2의 급공으로 전체의 안위가 걱정된다. 이렇게 둔한 행마는 죽음까지 이르는 수가 많다.

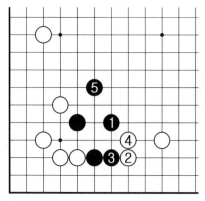

2도

2도(행마의 효과)

흑1의 한칸에 백2로 추궁해도 흑은 탄력적인 모양으로 5까지 진출하여 걱정이 없다.

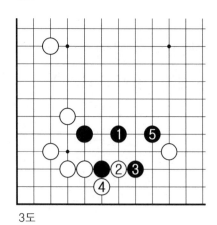

3도

3도(행마의 묘)

흑1에 백2로 끼워 공격해도 흑은 대비책이 있다. 바로 흑3·5의 수순이다. 이 형태는 완전히 백의 공격권을 벗어난 상태다. 바로 이런 모양을 '가볍다'라고 말하는 것이다.

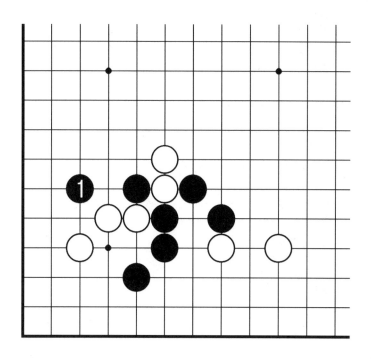

　흑1의 한칸은 정석 과정에서 사용되는 맥점형의 기초 행마법이다.

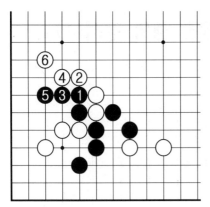

1도

1도(우격다짐)

흑1은 약간의 속임수가 내포
되어 있는 수법이다. 그러나
백6의 마늘모가 있어 좋은 결
과는 기대할 수 없다.

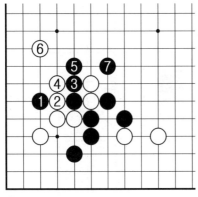

2도

2도(정석)

흑1에는 백2·4·6으로 바꿔
치는 것이 가장 보편적인 정석
진행일 것이다.

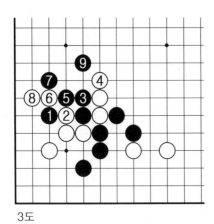

3도

3도(공방의 행마 요령)

흑1에 대해 백2·4로 난전을
유도하면 흑은 5·7·9의 수순
으로 대항하는 것이 공방의 행
마 요령이다.

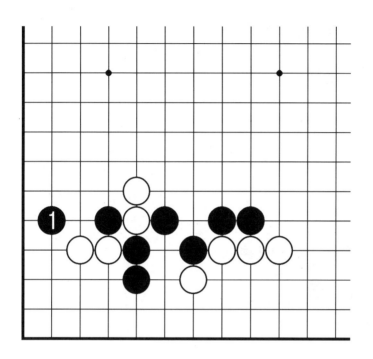

흑1의 한칸도 정석과정 중에 사용되는 맥점형의 기초 행마법이다.

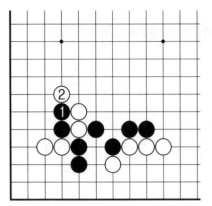

1도

1도(행마 부재)

흑1은 백2로 얻어맞아 좋은 결과를 기대할 수 없다. 이곳의 변화는 예전의 정석책에 거의 실려 있는 것이다.

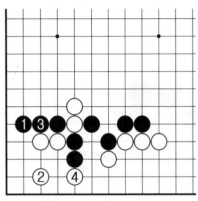

2도

2도(정석 진행)

흑1에는 백2로 한칸 뛰는 것이 정수로 되어 있다. 이 정석의 변화에는 행마와 맥이 군데군데 볼만한 수가 많으므로 정석책을 다시 보는 것도 좋다.

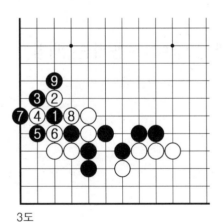

3도

3도(암수성 행마)

흑1의 마늘모는 약간 암수의 성격이 내포된 맥점형 행마지만 패감이 많을 때는 유력하다. 백2로 붙이면 흑9까지 패로 저항하여 백에게 우형을 강요하는 수법이다.

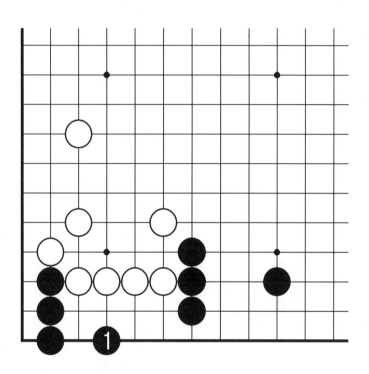

143형 한칸 행마를 이용한 맥(1)

흑1의 한칸은 행마법에서 비롯된 기초적인
연결의 맥이다.

1도(정맥의 행마법)

흑1 외에는 연결이 불가능하다. 이 연결의 맥은 쌍점과 마늘모의 연결 수법과 사실은 같은 원리다.

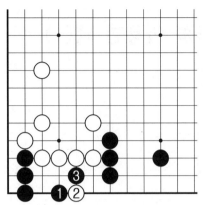

1도

2도(실패)

흑1쪽은 결국 백4쪽의 맥으로 차단된다.

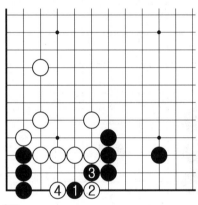

2도

3도(착각)

흑1로 패라도 된다는 생각은 착각이다. 결국 이 수도 백4로 차단된다.

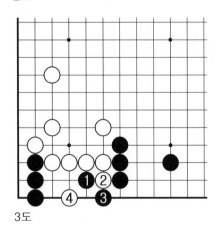

3도

144형 한칸 행마를 이용한 맥(2)

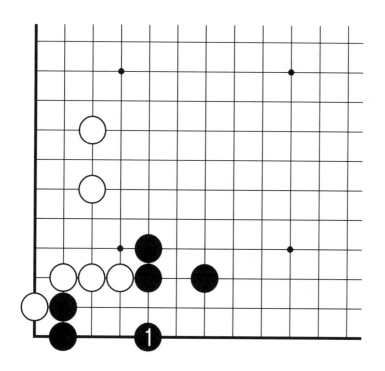

　흑1의 한칸 행마도 귀에서 사용되는 기본적
인 연결의 맥이다.

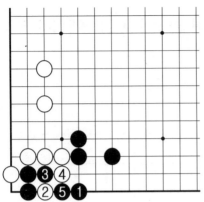

1도

1도(정맥의 행마법)

흑1로 뛰는 수가 연결의 맥이다. 백2·4로 차단하려 해도 흑3·5로 방어하면 연결고리는 그대로 이어진다.

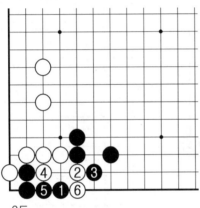

2도

2도(실패1)

흑1은 백2로 젖힌 후 6까지 자충으로 유도되어 연결이 불가능하다.

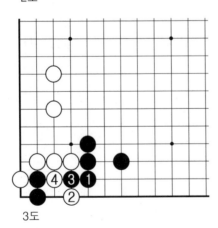

3도

3도(실패2)

흑1의 연결 수법도 이 장면에서는 백2·4로 자충이 되어 실패다.

한칸 행마를 이용한 맥(3)

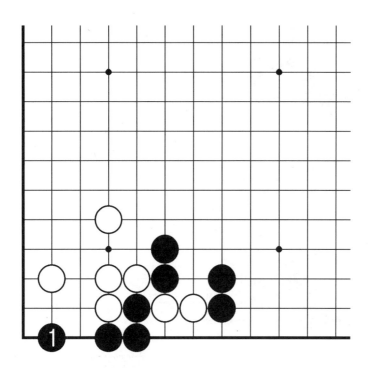

　흑1의 한칸은 수상전에서 사용되는 기초적
인 행마형 맥이다.

1도(정맥의 행마법)

흑1로 뛰는 수가 수상전의 맥이다. 귀의 끝에서 한 수를 늘려야 백2점을 잡을 수 있다.

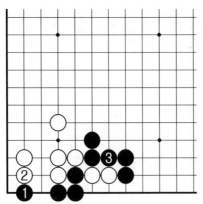

1도

2도(실패)

흑1은 백2의 맥을 당해 4까지 촉촉수로 흑의 수부족이다.

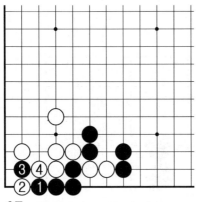

2도

3도(백의 한칸)

흑1의 젖히는 수법은 백에게 거꾸로 2의 한칸 맥을 당하여 4까지 촉촉수가 되므로 역시 흑의 수부족이다.

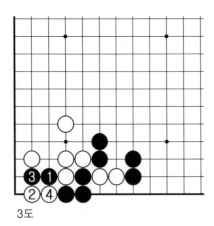

3도

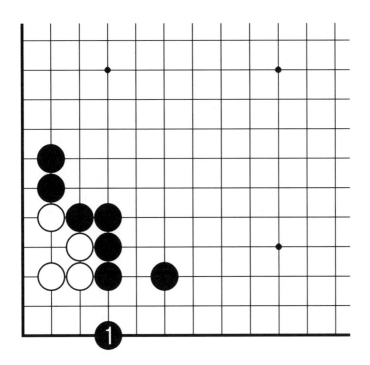

146형 한칸 행마를 이용한 사활(1)

흑1은 실전의 사활에서 사용되는 기초적인
행마형 사활의 맥이다.

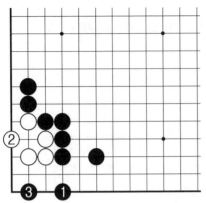

1도

1도(정맥의 행마법)

흑1로 뛰는 수가 사활의 정맥이다. 백2에는 흑3으로 다시 한칸 뛰어 잡는다.

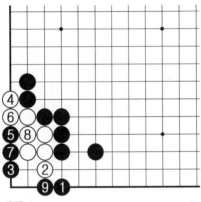

2도

2도(변화)

흑1에 대해 백2로 저항하면 흑3·5의 치중으로 그만이다. 이하 흑9까지 백 죽음이다.

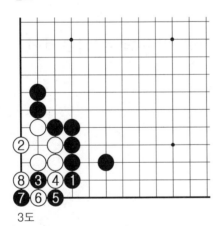

3도

3도(착각)

흑1로 뻗는 수법도 마찬가지일 것으로 생각하는 것은 착각이다. 백2에 대해 패 이외의 공격수단은 없는 것이다. 그림은 백6·8까지 패의 수순을 보여준다.

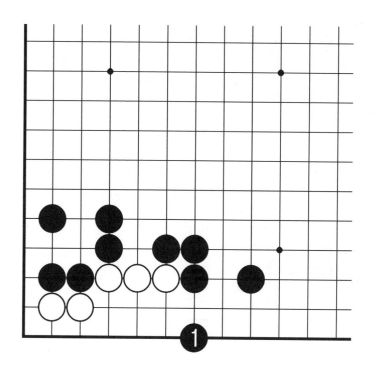

흑1도 실전의 사활에서 사용되는 기초적인
행마형 사활의 맥이다.

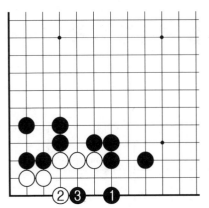

1도

1도(정맥의 행마법)

흑1로 뛰는 수가 사활의 정맥
이다. 백2에는 흑3으로 눈을
없애 백을 잡을 수 있다.

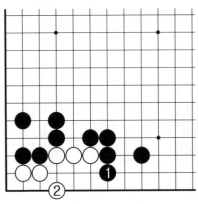

2도

2도(실패)

흑1로 그냥 내려서는 것으로
는 백2로 간단히 살고만다. 백
2의 급소는 하급자들도 배우는
기초 사활의 급소다.

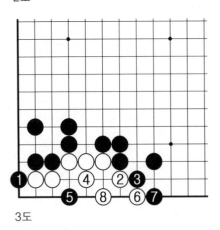

3도

3도(착각)

흑1로 젖혀 잡을 수 있다고
생각하는 것은 착각이다. 백
2·4로 모양을 만든 다음 백6
으로 젖혀 패로 저항하는 수가
숨어 있다.

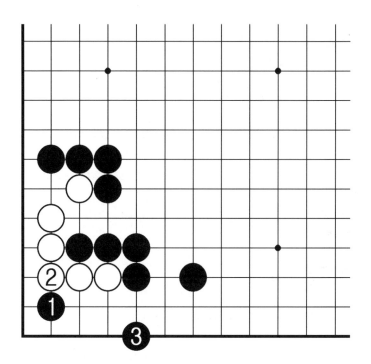

흑1·3의 연관된 실전 사활의 맥은 144형
에서 본 적이 있는 것이다. 원형이 이것인 셈
이다.

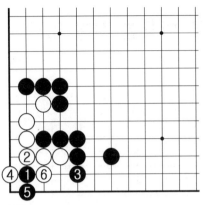

1도

1도(실패)

흑1로 치중하는 수는 무조건 첫수가 된다. 그러나 흑3이 그르친 맥이다. 백4·6으로 훌륭하게 살고 만다.

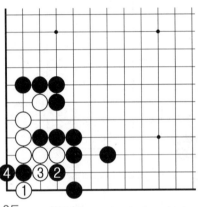

2도

2도(기본형의 계속)

백1로 저항할 때 흑2·4가 기본형의 계속된 수순이다. 흑2로는 그냥 4로 두어도 잡을 수 있다.

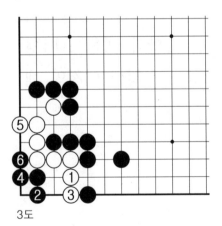

3도

3도(오궁도화의 기본)

백1에는 조심을 요할 필요가 생긴다. 흑2로 두어 백3을 유도하는 수순이 절대다. 계속하여 흑4·6으로 된 이 그림은 오궁도화의 기본이다. 물론 흑4로는 백5의 곳에 두어도 백을 잡을 수 있다.

149형 한칸 행마를 이용한 사활(4)

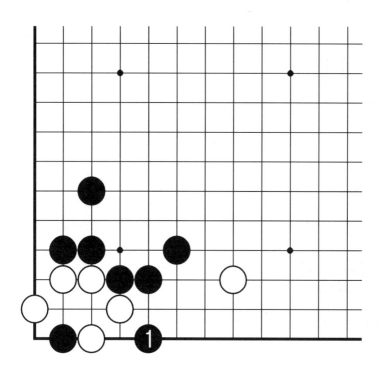

흑1의 한칸이 아니면 이 백은 패로 저항하
는 수단이 있다.

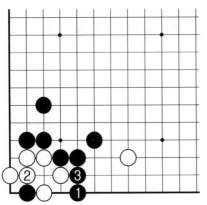

1도

1도(정맥의 행마법)

흑1로 뛰는 수가 사활의 정맥이다. 백2에는 흑3으로 자충을 이용해 옥집을 만든다. 따라서 무조건 백이 죽는다.

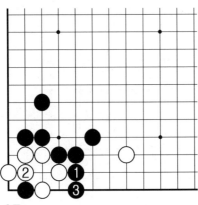

2도

2도(착각할 수 있는 형태)

흑1로도 마찬가지라고 생각하기 쉽지만 그렇지 않다. 백2, 흑3의 교환이라면 **전도**와 다름없겠지만, 백은 2로 간단히 두지 않는다.

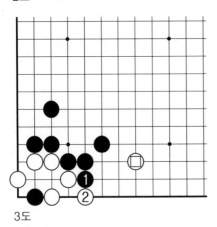

3도

3도(패의 저항)

흑1에는 백2로 젖혀 패로 저항할 것이다. 백◎가 있다는 사실을 잊으면 안 된다.

한칸 행마를 이용한 사활(5)

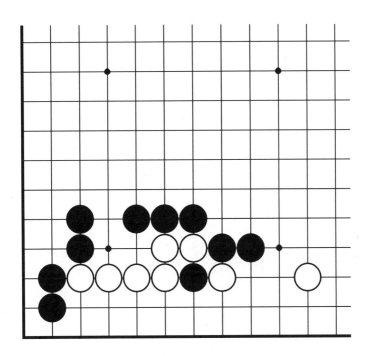

　이 형태의 사활에서도 한칸이 아니면 백을 잡는 수가 없다. 이렇게 한칸의 행마도 다양한 맥점의 형태를 창출한다.

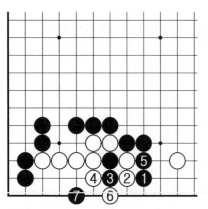

1도

1도(정맥의 행마법)

흑1로 뛰는 수가 사활의 정맥이다. 백2에는 흑3으로 키워 죽인 후 흑7로 달려 잡는다.

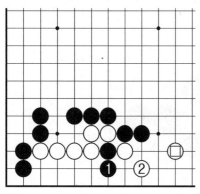

2도

2도(실패1)

흑1을 먼저 두면 잡을 수 없다. 백2의 마늘모가 좋은 수로 백◎가 버티고 있기 때문에 이쪽에서 흑이 후수를 잡게 된다. 따라서 1도의 흑7로 달리는 수순을 얻을 수 없다.

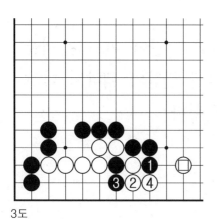

3도

3도(실패2)

흑1로 단수치는 수도 백2로 뻗으면 흑3으로 잡으러 가야 하는데 백4의 수순을 주는 순간 잡을 수 없게 된다. 백◎ 때문이다. 결국 백4의 곳이 급소인 셈이다.

실전대국의 한칸

1. 이창호 對 고바야시 사토루

2. 서봉수 對 요다 노리모토

3. 이창호 對 마샤오춘

4. 이창호 對 조치훈

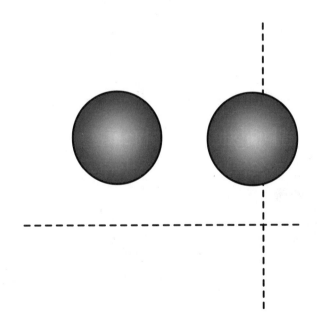

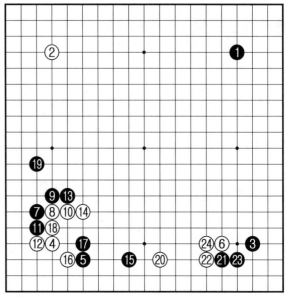

1보

실전1(1보)

흑1~백24까지 진행된 장면이다. 여기서 흑은 하변을 수비하지 않으면 안될 것이다. 어떻게 수비하였을까?

제3회 삼성화재배 세계바둑오픈선수권대회 본선8강전
흑 이창호
백 고바야시 사토루

2보

실전1(2보)

흑25의 한칸 수비는 이런 경우 거의 상식화된 행마법이다. 이런 기초 행마를 잘 두는 것이 바둑이 느는 지름길이다.

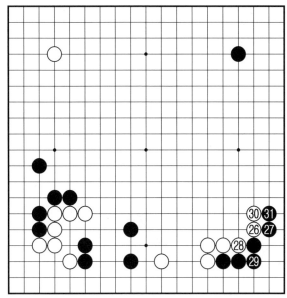

3보

실전1(3보)

흑이 **2보**처럼 수비하게 되면 백은 26 이하로 압박하는 수순을 얻게 된다. 여기서 흑 31로 밀었을 때 백의 다음 행마는?

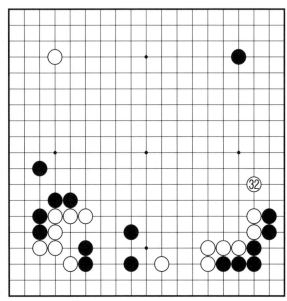

4보

실전1(4보)

백의 행마는 32의 한수다. 백32 대신에 그냥 뻗는 것은 약간 스피드가 느리다. 그 이유는 하변으로 연결된 백이 거의 살아 있는 형태이기 때문이다.

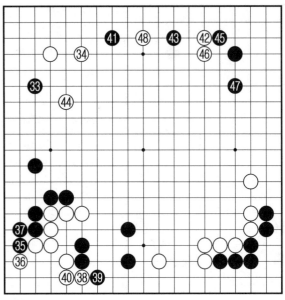

5보

실전1(5보)

흑33의 걸침부터 백48의 침입까지의 행마를 음미해 보자. 흑45의 마늘모 공격과 흑47의 한칸 수비 등은 모두 설명한 것이다. 여기서 흑백의 다음 행마의 공방을 더 음미하면—

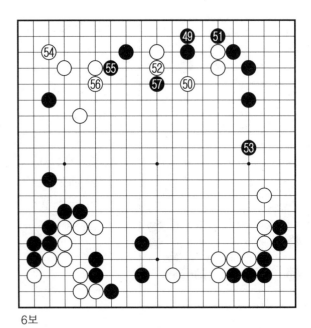

6보

실전1(6보)

흑49의 쌍점, 백52의 쌍점, 백54의 마늘모, 흑55의 마늘모 등 모든 공방의 행마가 사실은 기초 행마법에 벗어나지 않는다는 것을 알 수 있을 것이다.

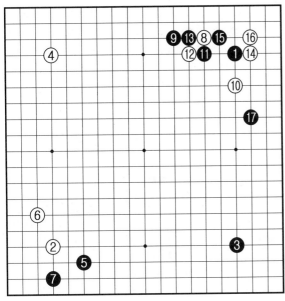

1보

실전2(1보)

흑백 양화점으로 출발하여 우상귀의 정석 공방 중 흑17로 다가선 장면이다. 여기서 백은 어떤 수순으로 수비하였을까?

제5회 진로배 세계 바둑최강전 제10전
흑 서봉수
백 요다 노리모토
(依田紀基)

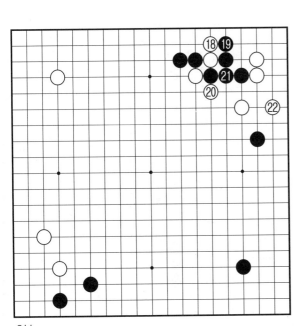

2보

실전2(2보)

백18·20으로 활용한 후 22의 한 칸 수비까지 이 진행은 이제 정석으로 굳어진 형태라고 할 수 있다.

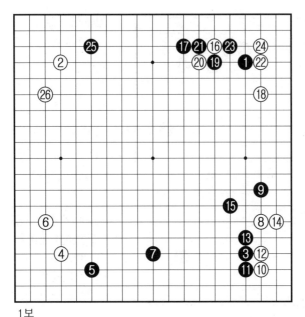

1보

제7회   동양증권배
세계바둑선수권대회
결승5번기 제4국
흑 이창호
백 마샤오춘

실전3(1보)

백26까지 진행된 장면이다. 여기서 흑은 하변과 상변을 수비하고 싶다. 어떻게 수비하였을까?

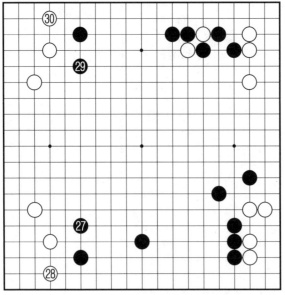

2보

실전3(2보)

흑27·29의 한칸 수비는 이런 경우 거의 상식화된 행마법이다. 다만 백28·30의 일련된 수비가 극단적인 실리파 마샤오춘 9단답다.

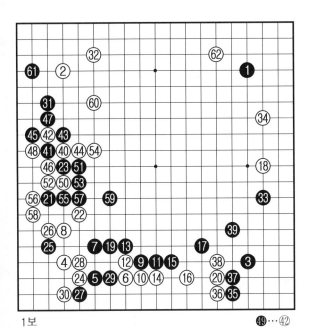

1보

㊺…㊷

실전4(1보)

백62의 걸침으로 새로운 국면을 맞은 장면이다. 여기서 흑은 상변과 연계하여 우상귀를 어떻게 수비하였을까?

제7회 동양증권배
세계바둑선수권대회
준결승 2국
흑 이창호
백 조치훈

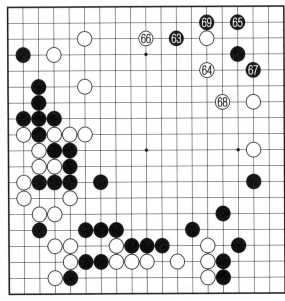

2보

실전4(2보)

흑63으로 침입하여 상변에 맛을 남기고 흑65로 한칸 수비한 것이 실전적인 수법이었다. 백68의 수비를 기다려 흑69로 넘게 되어 이곳의 공방은 흑이 약간의 득을 보고 있다.

♠ 한칸에 대하여…

한칸의 행마는 현재 발견된 행마중 가장 합리적인
행마로 자리잡고 있다.
변화의 다양함에서는 날일자보다 못하고
속도감에서는 두칸만 못한 것이 사실이지만,
행마의 구조상 날일자나 두칸의 연결통로에
위치하고 있어 그 견고함은 비길 바가 아니다.
쌍점과 마늘모의 행마가 가진 속도감의 문제와
날일자나 두칸의 행마가 가진 절단의 약점을
보완한 가장 완벽한 행마인 것이다.
바둑격언에도 '중앙으로 한칸 뛰는 수에
악수없다'는 말이 있을 정도로 한칸의 중요성은
현대 바둑의 이론적인 체계속에 깊이 자리잡고
있으므로 바둑을 배우려는 하급자들은 이러한
기본적인 행마에 눈을 뜨는 것이 기력의 진일보에
가장 합리적인 해결방법일 것으로 확신한다.

제 4 장
날일자 행마

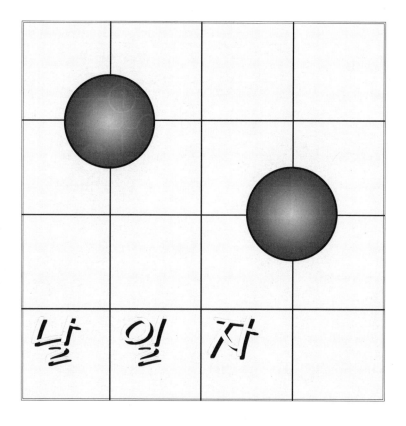

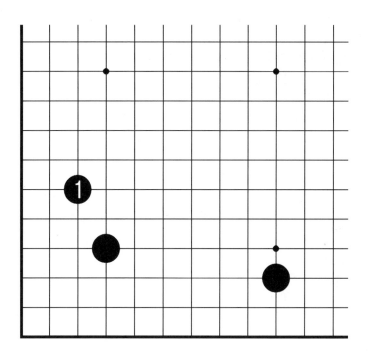

흑1의 수비는 현대에 와서 사용이 빈번해진 화점의 수비 행마법이다. 현대에는 주변의 흑 진영이 입체화되기 전이라도 과감하게 사용하고 있다.

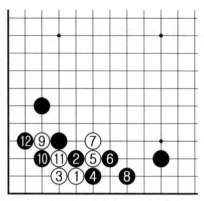

1도

1도(다양한 귀의 수비1)

백1과 같은 침입에 흑2 이하 12까지 대응하는 수법이 개발된 것도 날일자 수비의 유행에 한몫한 셈이다.

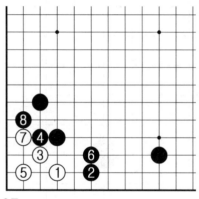

2도

2도(다양한 귀의 수비2)

백1과 같은 침입에도 흑2와 같이 과감하게 둘 수 있다는 연구에 힘입어, 화점에서 날일자 수비의 실전적인 가치를 인정받은 셈이다.

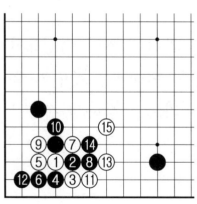

3도

3도(주의)

백1의 붙임에는 주의를 요한다. 백15까지 변화하는 수단도 있어 주변의 상황을 잘 살피지 않으면 안 된다. 날일자의 경우는 그만큼 앞의 3가지 행마보다 어렵다.

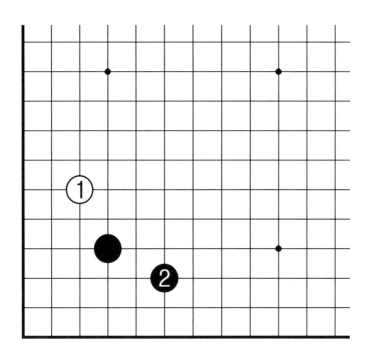

　백1의 날일자걸침과 흑2의 날일자수비가 당연스럽게 사용되기 시작한 시기는 1990년대에 들어 한국 바둑이 최강으로 부상하면서부터다. 이를테면 한국형 수비 행마인 셈이다. 그러나 현재는 국제적으로 보편화되어 사용된다.

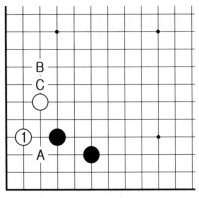

1도

1도(행마법)

기본형 이후의 부분적인 진행으로는 백1의 날일자가 일반적이지만, 백1에 대한 흑의 응수는 A뿐만 아니라 B, C등의 수법도 있으며, 심지어 손빼는 경우까지 다양한 변화가 연구되었다. 백의 연구도 있는데, 예를 들면—

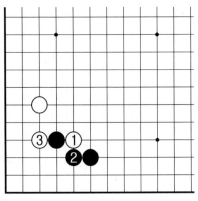

2도

2도(난전 유도)

흑에게 백1·3 등의 변화를 유도하여 대처하려는 실전적인 수법이 사용되는 대국도 등장했다.

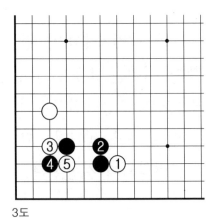

3도

3도(암수성 교란)

실제로 일본 막부 시대의 명인(名人)이었던 도사쿠(道策)가 하수를 상대로 시도했던, 백1로 붙이고 3·5로 끊어 흑으로 하여금 우형을 유도하는 이런 수법도 있는 만큼 날일자의 수비는 쉽지 않다.

410

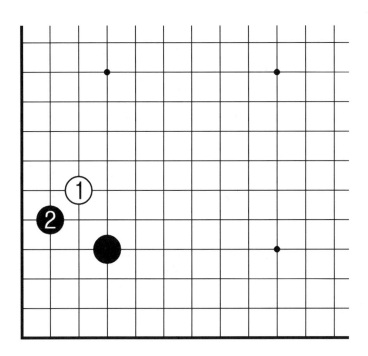

　백1때 흑2의 날일자수비는 일명 '처진 날일자'로
불렀던 귀의 수비행마로 고대 중국의 기보에는 정
석화된, 유래가 깊은 행마법이다. 이 수법은 현대
에 우칭위엔(吳淸源)에 의해 재조명된 후 중국식
포석의 개발과 더불어 현재는 일반화되었다.

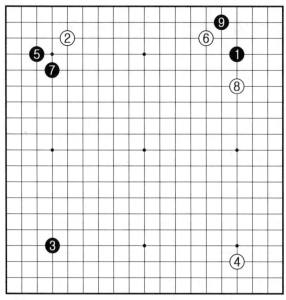

1보

실전1(1보)

흑9의 처진 날일
자 수비행마가 당
시로서는 초반에
두어지지 않았던
신수였다. 약간의
진행을 더 보면—

1933년 춘계대대국
(승단대회)
흑 우칭위엔
 (吳淸源)
백 이와모토 쿤
 (岩本 薰)

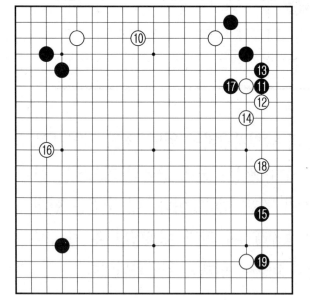

2보

실전1(2보)

 백10을 기다려
흑11·13으로 귀
를 완벽히 수비하
고 15로 전환하여
흑의 행마에 스피
드가 느껴진다.

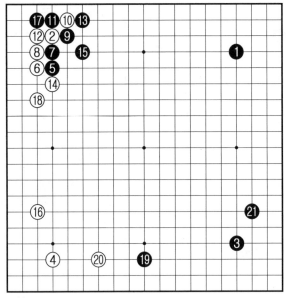

1보

실전2(1보)

백20을 기다려 흑21로 초반에 이렇게 수비하는 것도 당시로는 진기한 장면이다. 151형의 바로 그 수비다. 여기서—

요미우리신문주최
제1기 일본 명인전
흑 우칭위엔
백 하시모토 쇼이치
　　(橋本昌二)

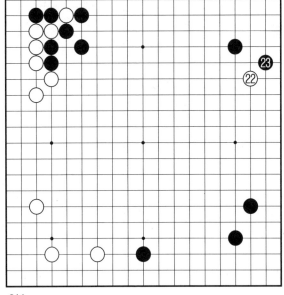

2보

실전2(2보)

백22로 걸쳐오자 흑은 즉각 23의 처진 날일자로 응수했다. 이 행마는 수비와 공격이 동시에 가능한 실전적 행마다.

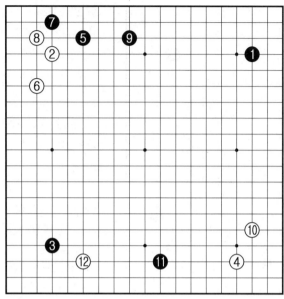

실전3(1보)

백12의 걸침까지 진행된 실전이다. 여기서 흑은 어떤 행마로 이 백을 공격했을까?

제6회 동양증권배 결승5번기 제2국
흑 녜웨이핑
　(聶衛平)
백 마샤오춘
　(馬曉春)

1보

실전3(2보)

흑은 13의 날일 자로 이 백의 근거를 허락하지 않았다. 백도 이 돌을 직접 움직이는 것은 좋지 않으므로 가볍게 14로 전환하여 서로 공방의 행마가 치열하게 전개되고 있다.

2보

414

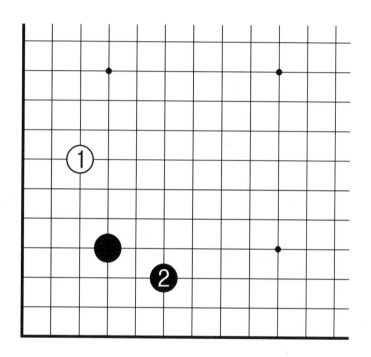

백1의 눈목자걸침에 흑2의 날일자로 받는 행마법이 긍정적인 것으로 인정받은 것은 1990년대 중반 젊은 한국기사들의 연구에 의해서다. 그 전에는 마늘모나 눈목자로 받는 것이 통례였다.

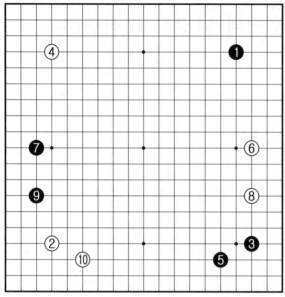

실전1

실전1

흑9에 대하여 백 10의 날일자로 받 는 것이 견실함과 두터움에 있어 눈 목자보다 다소 나 을 것이다.

제7회　동양증권배 결승5번기 제1국 흑 마샤오춘 백 이창호

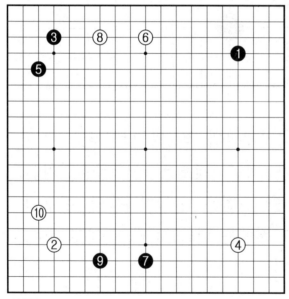

실전2

실전2

흑9로 진행된 장 면은 사실상 **실전 1**과 똑같다. 여 기서도 백은 10의 날일자로 견실하 게 응수하고 있 다.

제7회　동양증권배 결승5번기 제3국 흑 마샤오춘 백 이창호

155형 수비의 날일자-화점편(5)

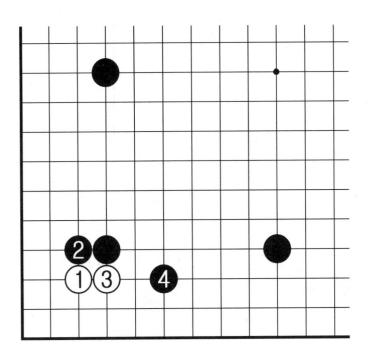

　백1의 침입에 대해 흑2·4로 응수하는 것은 현대에 보편화되어 있는 행마지만, 이 수법은 한국의 김인 9단이 공식 대국에서는 최초로 사용한 것으로 보인다.

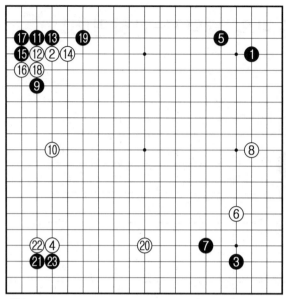

1도

1도(실전)

흑21의 침입에 백22로 받아 흑23까지 진행된 장면이다. 여기서 당시로서는 생각하기 어려운 백의 행마가 등장한다.

10기 국수제1위전 도전5번기 제4국 흑 조남철 백 김인

2도(실전 계속)

백24의 날일자가 중후한 김인 9단의 기풍을 대변한다. 흑33까지 진행된 후 전환하여 백34로 두는 수법은 마치 현대바둑을 보는 것 같다. 참고로 이 대국은 1966년도에 두어진 바둑이다.

2도

418

156형 수비의 날일자-화점편(6)

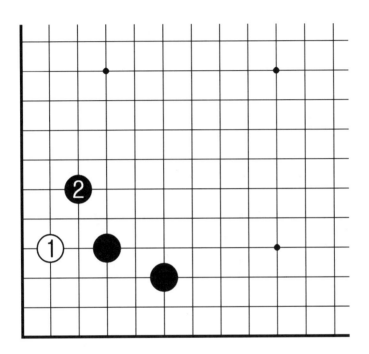

백1과 같은 침입에 흑2의 날일자는 현대에 두어지기 시작한 대세지향적인 행마법이다. 귀의 삶을 강요하여 중앙을 두텁게 하려는 것이다.

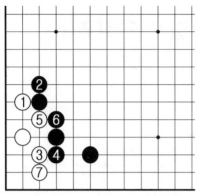

1도

1도(귀는 준다)

기본형의 흑2는 귀를 크게 내주어 손해라는 인식이 있어 두기가 거북할 수도 있다. 그러나 **본도**처럼 흑이 선수이기 때문에 충분히 둘 수 있는 수법이다. 만약 백이 5·7을 두지 않으면—

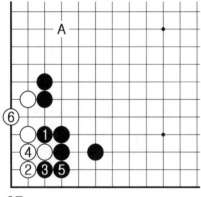

2도

2도(백 당한다)

흑에게 1을 당하여 비참하게 살 수도 있다. 흑이 A쯤에 돌이 있다면 백6까지 살지 않을 수 없는 것이다.

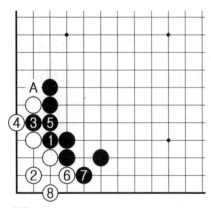

3도

3도(마찬가지)

흑은 그냥 3·5로 끼워 이을 수도 있다. 백이 8로 살기는 했지만 나중에 흑A의 단수에 이 한점을 이을 수가 없다. 귀의 백이 패로 사활이 걸리기 때문이다.

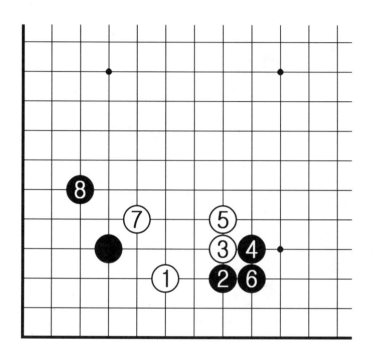

이 진행은 정석이다. 여기서 보아두어야 할
행마는 백7과 흑8과 같은 공방의 행마법이다.

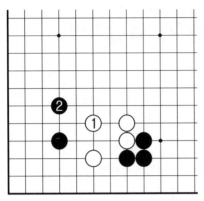

1도

1도(비능률)

백1의 수비는 견고하기는 하지만 **기본형**의 백7에 비해 능률이 떨어진다. 겸용점을 놓친 단순한 수비이기 때문이다.

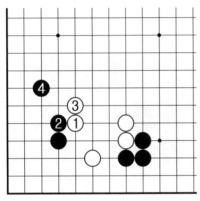

2도

2도(밀면 손해)

백1에 대해 흑2로 밀고 4에 날일자행마하는 것은 약간 손해의 의미가 있다. 그 이유는—

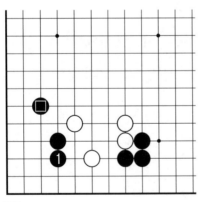

3도

3도(지켰을 경우)

흑이 1로 지킬 경우 ●의 위치가 가장 이상적이기 때문이다.

공방의 날일자-화점편(2)

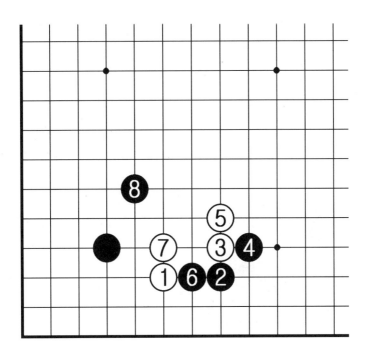

흑8의 날일자는 공격적인 방법을 통해 귀와
변을 동시에 수비하려는 공방의 행마법이다.

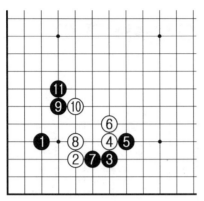

1도

1도(소목이 원형)

기본형은 원래 소목정석에서 나타나는 형태. 소목에서는 백10으로 붙이고 흑11로 뻗는 것이 정석이지만—

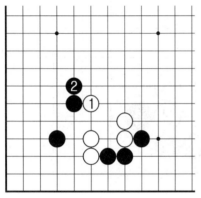

2도

2도(백 손해)

백1로 붙여 흑에게 2로 뻗는 자세를 주는 것은 손해의 의미가 있다. 그것은 소목과 화점의 위치가 다르기 때문이다.

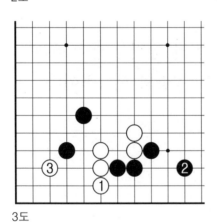

3도

3도(일반 진행)

백은 1로 뻗어 흑2를 유도하고 3으로 침입하는 것이 보통일 것이다.

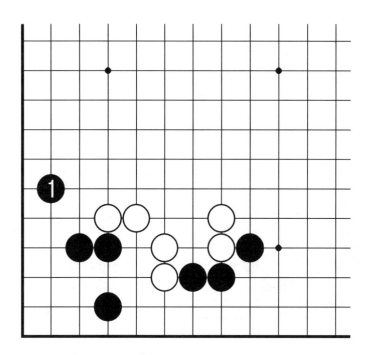

흑1의 날일자달림은 행마의 기초에 해당한다. 이런 곳을 달리 두는 것은 약점이 노출되기 쉬우므로 꼭 숙지해야 한다.

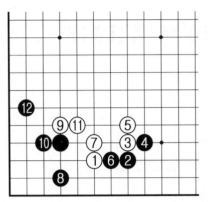

1도

1도(수순)

기본형이 만들어지기까지의 수순이다. 여기서 흑12가 정수인 이유는—

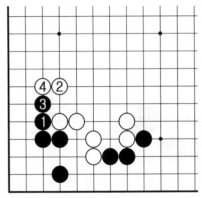

2도

2도(비능률)

흑이 1로 미는 것은 행마의 기초가 부족한 것이다. 백2의 경쾌한 행마를 통하여 4로 막히게 되면 흑의 발전력은 여기서 멈춘다. 설령 이 곳을 계속 밀어 끊는다해도 전투는 흑에게 유리하게 진행되지 않는다.

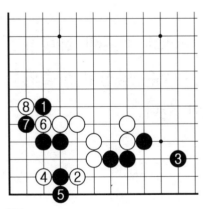

3도

3도(말썽의 소지)

흑1로 한칸 뛰는 것은 욕심일 뿐이다. 백2로 차단한 후 흑3을 기다려 백4로 붙이면 백6·8까지 이 곳은 간단히 수단이 생긴다.

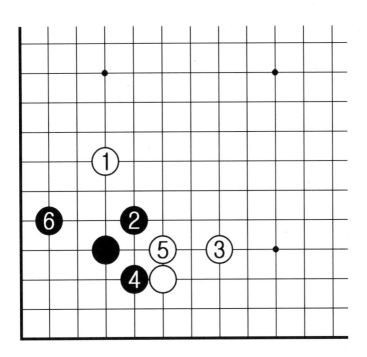

백1의 양걸침에 대해 흑2로 머리를 내민 후 4·6으로 지키는 수비의 수순이다. 이렇게 봉쇄를 완화시키지 않으면 이후의 중앙진출은 장담할 수 없다.

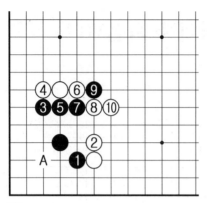

1도

1도(봉쇄 자청)

흑1 이하로 두는 것은 백10까지 봉쇄를 자청한 것이다. 귀는 아직도 A의 침입수가 남아 있다.

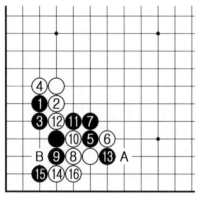

2도

2도(크게 망하는 수순)

흑이 다음과 같은 수순으로 두는 경우는 하급자때 자주 일어난다. 이 수순은 백A의 단수와 백B의 절단이 맞보기가 되어 이 정도면 바둑은 회복불능이 된다.

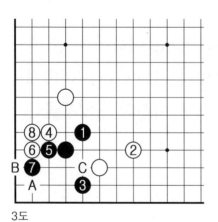

3도

3도(활용 수단)

흑3의 날일자로 수비하는 것은 활용의 수단이 남는다. 백4 이하 8까지 두었을 때 백A의 붙임수가 남는 것이다. 이를 게을리하면 백A로 붙이고 흑B로 뻗을 때 백C로 미는 수순의 묘로 흑 전체가 위험할 수 있다.

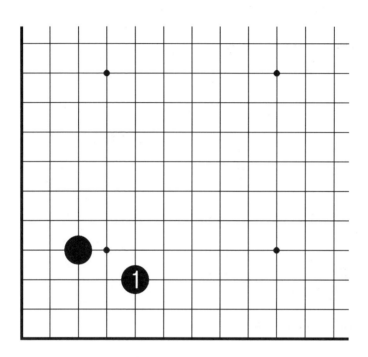

161형 수비의 날일자-소목편

흑1의 날일자굳힘은 일본바둑 400년 역사를 지나 바둑이 국제적인 위상을 가지게 된 오늘날까지도 변함없이 애용되고 있는 소목의 대표적인 수비행마다.

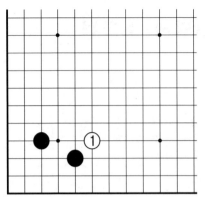

1도(공략1)

흑의 날일자굳힘에 대한 백의 공략법은 여러 가지가 있으나 초반의 응수타진으로는 백1의 어깨짚기가 많이 사용된다.

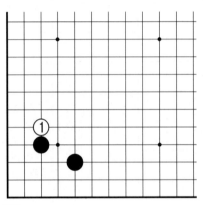

2도(공략2)

백1로 붙이는 경우는 변의 확장을 막는데 사용된다.

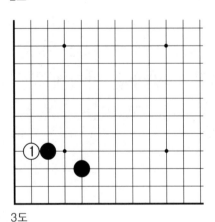

3도(공략3)

백1의 붙임은 중반의 흑진에 대한 응수타진으로 많이 쓰이는 상용수단이다. 이외에도 여러 가지가 있으나 정석책에 많이 나와 있으므로 생략하겠다.

162형   진영의 날일자수비

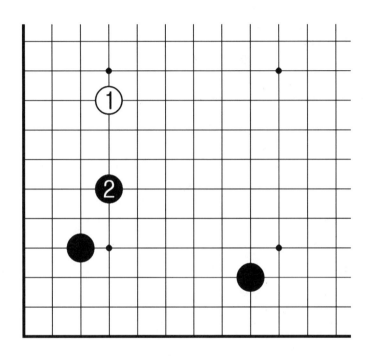

백1의 접근에 대해 귀를 수비하지 않고 흑2
의 변쪽으로 수비하는 것은 중국식포석의 영
향을 받은 것이다.

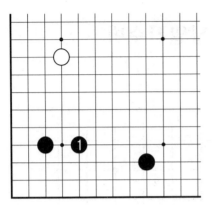

1도

1도(좁다)
　기본형의 취지는 흑1의 한칸 수비가 견고하기는 하지만 좁은 느낌이 있다는 생각에서 만들어진 것이다.

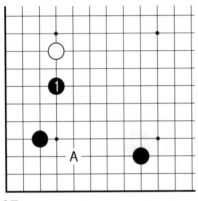

2도

2도(넓다)
　그러나 흑1의 눈목자는 또 넓을 수 있다. 비록 한칸의 차이지만 백A로 침입하면 공격이 여의치 않다.

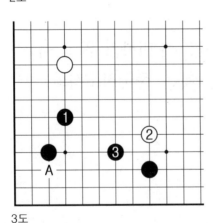

3도

3도(백의 삭감책)
　흑1에 대해 백은 직접적인 침입보다 2의 삭감책을 쓰는 것이 보편적일 것이다. 흑3으로 지키게 한 후 A의 맛을 노리는 것이다.

163형 공방의 날일자(1)

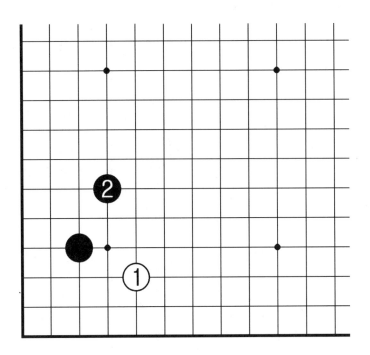

  백1의 걸침에 대해 흑2의 날일자로 받는 행마는 원래 마늘모에서 비롯된 것이다. 변쪽으로 조금 더 효율을 높힌 대신 귀가 약해진 단점이 있다.

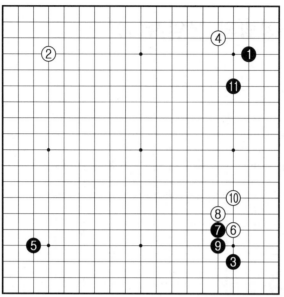

1보

실전1(1보)

흑7의 정석을 선택한 후 11로 빠르게 전환하는 것이 이른바 전성기 시절의 우칭위엔 류다. 계속된 진행을 보면—

**마이니치신문주최
3번기 제1국
(1958년)
흑 우칭위엔
백 다카가와 가쿠**

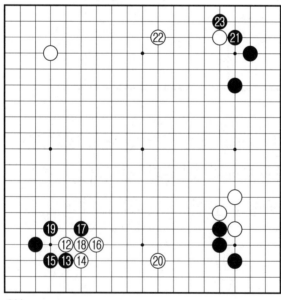

2보

실전1(2보)

흑13의 정석을 선택하여 선수를 잡아 흑21에 붙인다. 이때 백22의 한발 늦춘 전개가 다카가와 9단다운 유연한 착상이다. 이와 비슷한 현대의 바둑도 감상해 보기로 하자.

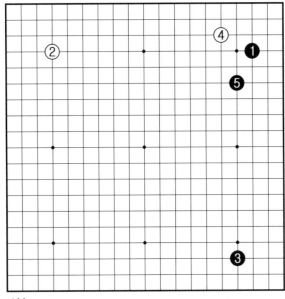

실전2(1보)

백4의 걸침에 대한 흑5의 날일자는 앞의 실전보에 비해 속도가 한발 늦어 보이지만, 이 수비는 빈 귀를 사이에 둔 공방이므로 차이가 없다. 즉—

제31기 왕위전
도전2국
흑 이창호
백 조훈현

1보

실전2(2보)

백6을 기다려 흑7의 마늘모붙임으로 공격할 수 있는 것이다. 이때 백8의 한발 늦춘 전개는 앞의 실전보와 동일한 의미의 수비가 된다.

2보

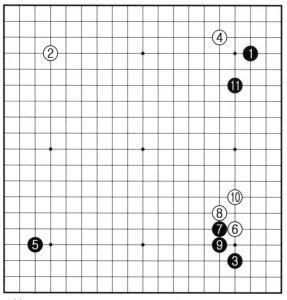

1보

실전3(1보)

우칭위엔의 전성기시절에는 슈사쿠의 마늘모에서 한 단계 발전하여 흑7 이하의 정석을 선택한 후 흑 11로 전환하고—

요미우리신문주최
치수고치기 십번기
제5국 1956년
1월 24일,25일
흑 우칭위엔
백 혼인보 슈가쿠

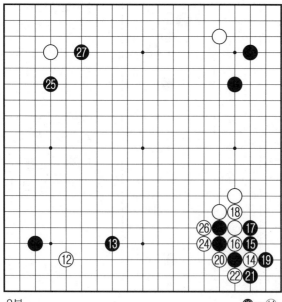

2보

㉓…⑭

실전3(2보)

백14를 유도하여 백24까지 축을 허용하여 흑25·27로 축머리를 연타한다는 발상이 빠르고 신선하다.

공방의 날일자(2)

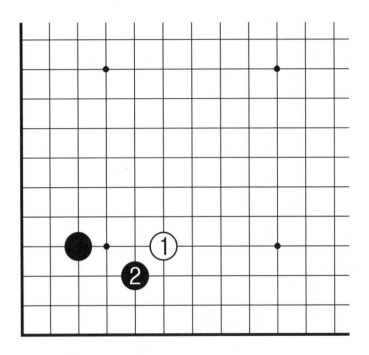

　백1의 두칸걸침에 대해 흑2의 날일자로 받
는 것은 거의 굳어진 현대형 행마다.

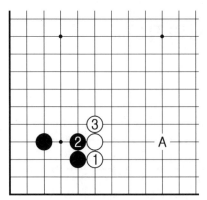

1도

1도(전환의 취지)

기본형의 취지는 백1에 대해 흑2로 귀를 지키고 A의 공격을 노리거나 다른 곳의 전환을 고려한다는 것이다.

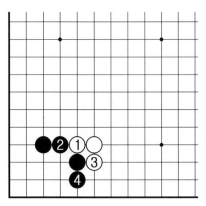

2도

2도(사용되지 않는 정석)

백1은 현재 사용하지 않는다. 흑4까지의 결과가 흑이 다소 유리하다는 판단 때문이다.

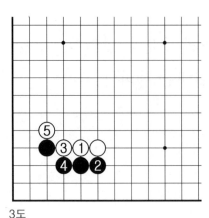

3도

3도(정석의 환원)

백1에 대해 흑2로 두면 백3·5에 의해 큰 밀어붙이기 정석으로 환원된다.

공방의 날일자(3)

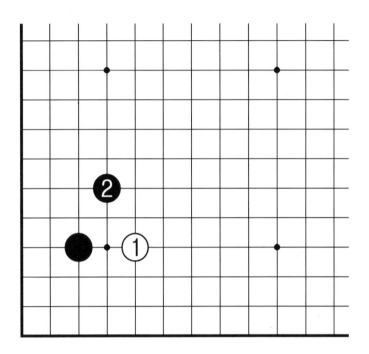

　흑2의 날일자수비는 지구전으로 이끌거나 변쪽의 특별한 상황을 고려할 때 사용되는 정석의 행마법이다.

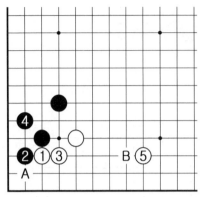

1도

1도(정석)

백1 이하 5까지의 진행은 정석의 수순이다. 다만 유의할 것은 흑4로는 A에 둘 수도 있고 백5로는 B에 둘 수도 있다는 것이다.

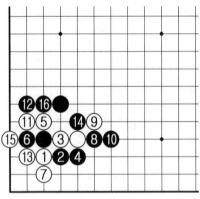

2도

2도(암수성 수단)

백1에 대해 흑2로 젖히는 암수성 수단이 있다. 수순은 흑12의 붙임이 맥으로 작용하여 흑14까지 백이 다소 당한 진행이다.

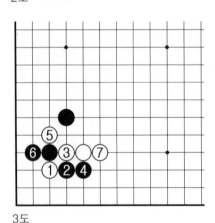

3도

3도(백의 대비책)

흑2에 대해 백은 3·5·7의 수순으로 두어 대항하는 것이 좋다. 이후의 변화는 정석책에 있는 것이다.

166형 공방의 날일자-소목편

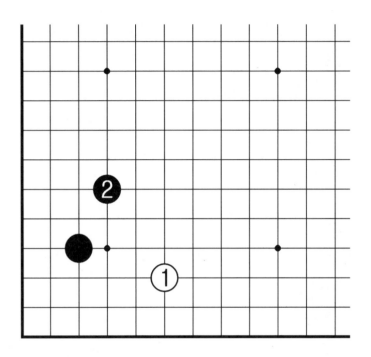

　백1의 눈목자걸침에 흑2로 두는 행마도 유
력한 공방의 행마법이다.

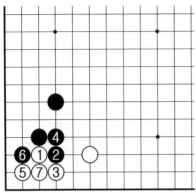

1도

1도(환원)

기본형의 흑 모양을 공략하는 것은 초반에 할 수 없다. 백 1·3때 만일 흑이 4로 이어만 준다면 이 형태는 화점의 한칸 수비에 백이 3·三으로 침입한 결과와 같아지겠지만 흑은—

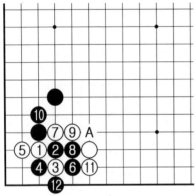

2도

2도(흑 유리)

흑2·4로 강력하게 대응하면 백이 곤란하다. 이 결과는 백이 A의 단점을 보강해야 하므로 귀의 흑집이 너무 크다.

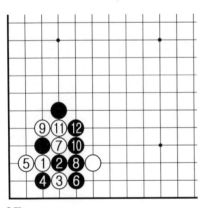

3도

3도(시기의 선택)

흑2·4·6에 백이 7·9·11로 변신하는 것도 시기를 잘 선택하지 않으면 안된다. 초반에 이런 진행이 된다면 당연히 백이 불리한 것이다.

공방의 날일자(4)

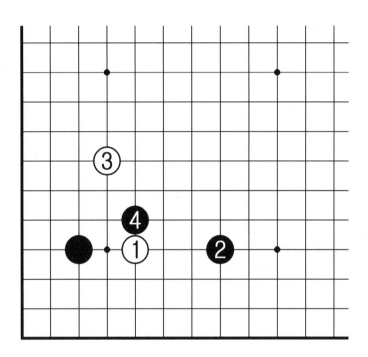

혹4의 날일자 건너붙임과 같은 행마는 정석 도중에 수도 없이 나타나는 공방의 행마법이다.

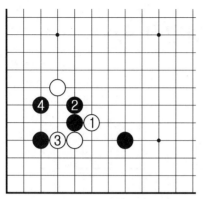

1도

1도(정석 행마)

기본형의 진행중 가장 많이 사용되는 정석의 행마는 백1·3에 대한 흑4의 한칸과 날일자의 복합 행마다.

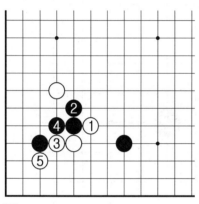

2도

2도(사라진 정석)

백1·3때 흑4의 빈삼각으로 막는 행마는 현재 거의 사용되지 않고 있다.

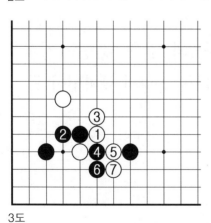

3도

3도(행마부재)

백1때 흑2로 뻗는 행마는 정석이탈이며 행마부재다. 백5·7로 관통을 자청하는 것이다.

공방의 날일자(5)

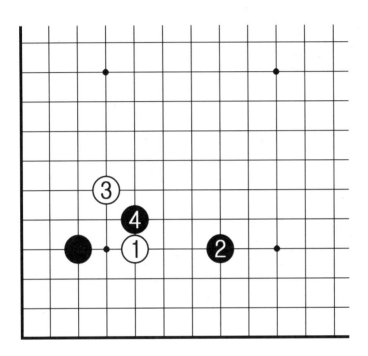

　백3의 날일자는 흑4의 건너붙임으로 불리하
다 하여 한때 사라지기도 했다.

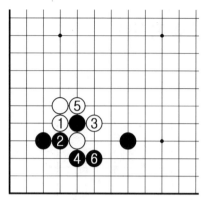

1도

1도(사라진 정석)

기본형이 정석의 가치가 없다고 판단된 대표적인 진행이 **본도**다. 백5까지 흑의 실리에 비해 백의 빵때림은 중복되어 있으므로 백의 손해가 분명하다.

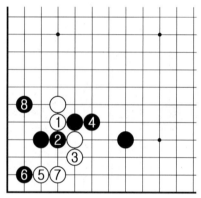

2도

2도(흑의 선택 다양)

백3의 뻗음에는 흑의 선택이 다양하다. 이 진행외에도 사석작전을 이용하여 봉쇄하는 방법도 있다. 흑의 선택 폭이 넓어진 만큼 백이 사용하기에는 꺼림칙한 구석이 있다.

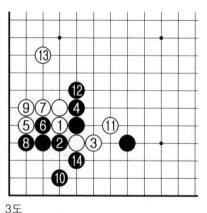

3도

3도(일본형 신수)

백3의 뻗음은 일본에서 개발되어 사라졌다가 고바야시 9단에 의해 다시 시도된 바 있는 복잡한 정석이다. 현재 **본도**의 진행으로 흑 유리의 결론이 내려져 사용되지는 않으나 흑10 이후의 변화에도 복잡한 수가 많아 미완성정석이라고 볼 수 있다.

공방의 날일자(6)

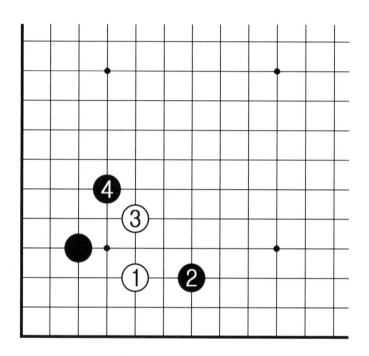

　흑2의 협공에 이은 흑4의 날일자는 정석뿐
아니라 일반적인 공방의 행마법으로 널리 사
용되는 대표적인 행마다.

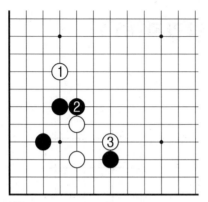

1도

1도(정석 행마)

기본형의 정석진행 중 대표적인 수순이다. 백1의 견제로 흑2를 유도한 후 백3으로 붙여 기대는 것이 행마의 요령이다.

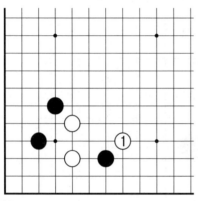

2도

2도(역시 정석)

백은 1로 압박하는 행마를 선택할 수도 있다.

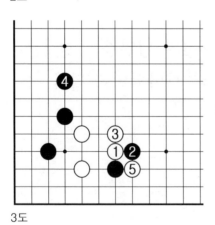

3도

3도(행마의 요령부족)

백1로 그냥 붙이는 것은 요령이 부족하다. 흑은 4의 곳으로 전환할 수 있어 선택의 폭이 더 넓어진 만큼 유리하다.

170형 공방의 날일자(7)

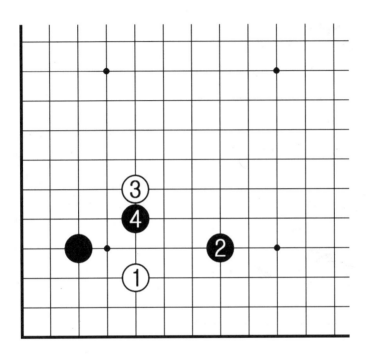

흑4의 붙임도 정석 도중에 나타나는 대표적
인 공방의 행마법이다.

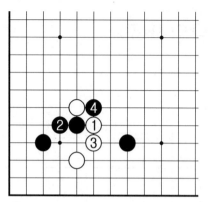

1도

1도(정석)

기본형의 날일자붙임은 **본도** 흑4의 절단을 전제로 한 행마다. 따라서 흑4쪽의 절단이 불가능하다면 이 수를 실행해서는 안된다.

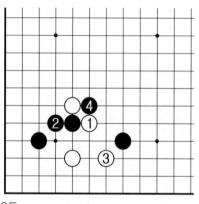

2도

2도(정석)

백1, 흑2때 백3의 수비도 정석의 행마법이다. 역시 흑4의 절단은 흑의 차지다.

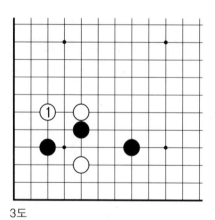

3도

3도(이시다의 신수)

백은 1로 전환하는 수도 생각할 수 있다. 이 수는 일본 전성기시절의 이시다(石田芳夫) 9단이 시도한 신수로 좌변에 백의 세력권이 형성될 수 있을 때는 유력한 수가 된다.

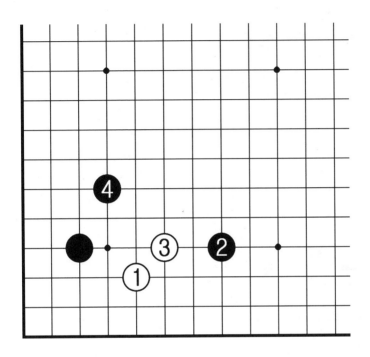

　흑4의 날일자도 정석 도중 나타나는 기초적
인 공방의 행마법이다.

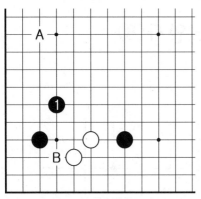

1도

1도(맞보기)

흑1의 행마는 다음 A의 전개와 B의 근거를 맞보고 있다.

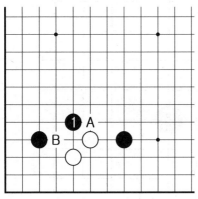

2도

2도(유도형)

흑1의 날일자도 정석이다. 이 수는 백A로 밀어달라는 유도형 행마다. 백도 이 곳을 미는 것은 손해가 되기 십상이다. 따라서 백도 B로 붙여가는 것이 정석으로 되어 있다.

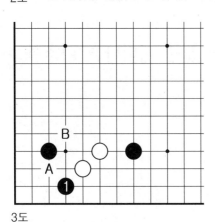

3도

3도(근거의 날일자)

흑1의 날일자는 현대형 정석이다. 근거를 위협하여 이득을 취하려는 것이다. 백은 A의 건너붙임이나 B의 날일자로 응수하는 흐름이 된다.

172형 압박형의 날일자(1)

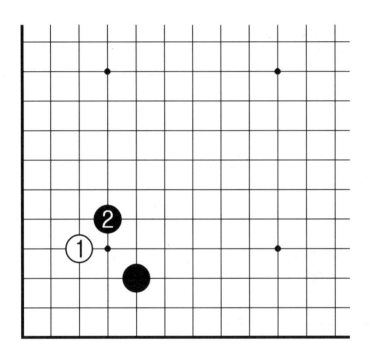

　백1의 걸침에 대해 흑2의 날일자로 씌우는 행마는 하변을 구축하거나 중앙의 공격대상을 간접 포위하는데 뜻이 있다.

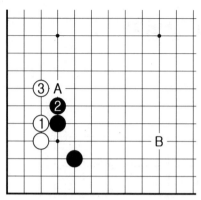

1도

1도(정석)

기본형 이후의 진행은 백1·3
이 가장 보편적이다. 이후 흑
은 A로 계속 밀거나 B로 하변
을 구축하는 것이 흐름이다.

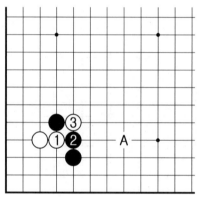

2도

2도(백 무리)

백1·3의 절단은 A쪽에 백이
없는 한 무리다.

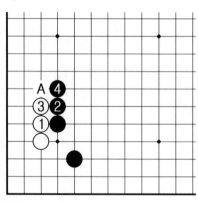

3도

3도(손빼려면)

백1, 흑2때 백이 선수를 잡아
어딘가에 둘 곳이 있다면 백3
의 곳을 다시 한번 더 밀기도
한다. 또 A로 막혀 후수가 되
기 싫을 때는 한번 더 밀 수도
있다. 주의할 점은 밀수록 흑
이 두터워진다는 것이다.

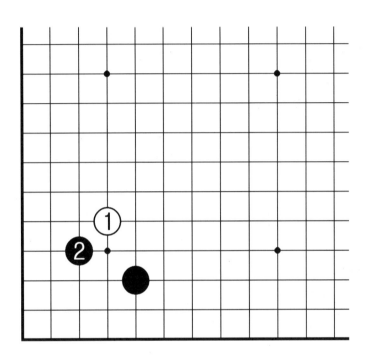

백1의 걸침에 대한 흑2의 날일자는 가장 보
편적인 정석형 수비 행마법이다.

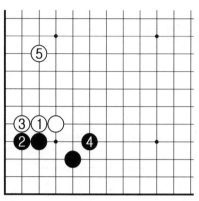

1도

1도(구 정석)

기본형 이후 백1・3으로 두는 것은 요즘 볼 수 없다. 아마도 스피드가 결여되고 흑4의 마늘모가 눈에 거슬리기 때문일 것이다.

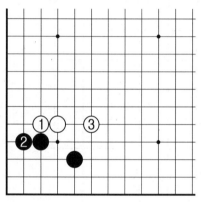

2도

2도(현대형 정석)

백1, 흑2때 백은 3의 한칸으로 중앙쪽을 뛰어나가는 것이 현대형이다.

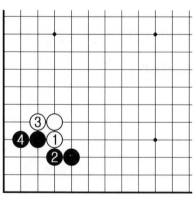

3도

3도(백 악수)

백1은 하급자가 흔히 범하기 쉬운 대표적인 악수다. 흑2・4로 흑의 귀가 자동적으로 튼튼해져 버렸기 때문이다.

174형   압박형의 날일자(2)

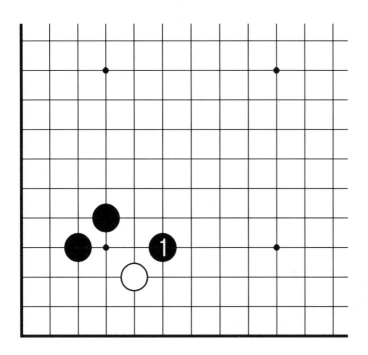

흑1의 날일자도 압박을 전제로 한 행마법이
다. 이 수는 좌변을 확장하거나 좌변이나 중
앙쪽에 공격대상이 있을 때 사용하는 행마법
이다.

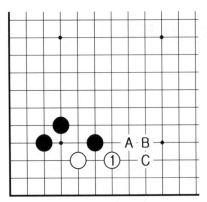

1도

1도(정석)

기본형에 대해 백1의 한칸으로 응수하는 것이 가장 보편적이다. 이후 흑은 A, B, C로 공략하게 된다. 물론 귀를 막을 수도 있다.

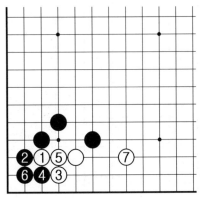

2도

2도(정석)

백은 1·3의 수순으로 응수할 수도 있다. 이하 백7까지 하변에 자리를 잡는다. 물론 주변을 고려해야 한다.

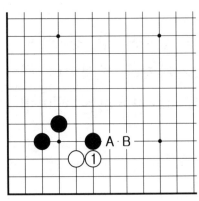

3도

3도(무거운 행마)

백1은 무겁다. 이후 흑은 A로 뻗거나 B로 뛰게 되는데 백이 계속 저위로 응수해야 하기 때문이다.

175형　맥점형의 날일자(1)

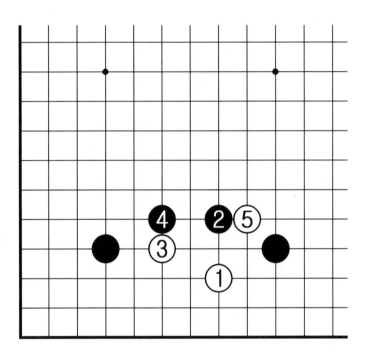

　백1의 침입에 흑2·4의 무리한 봉쇄는 백5
의 날일자 건너붙임의 맥을 당할 수 있다. 흑
이 나중에야 수를 본다면 엄청난 관통을 당할
수밖에 없다.

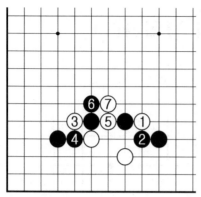

1도

1도(관통)

기본형의 백1때 흑2로 받으면 걸려든 것이다. 백3·5로 두고 7로 뚫으면 이것으로 통렬한 관통이 된다.

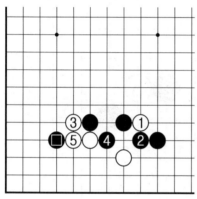

2도

2도(이미 늦음)

백3에 눈치를 채고 흑4로 돌아설 때는 이미 늦은 것이다. 백5로 이어 이번에는 귀가 다친다.

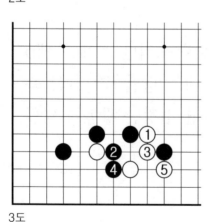

3도

3도(손해를 최소화)

백1때에 흑2로 두어야 손해를 최소화시킬 수는 있다. 그러나 이 모습도 일종의 관통이므로 원래 무리한 봉쇄가 문제였던 것이다.

176형 맥점형의 날일자(2)

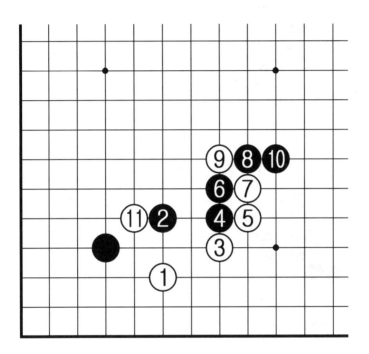

　백1 이하 11까지의 진행은 고전에 보이고 있는 맥점형의 날일자 행마법이다. 여기서 흑이 착각한다면 그것으로 바둑은 끝이다.

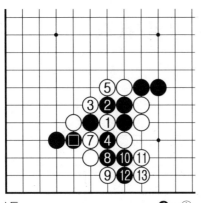

1도

⬤…①

1도(바둑 끝)

기본형의 진행에서 흑이 ⬤로 막는다면 백1 이하의 수순으로 회돌이축이 되어 이것으로 바둑은 끝나게 된다.

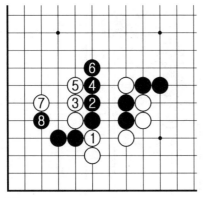

2도

2도(백의 실수)

백1의 절단은 실수다. 흑2로 뻗게 되어 8까지 이 싸움은 피차 장담할 수 없다.

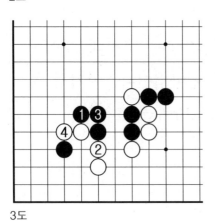

3도

3도(흑 손해)

백에게 날일자의 건너붙임을 당한 순간 흑은 호각의 갈림은 기대하지 못한다. 시작이 잘못된 것이다. 흑1로 물러서도 백 2·4면 백이 역시 좋아진다.

수비의 날일자-3 · 三(1)

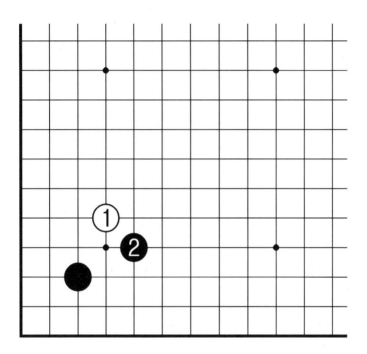

　백1의 걸침에 흑2의 날일자로 응수하는 것은 거의 절대적인 수비 행마법이다. 이 자체로 득이 되는 것이다. 그래서 백1의 걸침은 현대에 보이지 않는다.

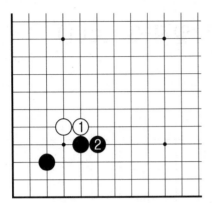

1도

1도(흑 자체로 득)

기본형 이후 백은 1로 밀지 않을 수 없다. 2로 받는 자체가 흑에게 득이다. 따라서 백도 좌변에 커다란 진영이 보장되지 않는 한 선택할 수 없는 걸침이다.

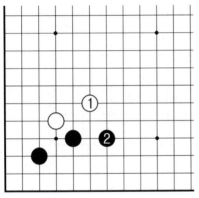

2도

2도(역시 백 손해)

백1의 날일자 행마도 흑2의 한칸 수비로 **전도**와 다를 바 없다.

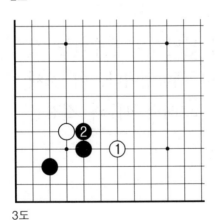

3도

3도(행마부재)

백1은 이 경우 견제가 아니다. 흑2로 미는 순간 백이 분리되어 심한 공격을 피할 수 없다.

464

178형   수비의 날일자-3 · 三(2)

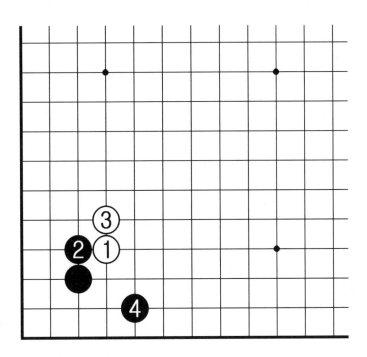

흑4의 날일자행마는 현대에 와서 거의 정수
로 굳어졌다. 꼬부리는 행마가 백의 두터움에
협력하는 것이기 때문이다.

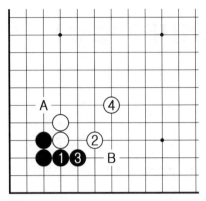

1도

1도(사라진 정석)

기본형의 날일자행마로 흑1·3에 둔 다음 주변 상황에 따라 흑A나 B로 뛰는 진행은 현재 거의 사용하지 않는다. 흑이 선수이기는 하지만 백에게 그만한 두터움을 허용했기 때문이다.

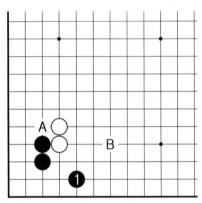

2도

2도(정석)

흑1 이후에 백은 A나 B로 두는 것이 일반적인 진행이지만 경우에 따라서는 이곳을 손빼고 다른 자리로 전환할 수도 있다.

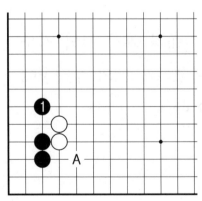

3도

3도(자체로 손해)

흑1이나 A의 한칸은 약점이 많은 행마로 백이 지금 당장 결행하지 않아도 언제든지 수단의 여지가 불씨로 남아 이런 형태는 자체로 손해다.

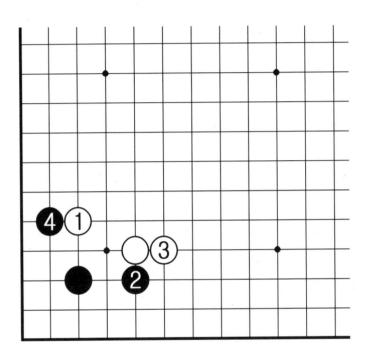

179형 수비의 날일자-3 · 三(3)

　백1 이하의 고목정석에서 흑4의 날일자붙임
은 수순에 의한 활용의 행마법이다. 지금이
아니면 이 타이밍을 얻을 수 없을지도 모르기
때문이다.

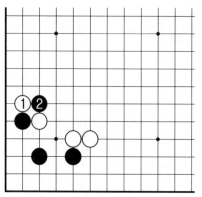

1도

1도(절단)

 기본형의 진행에 대해 백1로 젖힌다면 흑은 2로 끊으려는 것이다. 이 진행도 정석책에 실려있는 것이다. 책에는 백이 다소 불리하다고 되어 있다.

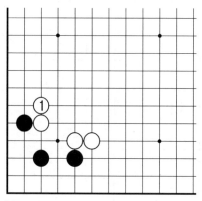

2도

2도(정석)

 백도 1로 뻗는 수가 정수로 되어 있다. 중앙을 봉쇄하는 과정에 흑에게 변수를 주어서는 안되기 때문이다.

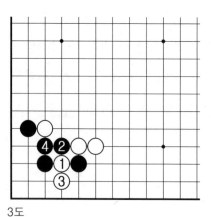

3도

3도(백 불리)

 백1의 끼움은 흑2로 단수하여 변화한다. 이 결말은 흑이 다소 유리하다.

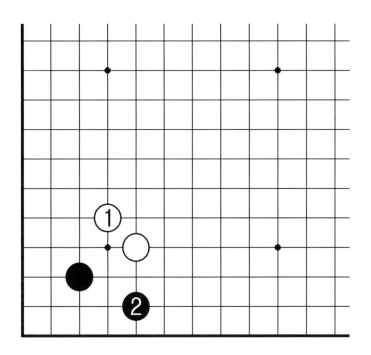

　백1의 봉쇄에는 흑2의 날일자가 거의 절대적인 행마법이다. 이 정석에도 현대의 해석이 달라져 사라진 부분이 있다.

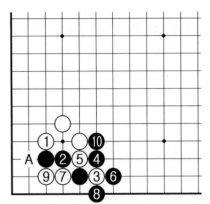

1도

1도(사라진 정석)

 기본형의 계속된 진행에서 백 3의 날일자 건너붙임은 사라진 정석이다. 흑4 이하로 빵때리고 흑10으로 밀어올릴 때 이후 흑A로 빠지는 수가 있어 백을 우형으로 유도할 수 있기 때문이다.

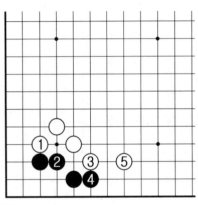

2도

2도(정석)

 따라서 백도 3·5의 진행이 무난할 것이다.

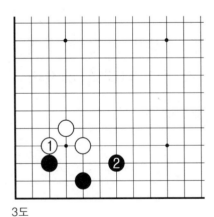

3도

3도(전환형)

 흑은 백1에 대해 흑2의 날일자행마로 귀의 흑 한점을 포기하는 수법도 있다.

470

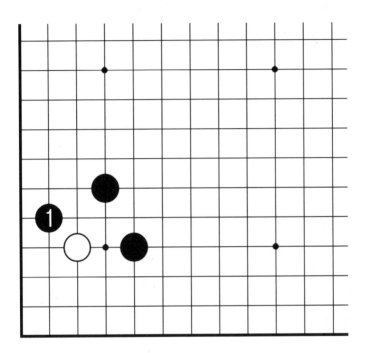

흑1의 날일자는 백 한점의 완벽한 봉쇄를
의도하는 것 같지만 사실은 좌변에 뜻이 더
많은 수비 행마법이다. 귀의 백이 이것으로
끝나지 않기 때문이다.

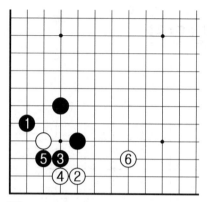

1도

1도(정석)

 기본형의 계속된 진행은 일반적으로 이 그림인데 백은 한점을 포기하는 대신 백6까지 변으로 전환할 수 있다. 이것으로 흑의 의도가 백 한점의 준동을 막는 데만 신경쓴 것이 아님을 알 수 있다.

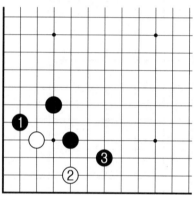

2도

2도(흑의 별책)

 백2에 대해 흑은 3의 날일자로 외부를 봉쇄할 수도 있다. 그렇지만 어디까지나 주변의 상황을 봐서 결정할 일이다.

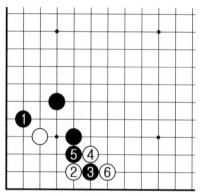

3도

3도(흑 속수)

 백2에 대해 귀를 더 크게 확보하려고 흑3의 날일자로 붙이는 것은 속수다. 백은 가치없이 4·6으로 흑 한점을 빵때리고 선수를 잡아 다른 곳으로 전환할지도 모를 일이다.

실전대국의 날일자

1. 혼다 구니히사 對 다케미야 마사키

2. 다케미야 對 이창호

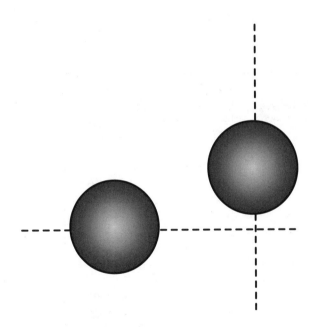

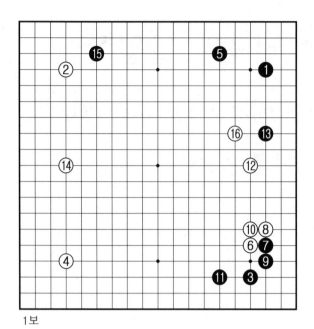

1보

실전1(1보)

흑15의 걸침에 백 16의 날일자는 중앙을 중시하는 다케미야 9단다운 착상이다.

제7기   일본명인전 리그
흑 혼다 구니히사
  (本田邦久)
백 다케미야 마사키
  (武宮正樹)

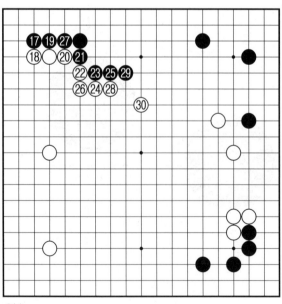

2보

실전1(2보)

흑17의   침입을 유도하여 백18 이하 28까지 밀어붙인 후 백30으로 다시 날일자하는 수순까지, 이것으로 우변의 날일자와 호응하여 중앙이 거의 진영화되고 있다.

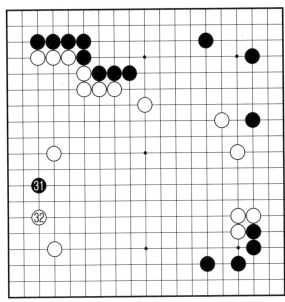

3보

실전1(3보)

흑31의 침입에 대해 이번에는 백 32의 날일자로 추궁한다.

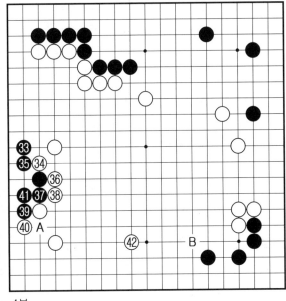

4보

실전1(4보)

흑33으로 자체 삶을 도모한 것은 어쩔 수 없다. 여기서 다시 백40까지 싸바르고 백42로 전환하는 웅대한 구상은 다케미야 9단이 아니면 생각할 수 없는 감각일 것이다. 이후 백은 A와 B의 곳을 맞보고 있다.

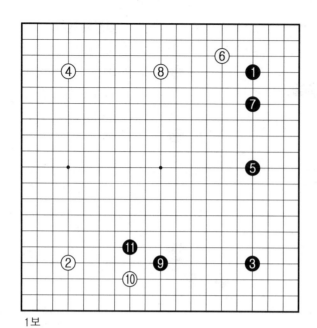

1보

백10의 다가섬에 흑11의 날일자는 거의 정석화된 행마라 할 수 있다.

1996 세계바둑 최강결정전 제1국 흑 다케미야 마사키 백 이창호

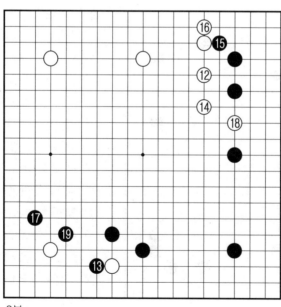

2보

실전2(2보)

백12에 대해 흑13의 날일자붙임과 백14의 한칸에 대해 흑15를 활용하고 흑17로 걸친 데는 다케미야의 연구가 있는 것으로 보이는 장면이다. 백18에 또 손빼고 흑19의 날일자씌움으로 초반부터 일찌감치 흑이 앞지르고 있다.

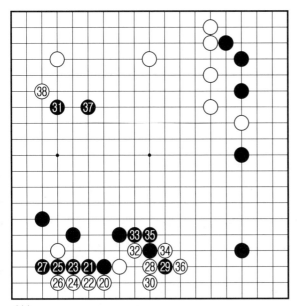

3보

흑37의 한칸에 대해 백38의 날일 자는 귀를 선수로 지키고 우변쪽으로 전환하려는 것이다.

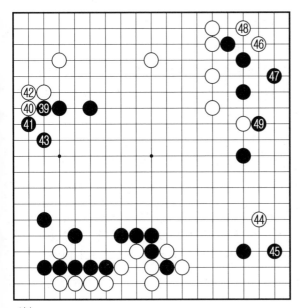

4보

실전2(4보)

백44의 걸침에 흑45의 한칸은 공격을 전제로 한 행마이며, 백46의 침입에 흑47의 날일자 수비가 깊이 수읽기되어 있던 행마로 국면은 완전히 흑의 페이스로 흘러가고 있다.

♠ 날일자에 대하여…

날일자는 한칸과 더불어 접근전의 대표적인
행마법이다. 돌의 접촉이 일어나기 전의
접근방법으로는 오히려 한칸보다 더 보편적으로
사용되고 있다.

화점을 겨냥하여 접근하는 날일자걸침은 중국의 고대
기보에도 정수라고 할 정도로 사용되고 있으며, 일본의
바둑혁명 1세라고 할 수 있는 도사쿠의 바둑이나
현대의 어떤 바둑에도 날일자걸침은 아직 별다른
변화의 조짐을 보이지 않고 있다.

그러므로 바둑의 수단을 배울 때 단수를 배운 이후의
행마라면 날일자를 먼저 배운다고 해도 과언이 아닐
것이다.

그러나 날일자는 걸침이라는 상대적 공방의
기본행마법일 뿐 자신의 수비수단마저 기본이라는 것은
아니다. 한칸의 약점이 끼우는 곳 한곳인데 비하여
날일자는 절단의 약점이 두 군데임을 간과해서는 안될
것이다. 앞서의 세가지 기본행마에 충실한 사람만이
날일자행마에도 충실할 수 있다고 보는 것이 타당할
것이다.

제 5 장
응용 행마

눈목자 · 두칸 · 세칸 · 계자 · 밭전자 · 대비

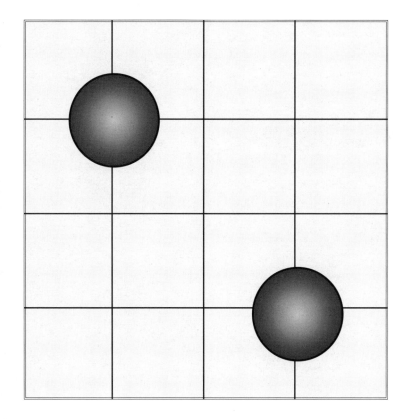

수비의 눈목자(1)

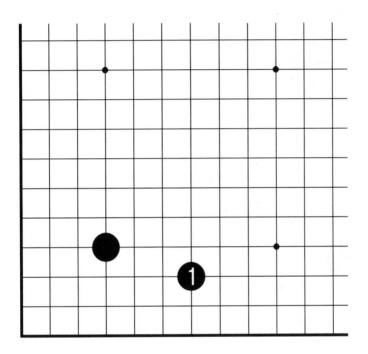

흑1의 눈목자 수비는 귀를 지키는 것보다는 변에 중점을 둔 것이다. 오히려 귀의 침입을 유도한다고 봐야 할 것이다.

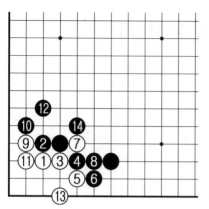

1도

1도(상형)

기본형에 이어 백1로 침입하게 되면 흑14까지의 진행이 되며, 이 진행이 상형이다.

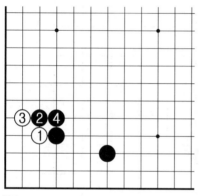

2도

2도(상형)

백1의 붙임에는 흑2·4로 중앙을 중시하여 두는 방법을 선택하거나—

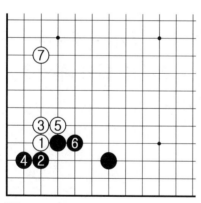

3도

3도(상형)

흑2로 받아 6까지 귀를 지키는 방법을 선택할 수도 있다.

183형 수비의 눈목자(2)

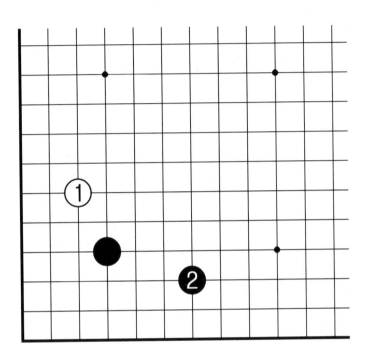

　흑2의 눈목자는 고전적인 수비 행마법이었
지만, 현대에는 더 많은 수법이 개발되어 변
수가 많아진 행마다. 유창혁 9단과 같은 전
투형의 기사가 즐겨 쓰고 있다.

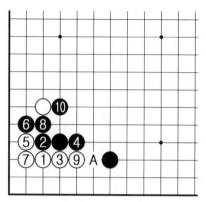

1도

1도(정석)

예전에는 흑10으로 A에 막는 것이 보편적이었으나 현재는 흑10으로 백 한점을 제압하고 있다. 이런 부분이 예전과 달라진 것이다.

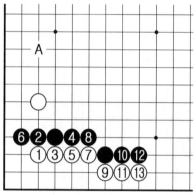

2도

2도(정석)

백5에도 흑7로 막거나 귀를 젖히는 것이 정석이었으나 현재는 흑6으로 뻗어 백13까지 유도하는 수법이 개발되었다. 백13은 손뺄 수 없으며 이후 흑은 A쯤에 두는 흐름이 된다.

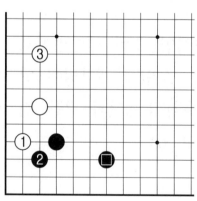

3도

3도(백 약간 손해)

백1은 약간 손해라는 것이 정설이다. 흑●의 간격이 한칸 넓어진 것이다.

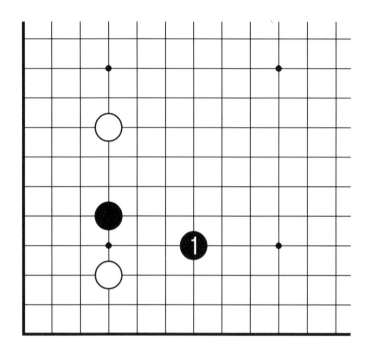

흑1의 눈목자씌움은 일명 요도(妖刀)라는 정석으로 난해하기 짝이 없었으나, 현대에는 그 수법이 거의 검증되어 복잡함이 사라졌다.

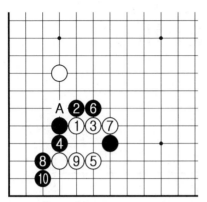

1도

1도(현대형 정석)

기본형 이후의 정석진행은 현대에 **본도**와 같이 일단 종결되었다. 흑10으로 뻗은 후는 축과 관련된 공방이 있다.

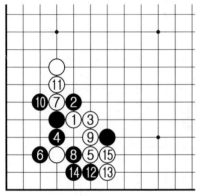

2도

2도(수순의 변수)

전도의 흑6으로 귀를 먼저 6으로 젖히면 백은 7에 끊을 수도 있다. 이 형태가 백의 손해라는 설이 있지만 흑12의 젖힘이 필연이라면 백의 두터움이 흑의 실리만 못하지는 않다.

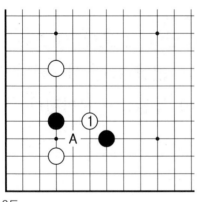

3도

3도(가지와라의 발전자)

백1의 발전자는 일본의 가지와라 9단이 창안한 수로 현대에도 종종 나타나는 정석이다.

185형 공방의 눈목자(2)

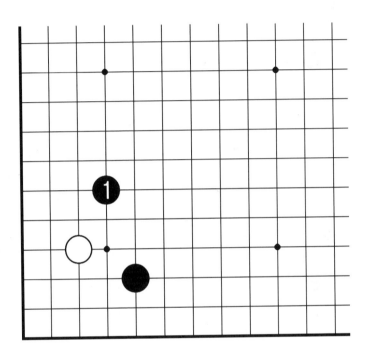

흑1의 눈목자는 일명 대사백변(大斜百變)이라는 이름이 붙은 난해한 외목정석이다. 그만큼 눈목자는 변수가 많은 공방의 행마법이라고 할 수 있다.

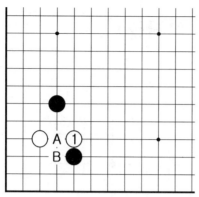

1도

1도(정석)

기본형의 대사에 대해 **본도** 백1의 붙임이 일반적이다. 흑은 A의 끼움이나 B로 두는 진행이 된다.

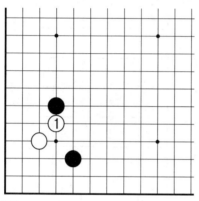

2도

2도(간결형1)

백1의 마늘모붙임은 대사백변을 피한 간결형 정석선택이다.

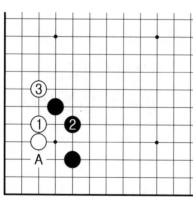

3도

3도(간결형2)

백1의 쌍점도 간결형이다. 다만 흑2로 A에 붙였을 때 자칫하면 대사백변으로 환원될 수도 있다.

186형 끝내기의 눈목자-비마

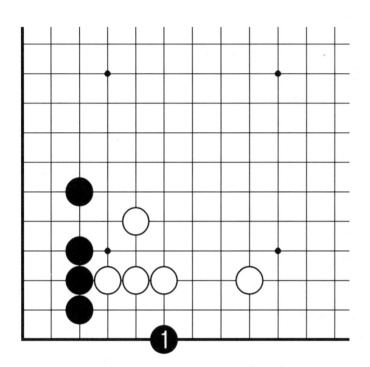

　흑1의 눈목자 달림은 일명 비마(飛馬)라 하
여 정석화된 유명한 끝내기수법이다. 이 끝내
기의 크기는 보통 선수 7~9집으로 중반전에
결행하는 수가 많다.

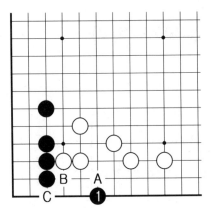

1도

1도(선수 9집)

이런 모양에서 흑1의 비마는 선수9집의 크기다. 백이 먼저 B로 막을 때 C의 젖힘이 선수 2집이란 점과 비교하여 직접 계산해보기 바란다.

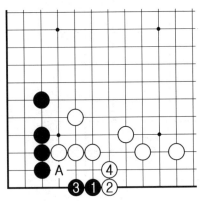

2도

2도(선수 8집)

이런 모양이라면 흑1의 비마는 백A가 선수이므로 **전도**와 비교해 1집 줄어 선수8집이다.

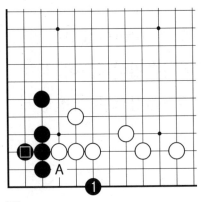

3도

3도(선수 6집)

흑1의 비마는 선수6집에 해당한다. 백이 먼저 A로 막은 다음 ● 때문에 젖혀잇는 수가 선수가 아니라는 점에 유의해야 한다.

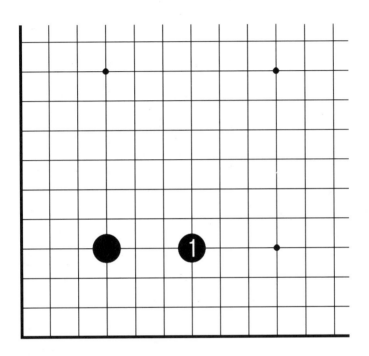

187형 수비의 두칸(1)

흑1의 두칸 수비는 귀의 수비라기 보다는 변과 중앙의 견제나 발전에 중점을 둔 수비 행마법이다.

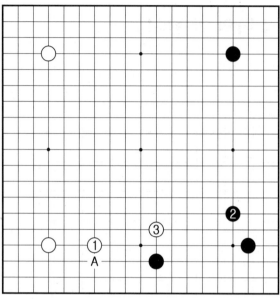

1도

백1의 두칸굳힘은 변형 중국식의 대모양작전을 대비하여 흑세의 발전을 견제하는 뜻이 많다. 흑2의 수비라면 백3으로 발전을 견제하려는 것이다. 이 진행이라면 백1이 A에 있는 것보다 낫기 때문이다.

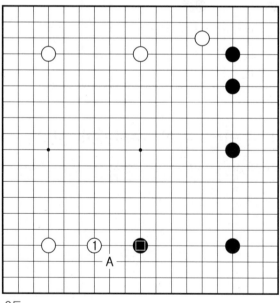

2도

2도(중앙을 견제)

흑●를 견제하는 행마는 백A가 일반적이지만 백1도 훌륭한 수다. 한 칸 높은 만큼 중앙을 견제하는 힘도 강한 것이다.

492

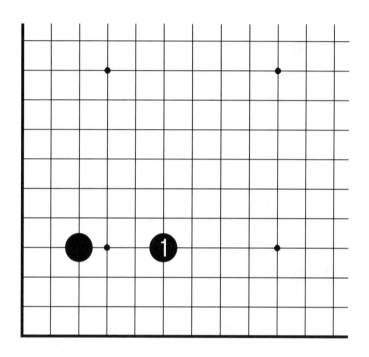

흑1의 두칸굳힘도 귀를 중시하기보다는 중앙을 염두에 둔 수비 행마로 백세력의 견제나 흑세력의 확장에 사용하는 행마법이다.

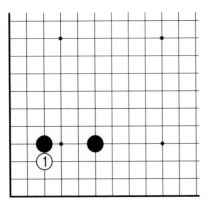

1도

1도(뒷맛)

　기본형의 굳힘은 귀를 약간 등한시한 관계로 귀에 백의 수단이 풍부한 것은 감수해야 한다. 백1의 붙임이 보통이지만—

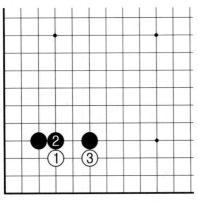

2도

2도(침입수단1)

　백1·3의 수단도 성립한다. 백은 주변상황에 따라 침입수단을 결정할 수 있을 것이다.

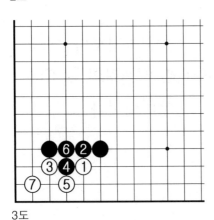

3도

3도(침입수단2)

　백1의 침입도 가능하다. 흑이 중앙에 영향력을 가진 만큼 귀의 수비는 이처럼 허술할 수밖에 없는 것이다.

수비의 두칸(3)

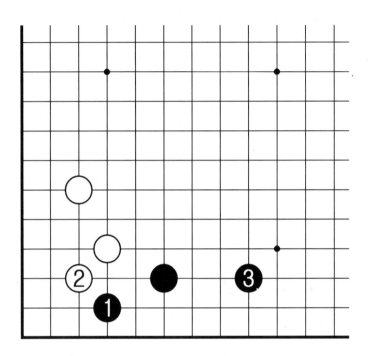

흑1·3의 수순은 현대의 기보에 가장 많이 등장하는 형태다. 그 이유는 흑백 쌍방간에 안정성이 가장 강하기 때문이다.

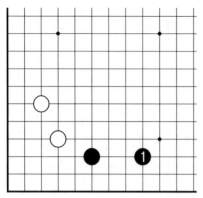

1도

1도(보류형)

 기본형에서 귀를 날일자로 달리는 것을 생략하고 **본도** 흑1로 두는 수법도 함축성이 강한 현대적 행마법이다.

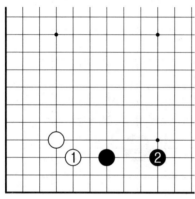

2도

2도(정석)

 백1에 대한 흑2의 두칸도 안정을 목적으로 한 1립2전의 수비행마법이다.

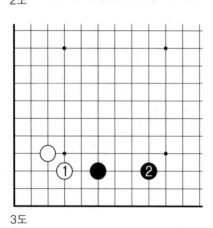

3도

3도(같은 맥락)

 소목에서도 백1에 대해 흑2로 응수하는 것은 같은 맥락의 수비 행마법이다.

공방의 두칸

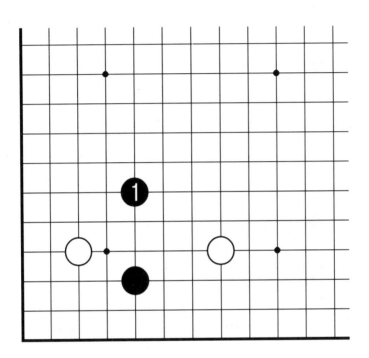

 흑1의 두칸은 현대형 행마로 볼 수 있다.
고전의 기보에서는 초반의 공방에서 이러한
두칸을 거의 볼 수 없다. 스피드를 중시하는
현대의 감각이 만들어낸 행마법인 것이다.

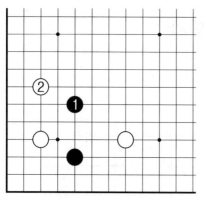

1도

1도(정석)

기본형의 흑1에는 백도 2로 응수할 수 있다. 같은 속도로 대응해야 하기 때문이다.

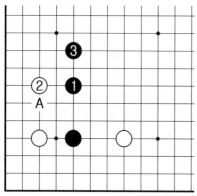

2도

2도(정석)

이 정석에서도 흑1·3의 행마는 현대적인 감각이 풍부한 행마법이다. 수순중 백2로는 흑1의 두칸의 약점을 노려 백A의 한칸도 사용된다.

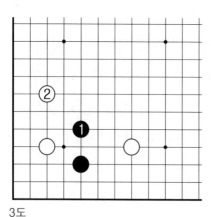

3도

3도(사라진 정석)

흑1의 한칸은 견고하지만 요즘의 기보에는 거의 볼 수 없다. 스피드가 결여됐기 때문일 것이다.

중앙의 양 눈목자

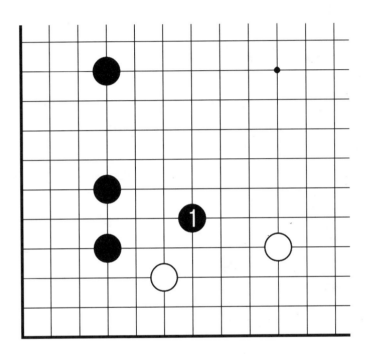

　흑1의 행마는 일반적으로 발전적인 성격을
가진 좋은 모양의 행마로 정석화되어 있다.
형태적으로는 두개의 눈목자로 구성되어 있지
만 뿌리는 한칸에 있다.

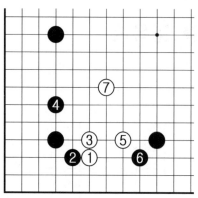

1도

1도(같은 맥락)

접바둑에서 흔히 나타나는 이 진행에서 백7의 행마도 양 눈목자의 행마라 할 수 있다.

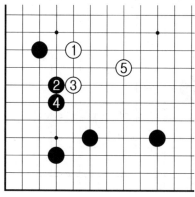

2도

2도(경쾌한 진출)

백1·3·5의 수순을 주목하기 바란다. 양 눈목자의 타개형 행마는 실전에서 거의 이런 수순으로 나타나게 된다.

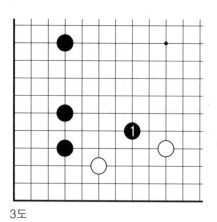

3도

3도(같은 맥락)

흑은 **기본형**보다 한칸 더 진출할 수도 있다. 이 형태도 실전에서 자주 나타나는 모양인데 활력이 넘치는 호형으로 기억해 두는 것이 좋다. 이만큼 진출할 수 있는 이유는 뿌리가 한칸의 행마로 구성되어 있기 때문이다.

수비의 세칸(1)

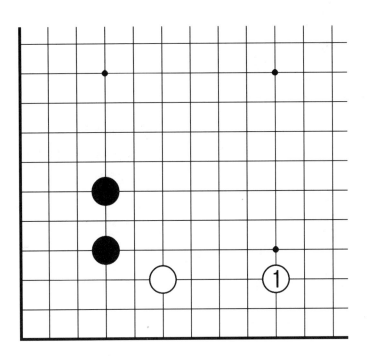

백1의 세칸은 전개의 성격을 가진 수비행마법이다. 이 수는 가운데 침입에 대한 연결의 방법과 언제든지 다른 것과 교환이 가능한 대안이 있어, 대체성이 강한 행마법이라 할 수 있다.

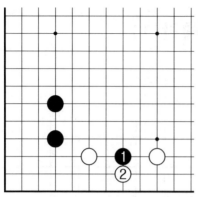

1도

1도(정석)

흑1의 침입에는 우선 백2로 연결의 형태를 취할 수 있다. 이 방법도 정석이다.

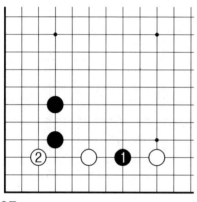

2도

2도(대안)

흑1때 백은 2로 침입하여 귀와 교환할 수 있다. 언제든지 다른 것과 대체할 수 있는 것이다.

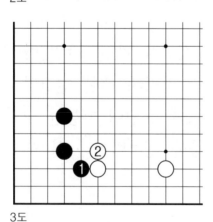

3도

3도(흑의 악수)

흑1은 백2로 뻗게 해주어 2립3전의 이상적인 전개모양을 만들어 주므로 손해다. 아직도 흑의 귀에는 3·三침입이 남아 있다.

193형 수비의 세칸(2)

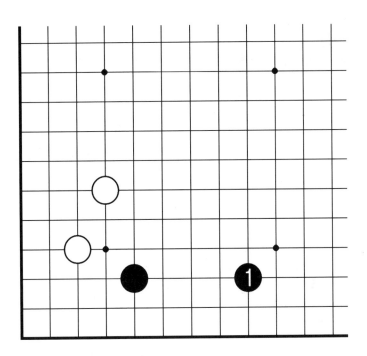

　흑1의 세칸도 마찬가지의 대체성 강한 수비
행마법이다. 백의 침입에는 항상 대안이 준비
되어 있는 것이다.

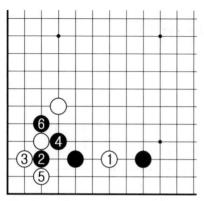

1도

1도(정석)

백1의 침입에는 흑2·4로 두고 백5의 반발에는 흑6으로 바꿔치는 수법이 준비되어 있다. 이 형태도 정석이다.

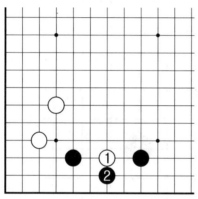

2도

2도(기본형)

백1의 침입에는 흑2의 붙임이 가장 기본적인 수비일 것이다.

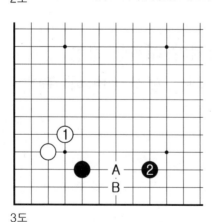

3도

3도(같은 맥락)

백1의 마늘모에도 흑은 2로 벌릴 수 있다. 물론 백A의 침입에는 흑B로 붙인다.

수비의 계자(桂字)

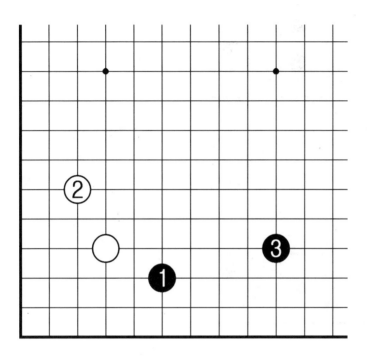

흑1·3의 계자는 현대적인 수비법이다. 이 행마는 전개에 가장 가까운 행마이며 따라서 변에 중점을 두고 있는 것이다.

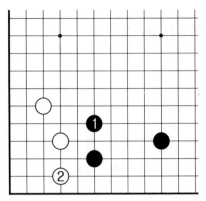

1도

1도(수비)

 기본형에서 흑차례가 된다면 흑의 수비행마는 1의 한칸이 가장 보편적이다. 백도 2의 한칸이 보편적이 된다.

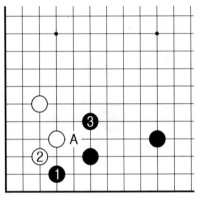

2도

2도(후수의 수비)

 흑1·3의 수비는 집으로는 득인 것 같지만 후수라는 점을 감안하면 손해일 수도 있다. 흑3으로는 A에 붙이는 수도 가능할 것이다.

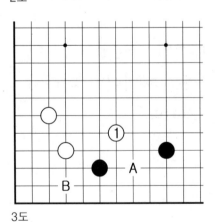

3도

3도(백의 차례)

 백의 차례라면 1의 압박 또는 A의 침입을 들 수도 있으나 B의 한칸으로 침착히 수비하는 것도 일책이다.

506

195형 공방의 밭전자(1)

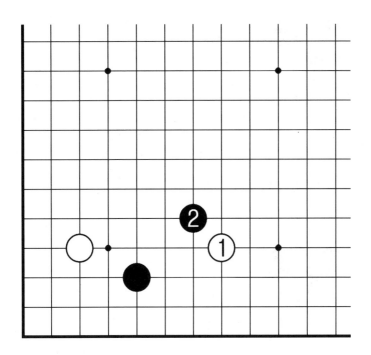

　백1의 협공에 대한 흑2의 밭전자는 정석의 출발인데, 이 자체로 밭전자의 가운데를 가르는 백의 공격에 언제든지 방어할 대책이 있는 대체성이 풍부한 행마다. 대안이 없다면 행마가 아닌 것이다.

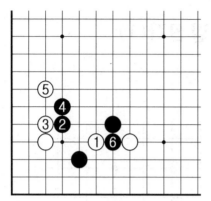

1도

1도(대안1)

백1의 분리에는 흑2·4가 언제든지 선수로 듣는다는 전제가 있기 때문이다. 계속해서 흑6으로 뚫게 되면 백의 손해가 명백해진다.

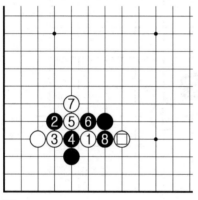

2도

2도(대안2)

백3의 절단에는 흑4 이하 8까지 백◎가 쓸모없는 돌이 되므로 역시 백의 명백한 손해다.

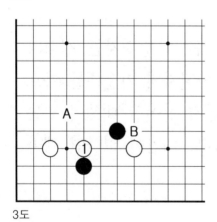

3도

3도(백의 대응)

백도 1이나 A등으로 간접적인 대응을 해야 한다. 물론 B도 가능하며 모두 정석이다.

공방의 발전자(2)

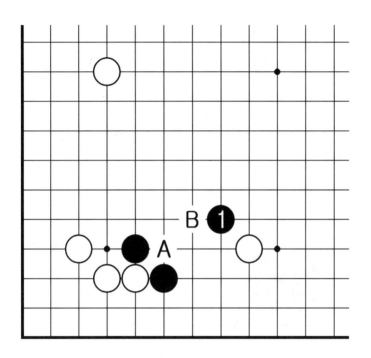

흑1도 발전자를 이용한 공방의 행마법이다. 이와같이 백이 강한 곳에서 흑1이 아닌 A로 잇는다면 무거워져 공격대상이 되기 때문이다. 흑1로는 물론 B도 있으나 활동력은 흑1이 더 강하다.

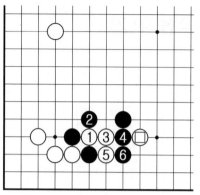

1도

1도(절단의 대안)

백1의 절단에 대한 대안이 없다면 행마가 아니다. 백1에는 흑2・4의 수순으로 관통하는 수법을 내포하고 있는 것이다. 흑6까지 오른쪽 백 한점이 폐석이 되어 있다.

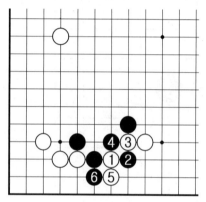

2도

2도(붙임의 대안)

백1의 붙임에도 흑2의 껴붙이는 대안이 있다. 이 형태도 흑6까지 관통된 형태다. 백의 귀가 약해지고 있는 것이다.

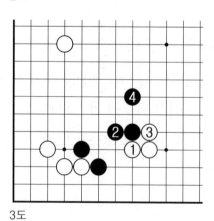

3도

3도(가벼운 수습)

백1에는 흑2로 늘어 이 자체로 절단이 보완되고 흑4로 뛰어 중앙으로 진출하여 공격권에서 벗어난다.

공방의 대비(大飛)

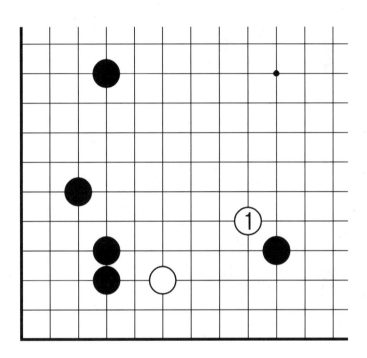

백1의 대비는 모든 행마중 가장 단점이 많은 행마다. 그러나 단점이 많은 만큼 대체성도 풍부하여 흑도 함부로 이 곳을 분리하려는 것은 무리가 따르기 쉽다. 이 행마를 중국에서는 대비(大飛)라고 하는데 우리에겐 마땅한 이름이 없다.

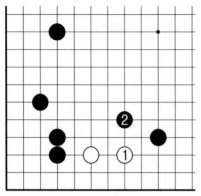

1도

1도(안정성 행마)

기본형이 중앙에 한걸음 더 진출한데 비해, **본도** 백1은 흑 2로 중앙진출이 막히는 것을 감수하고 낮은 자세라도 빨리 안정을 취하고 싶을 때 두는 행마다.

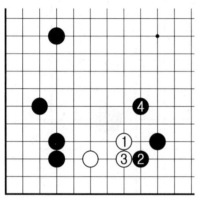

2도

2도(무거움)

백1·3의 행마는 무거워 흑4 로 전체가 공격당하게 된다.

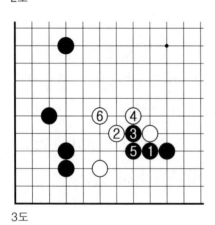

3도

3도(직접공격은 불가)

흑1 이하로 직접 공격하는 것 은 백이 수습하는 순간 흑진이 발전력을 잃을 수 있다.

실전대국의 응용 행마

1. 마샤오춘 對 이창호

2. 이시다 요시오 對 린하이펑

3. 다케미야 마사키 對 조치훈

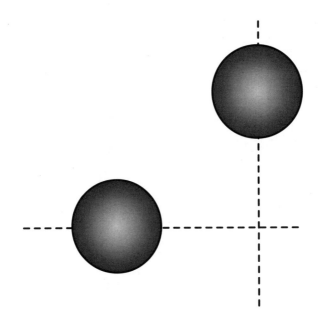

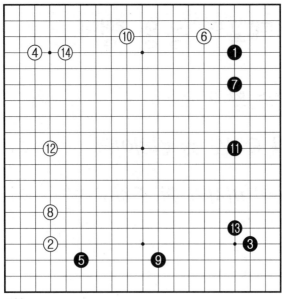

1보

백14로 일단 흉내바둑이 정지된 국면이다. 흑은 13의 취지를 살려 중앙을 입체화시켜야 하는데 어디부터 시작했을까?

제3회 삼성화재배 세계바둑오픈 결승1국 흑 마샤오춘 백 이창호

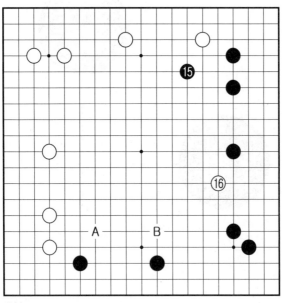

2보

실전1(2보)

흑의 선택은 15의 양 눈목자행마였다. 백도 더 이상 흑진영이 입체화되는 것을 방치할 수 없어 16으로 삭감을 서둘렀다. 백도 16으로는 A나 B쪽으로 삭감할 수도 있다.

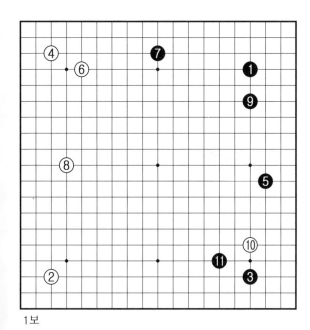

1보

실전2(1보)

백10의 침입에 대한 흑11의 날일자는 정석화된 행마다. 여기서 이시다 9단 전성기 시절의 진수가 등장한다.

제12기 일본명인전
도전3국
흑 이시다 요시오
　（石田芳夫）
백 린하이펑
　（林海峰）

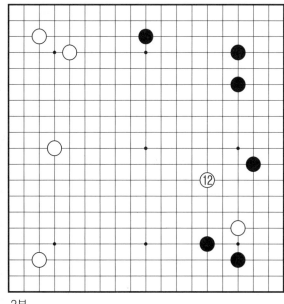

2보

실전2(2보)

백12의 행마가 당시 예상을 뒤엎은 신수였다. 그러나 이 수는 선악을 떠나 경쾌한 행마의 극치를 보여주고 있다. 이후의 진행을 더 살펴보기로 하자.

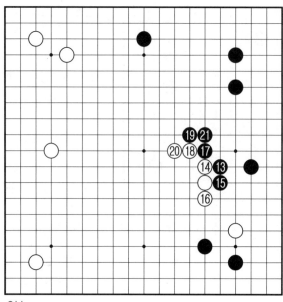

3보

흑도 13 이외의 대응수단이 별로 없다. 백의 의도를 거슬려 역습할 만한 수단이 없는 것이다. 그래서 흑13 이하 21까지가 실전의 진행이 되었다.

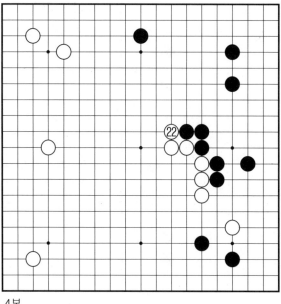

4보

실전2(4보)

여기서 백22의 꼬부림이 놓칠 수 없는 요처다. 이런 곳을 놓치면 보이지 않는 두터움에 밀려 주도권을 잃게 된다.

516

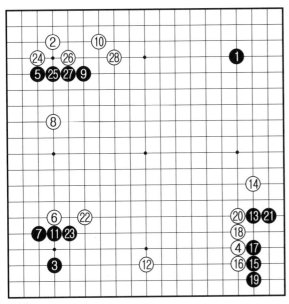

1보

실전3(1보)

백28까지 진행된 실전진행에서 흑은 좌상귀를 어떻게 정비하였을까?

제35기 본인방전 리그
흑 다케미야 마사키
백 조치훈

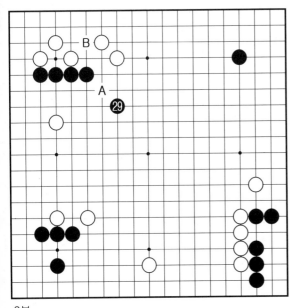

2보

실전3(2보)

흑의 선택은 29의 밭전자행마가 거의 절대라 할 수 있다. 백A의 공격에는 흑B로 건너붙여 귀의 단점을 노릴 수 있어 백도 이 곳을 함부로 공략하지 못한다. 이를테면 행마의 정형화된 틀이라 할 수 있다.

♠ 응용 행마에 대하여…

응용행마란 기본행마가 속도감에서 뒤진다거나
견고함이 지나쳐 중복이 될 우려가 있을 때 사용하는
행마법이다.

응용행마의 장점은 빠르고 가벼우며 공격대상이 될 때
부분적으로 항상 버릴 수 있거나 바꿔칠 수 있어
대체성이 강하다는데 있다.

그러나 그러한 효율성만큼 위험부담이 많다는 것을
잊어서는 안된다. 언제나 절단의 위험이 있으며 상대가
방치할 때 오히려 비효율적인 모양으로 변화할 소지가
있다는 것을 염두에 두어야 한다.

이러한 속성에 비추어 응용행마는 수읽기가 약한
하급자가 선택하기에는 무리가 따를 수 있으므로 항상
주의가 필요하다.

지금까지 나열한 응용행마는 일반적인 형태만을 보인
것일 뿐이며 바둑이 진행됨에 따라 어떤 형태를
대입하여 운용할 것인지는 독자가 꾸준히 연습하여
체득해야 할 일이다.

Foreign Copyright:
Joonwon Lee
Address: 3F, 127, Yanghwa-ro, Mapo-gu, Seoul, Republic of Korea
            3rd Floor
Telephone: 82-2-3142-4151
E-mail: jwlee@cyber.co.kr

바둑 新 사전 시리즈 ❺
행마 新 사전

1999. 1. 8. 초 판 1쇄 발행
2009. 9. 18. 초 판 8쇄 발행
2011. 6. 24. 초 판 9쇄 발행
2014. 10. 27. 장정개정 1판 1쇄 발행
2016. 4. 12. 장정개정 1판 2쇄 발행
2021. 4. 2. 장정개정 1판 3쇄 발행

저작권
본사
소유

지은이 | 서능욱 九단
펴낸이 | 이종춘
펴낸곳 | BM (주)도서출판 성안당

주소 | 04032 서울시 마포구 양화로 127 첨단빌딩 3층(출판기획 R&D 센터)
     | 10881 경기도 파주시 문발로 112 파주 출판 문화도시(제작 및 물류)
전화 | 02) 3142-0036
     | 031) 950-6300
팩스 | 031) 955-0510
등록 | 1973.2.1 제406-2005-000046호
출판사 홈페이지 | www.cyber.co.kr
ISBN | 978-89-315-7706-8 (13690)
     | 978-89-315-7765-5 (세트)
정가 | 18,000원

이 책을 만든 사람들
책임 | 최옥현
진행 | 정지현
표지 디자인 | 상:想 company
홍보 | 김계향, 유미나
국제부 | 이선민, 조혜란, 김혜숙
마케팅 | 구본철, 차정욱, 나진호, 이동후, 강호묵
마케팅 지원 | 장상범, 박지연
제작 | 김유석

■ 도서 A/S 안내

성안당에서 발행하는 모든 도서는 저자와 출판사, 그리고 독자가 함께 만들어 나갑니다.
좋은 책을 펴내기 위해 많은 노력을 기울이고 있습니다. 혹시라도 내용상의 오류나 오탈자 등이
발견되면 **"좋은 책은 나라의 보배"**로서 우리 모두가 함께 만들어 간다는 마음으로 연락주시기
바랍니다. 수정 보완하여 더 나은 책이 되도록 최선을 다하겠습니다.
성안당은 늘 독자 여러분들의 소중한 의견을 기다리고 있습니다. 좋은 의견을 보내주시는 분께는
성안당 쇼핑몰의 포인트(3,000포인트)를 적립해 드립니다.
잘못 만들어진 책이나 부록 등이 파손된 경우에는 교환해 드립니다.